Psyche & Kunst

Hans-Otto Thomashoff und Dieter Naber

Psyche & Kunst

Psychiatrisch-kunsthistorische Anthologie

Katalog zur Ausstellung
anläßlich des
XI. Weltkongresses für Psychiatrie
in Hamburg 1999

Herausgegeben von:
Hans-Otto Thomashoff
Dieter Naber

Mit Beiträgen von:
Vittorino Andreoli
Gaetano Benedetti
Peter Gorsen
Ludwig Janus
Leo Navratil
Walter Pöldinger
Rainer Strobl
Hans-Otto Thomashoff
Gottfried Waser

Ausstellungskonzept und Realisierung:
Hans-Otto Thomashoff

Mit 93 Bildern und 2 Abbildungen

 **Schattauer** Stuttgart New York

Anschriften der Herausgeber:

Dr. phil. Dr. med. Hans-Otto Thomashoff
Kumpfgasse 3/8, A-1010 Wien

Prof. Dr. med. Dieter Naber
Universitätskrankenhaus Eppendorf
Klinik für Psychiatrie und Psychotherapie
Martinistraße 52, 20246 Hamburg-Eppendorf

Anschriften der Autoren:

Prof. Dr. Vittorino Andreoli
Via XX. Settembre, 35, 37129 Verona
Italien

Prof. Dr. Gaetano Benedetti
Inzlingerstrasse 291, 4125 Riehen
Schweiz

Prof. Dr. Peter Gorsen
Hochschule für Angewandte Kunst in Wien
Oskar-Kokoschka-Platz 2, 1010 Wien
Austria

Dr. Ludwig Janus
Köpfelweg 52, 69118 Heidelberg
Deutschland

Prof. DDr. Leo Navratil
Schindlergasse 50, 1180 Wien
Austria

Prof. Dr. Walter Pöldinger
Josef-Leeb-Gasse 30, 2344 Maria Enzersdorf
Austria

Ass. Prof. Dr. Rainer Strobl
Univ.-Klinik für Psychiatrie
Währinger Gürtel 24, 1090 Wien
Austria

Dr. Dr. Hans-Otto Thomashoff
Kumpfgasse 3/8, 1010 Wien
Austria

PD Dr. Gottfried Waser
Rümelinbachweg 20, 4054 Basel
Schweiz

Die Deutsche Bibliothek - CIP Einheitsaufnahme

Psyche und Kunst : psychiatrisch-kunsthistorische
Anthologie ; Katalog zur Ausstellung anläßlich des
XI. Weltkongresses für Psychiatrie in Hamburg 1999 /
hrsg. von: Hans-Otto Thomashoff ; Dieter Naber.
Mit Beitr. von: Vittorino Andreoli… –
Stuttgart ; New York : Schattauer, 1999

ISBN 3-7945-2019-X

© 1999 by F. K. Schattauer Verlagsgesellschaft mbH
Lenzhalde 3, D-70192 Stuttgart, Germany
Internet http://www.schattauer.de
Printed in Germany

Lektorat: Dr. Tilmann Kleinau, Stuttgart
Umschlagabbildung: Richard Lachman
„Out of Anger, Reason", 1969
Layout und Umschlaggestaltung: Bernd Burkart, Stuttgart
Satz, Druck und Einband:
Mayr Miesbach, Druckerei und Verlag GmbH
Am Windfeld 15, 83714 Miesbach
Gedruckt auf chlor- und säurefrei gebleichtem Papier.

ISBN 3-7945-2019-X

Einleitung

Psyche und Kunst

Hans-Otto Thomashoff

1922 veröffentlichte Prinzhorn sein Werk „Bildnerei der Geisteskranken". Mit der Vorstellung von Bildern psychisch Kranker wollte er, hierbei letztlich auf dem Kunstideal des reinen Künstlers der Romantik fußend, die Bilder dieser Patienten verstehen als Ausdruck eines menschlichen „Urtriebes" künstlerischen Gestaltens. In der gleichen Absicht waren entsprechende Patientenbilder bereits zuvor von vor allem expressionistischen Künstlern rezipiert worden und wurden anschließend von den Surrealisten, schließlich auch von der *Art Brut* aufgegriffen, und auch Navratil betrachtete die Kunstwerke seiner Patienten aus einer humanistisch-kreatologischen Perspektive. Der Faszination auf der einen Seite stand die zum Tode Tausender und zur Verfemung von Kunst führende Ablehnung durch die Nationalsozialisten andererseits gegenüber. Die durch diese erfolgte Pathologisierung der Kunst an sich mit gleichzeitiger Verteufelung und Vernichtung alles dessen, was sie als krank definierten, verhinderte weitgehend – in Verbindung mit einem oftmals eng gefaßten Kunstbegriff –, daß man sich den von Prinzhorn damals gestellten Fragen auf dem Boden der inzwischen sich konkretisierenden Forschungsergebnisse aus den Bereichen Psychiatrie, Neurobiologie und Philosophie zuwandte. Von Antworten ist dieses Gebiet noch weit entfernt. Dennoch erscheint es, neben der zweifellos damit verbundenen Faszination, vielversprechend, die Schnittstelle zwischen Psychiatrie und Kunst auf dem Boden der heutigen Kenntnisse neu zu betrachten. Ziel der Ausstellung ist es also, Fragen zu stellen. Es soll nicht Patientenkunst vorgeführt werden, sondern die Kunst, vor allem die Kunst psychisch Kranker, soll einen Ausgangspunkt für einen interdisziplinären Dialog zu verschiedenen Fragenkomplexen über die Funktionsmechanismen der menschlichen Psyche bilden.

Im folgenden bildet eine Gruppe von sechs Fragenkomplexen den Hintergrund zu den ausgestellten Kunstwerken und verbindet diese miteinander in einer **„Kette der Fragen"**:

1.
Wer definiert, was Kunst ist, und wie wird Kunst wahrgenommen?

Die Geschichte der Beziehung zwischen Psychiatrie und Kreativität

Vittorino Andreoli

Betrachtet man die jüngeren Entwicklungen in der Auseinandersetzung über die Beziehung zwischen Kreativität und Geisteskrankheit unter besonderer Berücksichtigung des bildnerischen Ausdrucks, ragen zwei Ereignisse als Meilensteine einer neuen Sichtweise und eines neuen Interesses an diesem Forschungsgebiet heraus. Das erste dieser Ereignisse war der 1. Welt-Psychiatrie-Kongreß im Jahre 1950 in Paris, der eine große Ausstellung von Zeichnungen psychisch Kranker aus der ganzen Welt mit einschloß. Erstmals konnte eine so große Zahl an Arbeiten gemeinsam gezeigt werden und einen umfassenden Einblick geben in die Ergebnisse der Ateliers in psychiatrischen Krankenhäusern weltweit.

Der damalige Weltkongreß wurde geleitet von Jean Delay, einem der führenden Forscher in der Psychiatrie, dessen Name untrennbar verbunden ist mit seinem Interesse an der Pharmakologie und seiner Beteiligung an der klinischen Erforschung von Chlorpromazin, dem ersten bedeutenden Tranquilizer oder Antipsychotikum (in der Tat wurde dieser Begriff mit dem Chlorpromazin überhaupt erst eingeführt).

Dies allein stellt schon eine herausragende Leistung dar, aber sie verstellt den Blick auf einen anderen wesentlichen Beitrag Delays, seinen Wunsch, anläßlich des Pariser Kongresses eine große Ausstellung graphischer Arbeiten von psychisch Kranken zu zeigen, eine Aufgabe, die er an seinen Kollegen Robert Volmat delegierte. Nichtsdestotrotz war jedoch Jean Delay mit seinem kulturellen Hintergrund und seinem Interesse die treibende Kraft hinter diesem Ereignis. Seine Arbeiten auf kulturellem Gebiet sind bisher weniger bekannt. Neben anderen sollte seine ausgezeichnete Biographie von André Gide mehr Beachtung finden, in der er als Bestandteil der Gesamtanalyse die Persönlichkeit und die Psychologie eines großen Künstlers herausarbeitet.

Jean Delay hatte ein besonderes Gespür für die Dynamik seiner Patienten, obwohl er viele von ihnen nur indirekt kannte, da er nahezu phobisch einen direkten Kontakt mit ihnen zu vermeiden trachtete. Viele erinnern sich an die gemeinsamen Fallvorstellungen und seine große Fähigkeit, die zugrundeliegende Dynamik herauszufinden, die den anderen entging, wodurch er seinen Studenten beibrachte, Symptome direkt zu identifizieren.

Robert Volmat war damals ein junger Assistent. Auch er war ein kultivierter Mann, der seine Wurzeln in der europäischen Tradition einer auf den Geisteswissenschaften fußenden Psychiatrie hatte und sich nicht ausschließlich auf somatische Mechanismen konzentrierte. Beide standen für eine humanistische Psychiatrie, deren Fehlen in der heutigen Zeit schmerzlich zu spüren ist. Volmat konzentrierte sich darauf, die Arbeiten zusammenzutragen, die zu der Ausstellung führten und zur Grundlage seines 1956 veröffentlichten Buches „L'Art psychopathologique" wurden. Diese Ausstellung war der Beginn einer Auseinandersetzung mit Stilformen und mit der Beziehung zwischen zeichnerischem Produkt und Pathologie. Sowohl der Gebrauch der Farben als auch die Techniken und verwendeten Materialien waren Gegenstand dieser Analyse. Kurz gesagt, entstand eine neue empirische Sichtweise auf die Beziehung zwischen zeichnerischer Aktivität und Geisteskrankheit.

Das zweite Schlüsseldatum war das Jahr 1959, diesmal nicht in Paris, sondern in Verona, einer kleinen norditalienischen Stadt, die bereits als Geburtsstadt von Cesare Lombroso im Bereich der Psychologie Bekanntheit erlangt hatte. Zur Erinnerung an seinen Geburtstag wurde jährlich ein Forschungstag organisisert. 1959 fiel die Entscheidung darauf, dieses Ereignis mit einer großen Ausstellung psychopathologischer Kunst aus einer einzigartigen Quelle zu begehen, dem Atelier der psychiatrischen Klinik von San Giacomo della Tomba. Diese Arbeiten hatten bereits aufgrund ihres charakteristischen Stils in ganz Europa Beachtung gefunden. Internationale künstlerische Karrieren auf dem Gebiet der Psychiatrie und auch der Kunst allgemein nahmen hier ihren Ausgang, wie etwa diejenige von Carlo Zinelli. Anläßlich dieses Ereignisses, an dem ich aktiv teilnahm, wurde die *Société Internationale de Psychopathologie de L'Expression (SIPE)* gegründet, eine Organisation, die sich zum Ziel gesetzt hat, das Interesse an dieser Kommunikationsform psychisch Kranker auszubauen und internationale Konferenzen zu organisieren, mit der Absicht, die zu diesem Zeitpunkt noch unsystematischen Einzelbeobachtungen in eine geordnete wissenschaftliche Disziplin weiterzuentwickeln. Diese Disziplin untersucht die zeichnerische Aktivität einerseits als eine Form von Ergotherapie und andererseits als eine Form nonverbaler Kommunikation, vor allem wenn eine verbale Kommunikation erschwert ist (wie beispielsweise bei der Schizophrenie). Darüber hinaus ist sie auf der Suche nach einer Sprachform, die in einem engen Bezug zum Unterbewußtsein steht, wodurch der klinische Bezug dieser Disziplin hergestellt wird, eine Beobachtung, die bereits von anderen Psychiatern, allen voran Jung, gemacht wurde. SIPE ist dieser Aufgabe treu geblieben und hat im Laufe der Jahre Treffen organisiert und das Interessengebiet ebenso wie die Anzahl der auf diesem Gebiet tätigen Psychiater erweitert.

Die Ausstellung im Jahre 1950 gab also einen Überblick über die zeichnerische Aktivität psychisch Kranker, wohingegen 1959 die Gründung einer Gesellschaft erfolgte, die sich der Erforschung der klinischen Bedeutung dieser Arbeiten verschrieb, sowohl als Beschäftigungstherapie als auch als Methode zur Freisetzung von andernfalls nicht zugänglichen psychischen Inhalten. Ein neuer Zugang zu den Symptomen

war hierdurch gegeben, und gleichzeitig bestand auch immer die Chance, daß ein Patient eine Arbeit von künstlerischer Bedeutung schaffen würde. Dieser zweite Aspekt wurde immer mit einer gewissen Ambivalenz betrachtet, da trotz der offensichtlichen Schönheit einiger dieser ‚Produkte des Irrsinns‘ immer das Gefühl bestehen blieb, daß Psychiater sich nicht auf das Feld der Kunstkritik begeben und ästhetische Urteile fällen sollten. Aus diesem Grund wandelte sich die „Art psychopathologique" des Jahres 1950 zur „Psychopathologie de l'expression" des Jahres 1959.

Heute nun finden wir uns im Jahre 1999 in Hamburg wieder. Ein halbes Jahrhundert Geschichte liegt hinter uns, was wir nicht so sehr als Gelegenheit ansehen, das zu feiern, was wir bereits erreicht haben, sondern vielmehr als Gelegenheit dazu, uns selbst zu fragen, ob es möglich ist, die heutigen Arbeiten psychisch Kranker mit denjenigen von damals zu vergleichen. Jeder Versuch eines solchen Vergleichs trifft auf die Fragestellung, ob das zeichnerische Werk der psychisch Kranken einem an eine ahistorische Dimension gebundenen kollektiven Unbewußten entspringt oder ob es von der Gesellschaft und der Kultur beeinflußt wird, einer Kultur, die sowohl auf der Ebene des veränderten Geisteszustandes des individuellen Patienten als auch durch die sozial abgeschlossene Umgebung eines psychiatrischen Krankenhauses eine Umwandlung erfahren hat.

Eine bemerkenswerte Anzahl von Konferenzen und Symposien wurde in den vergangenen fünfzig Jahren von der SIPE veranstaltet, der schrittweise weitere nationale Sektionen beigetreten sind und die damit ein Netzwerk gemeinsamer Interessen und Aktivitäten aufgebaut hat. Die Geschichte dieser Konferenzen vollzieht die Entwicklung der vergangenen fünfzig Jahre nach, und es wäre sicher ein wertvoller Ansatz, die Ergebnisse zu analysieren, die diese einzelnen Konferenzen auf diesem Gebiet zustande gebracht haben. Kurz gesagt sollten wir die Annalen der nonverbalen Kommunikation mit den gleichen Mitteln analysieren, die Historiker zur Analyse der Kongresse etwa der Kommunistischen Internationale herangezogen haben, was natürlich außerhalb der Perspektive dieser Abhandlung liegt, in der ich mich zusammenfassend auf die Diskussion einiger fundamentaler Grundzüge der Entwicklung auf diesem Gebiet beschränken will.

Eine dieser Entwicklungslinien besteht darin, eine Aufstellung *zeichnerischer Stilmerkmale* zu entwickeln, die es uns ermöglichen würde, Zusammenhänge zwischen den verschiedenen Formen psychiatrischer Erkrankungen und bestimmten „Zeichenmerkmalen" zu erkennen. Besondere Beachtung fand hierbei die Schizophrenie, jedoch wurden auch Versuche unternommen, Beziehungen zwischen anderen psychischen Erkrankungen, wie etwa Depressionen, Manien oder Oligophrenien, und zeichnerischem Stil herauszuarbeiten. Eine weitere Entwicklungslinie befaßte sich mit der *Verwendung zeichnerischer Aktivität als Therapie*. Die diesem Ansatz zugrundeliegende Vorstellung bestand darin, daß der zeichnerische Ausdruck dazu verwendet werden könne, Konflikte herauszuarbeiten oder sogar Einsicht zu gewinnen und damit den Heilungsprozeß zu unterstützen. Und in der Tat liegen zahlreiche Berichte vor, denen zufolge Patienten von einer zeichnerischen Therapie profitierten und etwa bezogen auf ihr gewalttätiges Verhalten remittierten. Das Zeichnen scheint einen beruhigenden Effekt auszuüben aufgrund seiner Wirkung, Angst zu lösen und einen neuen Zugang zum Austausch mit der äußeren Welt zu ermöglichen. Jedoch wird auch von Fällen berichtet, in denen nur ein geringer oder gar kein therapeutischer Effekt zu beobachten war oder sogar eine Verschlechterung eintrat. Die Hoffnung, Bleistifte und Wasserfarben als verläßliche therapeutische Instrumente einsetzen zu können, mußte somit begraben werden.

Die dritte Forschungslinie untersucht die zeichnerische Aktivität der psychisch Kranken bezogen auf *Themen des Unterbewußten*, wofür die Psychoanalyse die am besten methodisch strukturierte Form der Interpretation darstellt. Die Psychoanalyse verwandte ursprünglich den zeichnerischen Ausdruck als einen direkteren und vollständigeren Weg zur Beschreibung von Trauminhalten. Elemente, die der verbalen Mitteilung möglicherweise entgingen, konnten so über die Bilder zum Vorschein gebracht werden. Der nonverbale Ausdruck entwickelte sich in der Folge zu einer eigenständigen Beziehungsform, zu einem Instrument der Übertragung. Diesem Ansatz lagen Ergebnisse der Säuglingspsychologie zugrunde und der Versuch, den freudianischen Ansatz auf psychische Störungen der frühen Kindheit anzuwenden. Besonders bei autistischen Kindern, bei denen eine Kommunikation unmöglich ist, können Zeichnungen, Gesten und Nachahmungen – wie Anna Freud selbst bemerkte – zum einzigen Zugang zum Unbewußten und zum Aufbau einer Übertragung werden.

Die Aufmerksamkeit wandte sich dann von der Welt der Kinder derjenigen der Erwachsenen zu in der Hoffnung, daß die zeichnerische Arbeit zur *Analyse des Ich* eingesetzt werden könne. Dies betraf vor allem psychotische Patienten, die in die freudianische Theorie nicht richtig hineinpaßten, da sie aufgrund ihres Verlustes der Ich-Integrität (die auch bei einem neurotischen Individuum partiell vorhanden ist) als unfähig zu einer Übertragung angesehen wurden. Aus diesem Grunde haben wir viele Beispiele für die Verwendung nonverbaler Kommunikation in der psychoanalytischen Arbeit.

Diese Forschungsrichtung war von besonderer Bedeutung, weil sie zeichnerische Aktivität als Sprache verstand, mit einer eigenen Semantik, Syntax und Grammatik (man bezeichnete diese Ateliers sogar als „zeichnerische Sprachlaboratorien") und spezifischen Eigenschaften, die diese Arbeiten von anderen Kunstwerken unterscheiden.

Die Analyse dieser Sprache innerhalb der psychoanalytischen Interpretation legte ein besonderes Gewicht auf das zeichnerische Symbol, das sie als versteckte Kommunikation verstand, die es zu entschlüsseln galt. Also wurde nach zeichnerischen Analogien für Metaphern und Metanomien in der verbalen Sprache gesucht. Gemälde wurden als eine Art „Rosettenstein" angesehen, mit dessen Hilfe ein Symbol zum Schlüssel für das Verständnis einer Beziehungsproblematik, eines Symptoms oder einer Pathologie werden konnte. Natürlich wurden Art und Weise der Anwendung dieses Ansatzes in Abhängigkeit von den unterschiedlichen psychoanalytischen Schulen variiert. Am begeistertsten war die Aufnahme bei den Jungianern, weniger stark bei den Freudianern. Auch die diversen von Lacan inspirierten Schulen, die sich mit Psychosen befassen oder, wie zuvor schon angeführt, mit der Welt der Kinder, zeigten ein bemerkenswertes Interesse für diesen Ansatz. Die zeichnerische Aktivität fand also zunehmend Beachtung und gewann so einen festen Platz in dem organisierten Körper psychoanalytischen Wissens. Gleichzeitig wurde sie jedoch, verglichen mit der langen spezifischen Tradition des verbalen Ausdrucks, als Anhängsel betrachtet. Bemerkenswert waren Untersuchungen zum Ursprung und zur Entwicklung von Zeichensymbolen, die von Zeit zu Zeit einen gewissen Wandel erfuhren: Ein Zeichen wurde so lange unter „Sonstigem" geführt, bis seine symbolische Repräsentanz schrittweise herausgearbeitet werden konnte. In solchen Fällen konnte der Inhalt des Symbols verstanden werden als Ausdruck der Objektrepräsentanz, von der es abgeleitet worden war. Ein ‚verrückter' Maler entstieg somit der traditionellen Umgebung eines Krankenhausateliers, da die Psychoanalyse dem Ort der Bildentstehung seine Bedeutung nahm und ihn auf den Ort des psychoanalytischen Settings reduzierte.

Obwohl sich die Hoffnungen der ersten beiden Ansätze nicht erfüllten, bleibt diese dritte Forschungsrichtung weiterhin lebendig und repräsentiert in bestimmten Bereichen die verbleibende Anwendung der Psychopathologie des Ausdrucks.

Es bleibt jedoch das Problem der *Lokalisation* bestehen, das heißt des Ortes, an dem ein Werk geschaffen worden ist. Traditionellerweise geschah dies in einem Atelier, gewöhnlich in einer Gruppe von Menschen, die für einige Stunden von verschiedenen Abteilungen eines psychiatrischen Krankenhauses zusammenkamen. Diese Ateliers hatten Systeme entwickelt, um die entstandenen Werke zu sammeln und auf-zubewahren und um mit ihrer Hilfe eine Entwicklungs-analyse entsprechend der therapeutischen Dynamik mit einem Wandel in Stil und Inhalt nachvollziehen zu können, anstatt sich auf die Analyse einzelner Werke zu beschränken.

In den vergangenen fünfzig Jahren wurden wir in Italien Zeugen einer schrittweisen Schließung der psychiatrischen Kliniken. Die wenigen übriggebliebenen Krankenhäuser sahen sich in ihrer Größe, in der Zahl ihrer Patienten und in deren Aufenthaltsdauer reduziert, wodurch die Ateliers viel von ihrer Bedeutung einbüßten. Die psychisch Kranken werden nun von einem Netzwerk von Gesundheitsdiensten versorgt, wodurch sie von einer Einheit zur nächsten wech-seln und somit die Kontinuität des zeichnerischen Werks verloren geht, das zuvor Jahre oder Jahrzehnte ihres stationä-ren Aufenthaltes repräsentiert hatte. Begleitet wurden diese Entwicklungen in der institutionalisierten Psychiatrie von einem Wandel in der Behandlung der psychisch Kranken mit einer Abkehr oder weitgehenden Einschränkung der Bedeu-tung der künstlerischen Ateliers und einer zunehmenden Betonung des psychoanalytischen Settings, indem jede Akti-vität auf dieses Setting beschränkt und damit an den bestimmten Zeitpunkt gebunden bleibt, so daß eine systema-tische Katalogisierung des Werkes über eine längere Zeit-spanne ausbleibt. Vor dem Hintergrund des weiteren Abbaus psychiatrischer Kliniken erscheint es denkbar, daß diese Art der analytischen Anwendung schließlich dominieren wird.

Jedoch findet sich hier auch der Ausgangspunkt einer neuen Entwicklung, die die Hoffnung jener nährt, die von einer the-rapeutischen Wirksamkeit langfristiger zeichnerischer Akti-vität überzeugt sind, der *Kunsttherapie*. Dieser neue Ansatz für eine Anwendung nonverbaler Kommunikation unter-scheidet sich grundlegend von der krankheitsgebundenen Tradition der Psychopathologie des Ausdrucks. Er basiert darauf, jedes nur verfügbare Medium einschließlich des Zeichnens zur Erreichung des therapeutischen Zieles zum Einsatz zu bringen. Bei diesem Ansatz behält das Zeichnen seine Funktion als eine befreiende und therapeutische Akti-vität in den unterschiedlichsten Settings bei. Die Kunstthera-pie fußt auf der psychoanalytischen Anwendung nonverbaler Sprachen, vereinfacht aber deren Interpretationsmethoden. In der Tat gibt es vollkommen empirische Schulen der Kunsttherapie des einzelnen oder der Gruppe, während an-dere jede Verbindung zur Psychoanalyse bestreiten. Die Kunsttherapie ist inzwischen zur dominierenden Therapie-form im Bereich der nonverbalen Kommunikation in einer Reihe von Ländern vor allem des angelsächsischen Raumes geworden. Es handelt sich hierbei offensichtlich um metho-disch vollkommen neue Ansätze, sowohl bezogen auf die langfristige, über Jahre dauernde Arbeit in den Ateliers der

Krankenhäuser, als auch bezogen auf den analytischen Inhalt. Nichtsdestotrotz liegt hier möglicherweise die viel-versprechendste Zukunft in diesem Bereich, wenn er auch unserer Ansicht nach noch einer solideren strukturellen Basis bedarf als nur eines einfachen empirischen Enthusiasmus.

Soweit zu den wesentlichen Forschungsansätzen, die sich aus der Geschichte der SIPE herleiten lassen. Machen wir nun einen Rückblick in das Jahr 1983, ein wichtiges Datum für die Organisation der auf diesem Gebiet tätigen For-schungsbemühungen. SIPE war eine unabhängige Gruppe, deren Arbeit von Historikern und Künstlern bereichert wur-de, die unterstützt wurden von Graphologen, Philosophen, Kunstkritikern und natürlich auch Psychiatern. Es bestand das Risiko, daß sie sich vollständig von dem Gebiet der Psychiatrie und damit von ihrer medizinischen und wissen-schaftlichen Basis entfernen könnte. Aus diesem Grund ersuchte eine von Robert Volmat, dem langjährigen Vorsitzenden der SIPE, angeführte Gruppe um Aufnahme in die *World Psychiatric Association* (WPA) und damit um die Anerkennung der Psychopathologie des Ausdrucks als Sek-tion der WPA. Dieses Ansinnen repräsentierte in gewissem Sinne eine Rückkehr zu den Ursprüngen dieses Gebiets, wenn man berücksichtigt, daß die Ausstellung des Jahres 1950 im Rahmen des I. Welt-Psychiatrie-Kongresses statt-gefunden hatte und daß die SIPE selbst in Verona mit einer psychiatrischen Ausrichtung gegründet worden war.

Es entstand also damals das Bedürfnis, dieses Gebiet wieder in die Psychiatrie zurückzuholen und in die internationale psychiatrische Forschung einzubinden. Es waren Jahre der Krise für die SIPE mit nur spärlich besuchten Konferenzen, fehlenden finanziellen Mitteln für internationale Publika-tionen und noch weiteren Problemen. Der damalige Präsi-dent der WPA war Professor Piseau. Für Volmat erfüllte sich in der Zusammenarbeit mit einem Präsidenten, der sein Interesse an nonverbaler Kommunikation lange bekundet hatte, ein lange gehegter Traum. Piseau nahm den Vorschlag wohlwollend auf und setzte sich dafür ein, daß die Führung der Organisation diese Einschätzung teilte, so daß die Psychopathologie des Ausdrucks schließlich zu einer eigen-ständigen Sektion der WPA mit dem gleichen Status wie deren andere Sektionen wurde.

Die Psychopathologie des Ausdrucks erhielt damit die einmalige Gelegenheit, ihre eigenen Symposien und Kon-ferenzen abzuhalten und ihre Untersuchungen und For-schungsergebnisse zu verbreiten. Das Gebiet war nun als eigenständig unter gleichen etabliert mit einer bis dahin nicht gekannten Öffentlichkeitswirkung. Beispielsweise wurde der letzte Weltkongreß in Madrid von 10 000 Psychiatern besucht. Die Psychopathologie des Ausdrucks war nun in der

Lage, eine aktive Rolle in der Psychiatrie einzunehmen und damit das Interesse an nonverbaler Kommunikation anzuregen.

Somit sind seit 1983 zwei Organisationen auf diesem Gebiet aktiv, zum einen die SIPE in der Fortsetzung ihres bereits langen Weges und zum anderen die Sektion der Psychopathologie des Ausdrucks der WPA, deren Interesse sich vor allem auf die klinische Psychiatrie richtet. Vor diesem Hintergrund ergänzen sich beide Organisationen: Die SIPE bietet auf dem Boden ihrer langen unabhängigen Geschichte ein breit gestreutes Spektrum von Themen in einem weiten kulturellen Kontext, wohingegen sich die Sektion der Psychopathologie des Ausdrucks der WPA gezielt der Psychiatrie und den diese betreffenden Problemen zuwendet.

Ein Problem, das es innerhalb der WPA zu klären galt, war die Frage, ob eine exklusiv psychiatrische Sektion ihre Statuten ändern können würde. Wir wünschten uns, daß auch Mitarbeiter des psychiatrischen Teams ohne medizinische Ausbildung aufgenommen werden könnten, womit wir vor allem die Sektion für Psychologen öffnen wollten. Nichtsdestotrotz dominiert die psychiatrische Identität der Sektion, was eine Grundvoraussetzung für eine fortdauernde Mitgliedschaft in der WPA darstellt.

Es bleibt zu hoffen, daß beide Organisationen weiterhin unabhängig voneinander existieren und dennoch ihre fundamentale Verbindung beibehalten können. Diejenigen, die argumentieren, daß eine der beiden Organisationen überflüssig sei, irren sich und kommen aufgrund eines unvollständigen historischen Hintergrunds zu einer Fehleinschätzung der großen Fortschritte, die seit 1983 möglich waren.

Jeder geschichtliche Überblick zur Psychopathologie des Ausdrucks muß einen Überblick über die Kongresse der WPA beinhalten, die ein Podium für das zeichnerische Werk psychisch Kranker und die nonverbale Kommunikation abgaben. Der diesjährige Kongreß in Hamburg ist hierfür ein Beispiel, da er neben der den Kongreß begleitenden Ausstellung, die in diesem Katalog vorgestellt wird, auch vier Symposien zur Psychopathologie des Ausdrucks anbietet.

An dieser Stelle sollten wir uns aber wieder einem bisher nur am Rande erwähnten Thema zuwenden, dem rein künstlerischen Interesse an den Arbeiten psychisch Kranker. Wir haben bereits auf den Wechsel von dem Begriff der „Kunst" zu dem Begriff des „Ausdrucks" in den Anfängen der Geschichte unseres Fachs hingewiesen. Es wurde in diesem Zusammenhang argumentiert, daß Psychiater nicht kompetent seien, über den künstlerischen Wert solcher Arbeiten zu urteilen. Dies kann jedoch nicht das Ende der Auseinander-

setzung zu diesem Thema sein, und sei es nur, weil wir es als ungerecht ansehen würden, a priori die Möglichkeit auszuschließen, daß eine Person, die an einer psychischen Krankheit leidet, fähig ist, ein Kunstwerk zu schaffen. Von einem theoretischen Standpunkt aus ist eine solche Einschränkung unhaltbar. Rufen wir uns Cesare Lombroso in Erinnerung, der genau gegenteilig argumentierte, indem er ausführte, daß ein ‚Irrsinniger' durch seinen Zustand begünstigt ist, da er jenseits der rationalen Welt, weil losgelöst vom Alltäglichen, lebt und daher direkten Zugang zu der Freiheit hat, die für Kreativität erforderlich ist.

Ein Psychiater hat das Recht zu verlangen, daß ein Kunstkritiker das von einem psychisch Kranken geschaffene Kunstwerk ohne einen Bezug zum Hintergrund des Malers rezipiert, da er andernfalls seine Antwort in den Rahmen der üblichen Stereotypie einer Inkompatibilität von Kunst und Wahnsinn einbinden würde. Offensichtlich sollte also die Krankheit eines Autors Berücksichtigung finden, ohne aber das ästhetische Urteil zu beeinflussen. Dies ist von ganz besonderer Bedeutung, da eine Inkompatibilität von Kunst und Wahnsinn nicht nur in abstrakten Theorien zur Ästhetik, sondern auch in der realen Welt ihre Auswirkungen hat, wenn diesen Arbeiten etwa Ausstellungsflächen verweigert oder sie lächerlich gemacht werden. Ich glaube nicht an eine notwendige Verbindung zwischen Kunst und Wahnsinn, aber genauso wenig glaube ich, daß man argumentieren kann, daß Wahnsinn eine kreative Leistung ausschließt oder sie bedingt. Die Ateliers in den Krankenhäusern sind nie als die besten Kunstschulen ihrer Zeit angesehen worden, doch läßt sich nicht bestreiten, daß einige der Patienten ein hohes Niveau an Kreativität erreicht haben und damit die Anerkennung eines breiteren Publikums gewannen. Der Psychiater kann nicht den künstlerischen Wert einer Arbeit bestimmen. Bestenfalls kann er sich dazu entschließen, ein Werk bei sich zu Hause aufzuhängen. Dennoch kann er darauf bestehen, daß diejenigen, die qualifiziert dazu sind, an die Bewertung eines Bildes von einem Individuum, das an einer Paranoia leidet und in einem Heim lebt, die gleichen Maßstäbe ansetzen wie an das Bild eines authentischen Bohemiens. Nichts spricht dagegen, daß auch die verrückteste Person für sich einen künstlerischen Ausdruck finden kann. Dies mag zwar nicht häufig sein, doch unmöglich ist es ebenfalls nicht.

Vor diesem Hintergrund sollten wir uns nun dem Phänomen der *Art Brut* zuwenden. Die *Art Brut* entstand als eine Bewegung um 1940/41 durch Gründung von Jean Dubuffet, der sich dazu entschloß, Bilder zu sammeln, die von „rohen" Künstlern geschaffen wurden, das heißt von solchen, die er als nichtkulturelle („art non culturelle") Künstler bezeichnete, die also keine Ausbildung an Akademien oder in den Klassen von Meistern genossen hatten und damit nicht zu dem gehörten, was er als „erstickende Kultur" der Kunst bezeichnete. Hier lag der Beginn jener Sammlung, die nach dem Krieg einen Platz in der Rue de Sèvres 137 fand. Die *Compagnie de l'Art Brut* setzte sich aus einer kleinen Gruppe enger Freunde zusammen, die die aktiven, entscheidungsbefugten Mitglieder der Vereinigung waren. Ich wurde im Jahr 1966 als Mitglied in diese Vereinigung aufgenommen und hatte somit die Gelegenheit, diese eigenständige Entwicklung in der Kunst der psychisch Kranken mitzuverfolgen.

In der Tat stammten 85% der von Dubuffet gesammelten Werke von psychisch Kranken, womit mit anderen Worten seine Definition von „art non culturel" eng an eine psychische Erkrankung gebunden war.

Als er Anfang der siebziger Jahre nicht mehr in der Lage war, seine Sammlung an ihrem ursprünglichen Ort zu behalten, da deren Umfang sehr zugenommen hatte, entschied die *Compagnie de l'Art Brut*, daß es an der Zeit war, ein permanentes, für die Öffentlichkeit zugängliches Museum ins Leben zu rufen. Es war also das Ziel, ein Museum zu schaffen, das sich schwerpunktmäßig der Arbeit von Künstlern zuwenden sollte, die eine psychische Erkrankung erlebt haben. So entschied sich die Vereinigung, ihre gesamte Sammlung dem Staat Frankreich zu schenken, der seinerseits einen angemessenen Ort zur Verfügung stellen und eine Verpflichtung zum Erhalt der Ausstellung abgeben sollte. Die damalige Regierung wies den Vorschlag postwendend zurück. Sie folgte der Argumentation der Künstlergewerkschaft, die der Ansicht war, daß man die psychisch Kranken nicht mit wirklichen Künstlern verwechseln dürfe. Zu erleben, daß die Welt, von der wir erwartet hätten, daß sie von geistiger Offenheit geprägt sein müsse, nämlich die „Welt der Kreativen", in Wirklichkeit ignorant und voller Vorurteile war, stellte eine herbe Enttäuschung dar.

So entschieden wir uns, die Ausstellung einem anderen Land anzubieten, sofern nur die Grundbedingungen eingehalten würden. Die Stadt Lausanne machte daraufhin das Angebot, das unseren Vorstellungen am nächsten kam, und die Sammlung der *Art Brut* wurde dieser Stadt gestiftet, die sie bis heute vorbildlich verwaltet.

Abgesehen von André Breton, der zwar als Psychiater ausgebildet war, aber seinen Beruf nicht ausübte, war ich der einzige Psychiater in der *Compagnie de l'Art Brut*. Die Gruppe setzte sich zusammen aus Künstlern und anderen Mitgliedern, die einem weiten kulturellen, humanistischen und philosophischen Hintergrund entstammten. Ich betone diesen Umstand, da die Art Brut sich dem Gebiet der psychischen Krankheiten öffnete. In gewissem Sinne bestand hierin

die Antwort auf den Wunsch, daß ein Psychiater einem Mitglied der Kunstwelt dabei behilflich sein könne, „an die Arbeit eines psychisch Kranken aus einem Krankenhausatelier in Montmartre oder New York die gleichen künstlerischen Kriterien anzuwenden, die sonst auch gelten". Diese Vorgehensweise führte zu der Entdeckung einer Reihe von guten Künstlern unter den psychisch Kranken, von denen einige wenige auch wirkliche Genies waren. Die drei beeindruckendsten waren Aloise, Adolf Wölfli und Carlo Zinelli, denen zu Recht eine große Beachtung in der Kunstwelt zuteil wurde. In der Tat gilt Zinelli als einer der bedeutendsten Maler dieses Jahrhunderts.

Selbstverständlich bedarf das Thema von Kunst und Wahnsinn einer genaueren Differenzierung. So gibt es Maler, die psychisch erkrankten, psychisch Kranke, die niemals vor ihrer Einweisung in ein psychiatrisches Krankenhaus malten, und solche, die vor und nach dem Beginn ihrer Erkrankung künstlerisch tätig waren und bei denen ein Wandel in Stil und Inhalt in diesen beiden Phasen zu beobachten ist. Auf diese einzelnen Punkte einzugehen, würde den Rahmen unseres Artikels sprengen, weswegen wir uns nochmals der *Art Brut* und den Bemühungen dieser Vereinigung zuwenden wollen, der die Anerkennung dafür gebührt, daß sie eine Institution begründet hat, die zu einer bedeutenden Sammlung führte, die andernfalls verloren gegangen wäre. Sie richtete die Aufmerksamkeit auf eine anonyme Welt und ermöglichte einigen den Einzug in die Welt der Kunst. Dies ist eine außergewöhnliche Leistung, nicht nur wegen der Kreativität, die so ans Licht gebracht wurde, sondern auch wegen ihres humanistischen Ansatzes.

Jedoch kann man mit diesem Ansatz nicht ausnahmslos zufrieden sein. Ihm gebührt heutzutage vor allem ein historisches Interesse, das heißt, er hat immer noch seine Bedeutung, aber, gemessen an unseren heutigen Bedürfnissen, mit einigen wesentlichen Einschränkungen. Wenn psychisch Kranke künstlerische Arbeiten schaffen, dann handelt es sich hierbei um Kunst, ohne daß es eines weiter beschreibenden Adjektivs bedarf. Die Bedeutung von „kulturell" oder „nichtkulturell", „culturel" oder „brut" war bereits in den Zeiten der größten Begeisterung der Bewegung in Frage zu stellen und ist es heute mehr denn je. Wir können nicht jemanden mit einer niedrigen Schulbildung automatisch als „brut" bezeichnen, weil er auf einem anderen Gebiet möglicherweise hoch kultiviert sein kann. In der gleichen Weise kann dieses Adjektiv, das zu seiner Zeit eine sehr kraftvolle Wirkung entfaltete (und zur Gründung einer Bewegung und eines Museums führte), keine Kategorie von Kunst beschreiben. Wir müssen über solche Klassifizierungen hinausgehen und ganz allein von Kunst sprechen: Es bedarf keiner besonderen Museen und keiner absurden Regeln, die dem Künstler, weil er als „brut" eingeordnet wird, einen Verkauf seiner Arbeiten untersagen, weil der Markt angeblich zu einer Degeneration und Verfälschung der Kunst führe. In der Tat ist es nur schwer nachvollziehbar, warum Dubuffet, der Maler, der Kunstwelt angehören und seine Arbeiten in Museen präsentieren durfte, während der „artiste brut" draußen zu bleiben hatte. Diese Art der Ghettobildung muß beendet werden. Wenn wir uns dem Problem der Kunst in der psychischen Erkrankung zuwenden wollen, müssen wir uns ausschließlich dem Kunstwerk zuwenden, so wie es zu diesem Zeitpunkt vor uns liegt, ohne eine absolute Einordnung. Die Arbeiten psychisch Kranker sollten von den Kritikern der jeweiligen Zeit anhand der Kriterien, die sie auch auf andere Arbeiten anwenden, unabhängig von deren Herkunft betrachtet werden. Erfüllt die Arbeit diese Kriterien, so handelt es sich um Kunst, und diese sollte entsprechend behandelt werden, sei es nun, daß sie verkäuflich wird, in einer Galerie ausgestellt oder in ein bedeutendes Museum gehängt wird. Sie darf nicht länger an die Rue de Sèvres oder an das Museum in Lausanne gebunden sein.

Diese beiden Ausstellungsorte sollten bestehen bleiben als Beispiel einer hilfreichen, aber veralteten archäologischen Betrachtungsweise. Ich kann nicht beurteilen, ob es sich bei den in diesem Jahr in Hamburg gezeigten und in diesen Katalog aufgenommenen Arbeiten um Kunstwerke handelt oder nicht. Ich bitte jedoch diejenigen, die dazu qualifiziert sind, diese Entscheidung zu treffen, ihre Entscheidung frei von einem Vorurteil gegenüber der Herkunft der Werke zu fällen. Wenn es sich dann um Kunst handelt, sollte dieser Begriff ohne ein beschreibendes Adjektiv stehen, das nur zu einer Entwertung, Isolation und Ausgrenzung dieser Werke führen würde. Ich bin überzeugt davon, daß dieses Thema zu Diskussionen führen wird, da es zwar nicht direkt ein Teil der Psychiatrie ist, aber ohne Zweifel einen Beitrag für die Psychiatrie leistet, indem es uns daran erinnert, daß wir uns beim ‚Wahnsinn' nicht einer degenerierten Brache gegenüber sehen, sondern daß auch im ‚Wahnsinn' genug Menschlichkeit verbleibt, um sogar Kunst zu erzeugen.

Literatur

Andreoli V. Il Linguaggio grafico della follia.
    Mailand: Masson 1982 (Erstausgabe 1968).
Bobon J. Psychopathologie de l'expression.
    Paris: Masson 1962.
Delgado H. El dibujo de los psicopathos. Lima 1941.
Prinzhorn H. Bildnerei der Geisteskranken – ein Beitrag
    zur Psychologie und Psychopathologie der Gestaltung.
    Berlin, Heidelberg: Springer 1922, 4. Aufl. 1994.
Vinchon J. L'art et la folie. Paris: Stock 1950.
Volamt R. L'art psychopathologique.
    Paris: Presses Universitaires de France (PUF) 1956.

Aus der Kunstgeschichte wissen wir, daß die künstlerische Thematisierung einer Geisteskrankheit keine Besonderheit unseres Jahrhunderts ist. Dies ist sicher auf den schlichten Sachverhalt zurückführbar, daß der Mensch ein physisch wie psychisch krankheitsanfälliges Wesen ist und daß jede Gesellschaft ihr Krankheitsverständnis neu interpretiert. In unserem Jahrhundert hat das theologisch-religiöse Denken dem medizinisch-therapeutischen Platz gemacht.

„Die abgespaltene Psyche ist jener Dämon, *von dem die naive Beobachtung alter, abergläubischer Zeiten die Kranken besessen glaubte. Daß ein dem wachen Bewußtsein des Kranken fremder Geist in ihm walte, ist richtig; nur ist es kein wirklich fremder, sondern ein Teil seines eigenen.“*

Das in der christlichen Seelsorge, der Beichte und im Exorzismus praktizierte Geständnis diabolischer Besessenheit ist nach seiner Säkularisierung und „Medikalisierung" durch Psychoanalyse und Psychotherapie zu einer „der meistgeteilten Meinungen unseres zu Ende gehenden Jahrhunderts geworden. Wer zweifelt denn heutzutage noch, daß unsere Vergangenheit der Schlüssel zu unserer Gegenwart ist und daß wir uns von ihrer Last befreien können, indem wir sie zur Sprache bringen und für den Therapeuten in Worte fassen? Die Erinnerung befreit, die Erzählung heilt, die Geschichte erlöst." Jede Gesellschaft produziert ihre eigenen therapeutischen Mythen. Die für unsere Epoche typischen Begriffe „Kunsttherapie" und „psychopathologische Kunst" machen deutlich, daß die alte Schicksalsfrage nach Krankheit und Heilung von der Sehnsuchtsdimension der Religion zu jener der Kunst fortgeschritten ist. Der therapeutische Diskurs mit der Kunst hat im 20. Jahrhundert starken Auftrieb erfahren. Die schroffe Polarisierung von Gesundheit und Krankheit, die noch der Nazi-Propaganda gegen die „entartete Kunst" der Moderne zugrunde lag, ist zumindest in der fortschrittlichen psychiatrischen Theorie der Kunst verschwunden. Eugen und Manfred Bleuler haben mit ihrer Formel vom „Gesunden im Schizophrenen" und vom „Schizophrenen im Gesunden" die Berührungsangst vor der Psychose abgebaut und bewirkt, daß Krankheit und Gesundheit im rational interpretierten Kunstkontext näher zusammenrücken.

Die Bleulersche Hypothese von einer „doppelten Buchführung" des krankhaften Geschehens, das somit „nicht an Stelle des gesunden Geschehens, sondern daneben" tritt, ermöglichte auch eine neue Vorstellung vom Zusammenwirken zwischen Kunst und Psychose in der Gestaltung, die – mit Absicht oder nicht – der schon länger zu beobachtenden Umwertung der Geisteskrankheit bei Künstlern und Theoretikern des Surrealismus und Expressionismus entgegenkam. Jean Dubuffets Kulturtheorie der *Art Brut* hat sich nach

Kunst und Wahn in der Perspektive des 20. Jahrhunderts

Peter Gorsen

1945 dieser Partnerschaft zwischen Kunst und Krankheit vergeblich entgegengestemmt. Die *Art Brut* wurde trotz, nicht wegen ihres engagierten Apologeten Dubuffet im kulturellen und kunsthistorischen Kontext nahezu vereinnahmt. Die neuen integralen Sammlungsstrategien, der Kunstmarkt und nicht zuletzt die plural und dialogisch orientierte postmoderne Ästhetik sind beredte Zeugen dieser Entwicklung, die allerdings auch dahin tendiert, den begonnenen Diskurs zwischen Kunstwissenschaft und Psychiatrie einem globalen Kulturbegriff zu opfern.

Das aktuelle Interesse an der Geisteskrankheit und verwandten Formen des Außenseitertums oder Ausgegrenztseins bewegt sich in der Kunstgeschichte heute auf zwei Gleisen. Das psychiatrische Thema, die Krankheit als Darstellungsgegenstand, ist ebenso präsent wie die Krankheit als Antrieb und Inspiration für die künstlerische Produktion. Die zweite Schiene wird in unserem Jahrhundert mit Vorzug befahren. Die „schöpferische Psychose" ist die Entdeckung unseres Jahrhunderts. Schon Cesare Lombroso stellte am Ende des vorigen Jahrhunderts fest: „(Die) Neigung zur Kunst ist bei den Irren sehr ausgesprochen und kommt fast bei allen Irrsinnsformen vor". Dieser auffälligen Erscheinung habe man aber bisher wenig Beachtung geschenkt. Lombroso unterschied zwischen Malern, die unter dem Einfluß der Geisteskrankheit, zum Beispiel „in der akuten oder intermittierenden Manie, ihr Talent bewahren oder dieses sich abschwächte ... Oefter [sic] unterdrückt die Krankheit auch kostbare Kunstfertigkeiten, während sie andere dafür auftauchen läßt, und drückt allen einen eigenthümlichen [sic] Stempel auf". Den irrsinnigen Malern, die schon vor Ausbruch ihrer Krankheit künstlerisch tätig waren, stellte Lombroso die malenden Irrsinnigen gegenüber. Man treffe in diesem Fall „auf Individuen, die nie einen Pinsel angerührt haben und zu Malern werden unter dem Einfluß der Geisteskrankheit, und zwar geschieht dies häufiger, als daß [sic] geschickte Künstler sich dabei noch vervollkommnen". Es komme öfter vor, daß „Leute, denen bis dahin jeder Gedanke an Kunst fehlte, durch die Krankheit veranlaßt (werden), namentlich in der Zeit hochgradiger Erregtheit. P., ein Maurer, wurde in der Irrenanstalt von Pesaro zum Maler. Dem Ausbruch seiner Wuthanfälle [sic] ging ein erhöhter Trieb zum Zeichnen voraus, d. h. von Karikaturen, in denen er die Wärter und Beamten der Anstalt unter den entsetzlichsten Strafen leiden ließ. Als ihm einmal der Koch, ein Mann mit dicken, rothen [sic] Backen, ein Gericht, das er gern mochte, verweigert hatte, malte er ihn in der Haltung eines Ecce Homo vor einem Gitter, das ihn von allerlei leckeren Dingen trennte."

Lombroso hat beobachtet, wie unter dem Einfluß der Krankheit Leute beginnen zu zeichnen, zu karikieren oder sich sonst wie bildnerisch zu betätigen, was sie vorher nicht getan haben. Der Einfluß der Krankheitsform zeige sich auch in den gewählten Inhalten der Bildner.

„Die Krankheit giebt bei vielen den Ausschlag für die Wahl eines Gegenstandes ... Ein mit Größenwahn Behafteter brachte in seinen Stickereien überall das Wort Gott an. Die Wahnsinnigen spielen in der Regel mittels symbolischer Zeichen auf ihr vermeintliches Unglück an. Auf der einen Seite zeichnen sie z. B. ihre Feinde, von denen sie verfolgt, auf der anderen das Gericht, von dem sie geschützt werden."

Viele Jahre vor Prinzhorn konzedierte Lombroso den Werken der malenden Irrsinnigen Originalität.

„Die Krankheit entwickelt oft ... eine Originalität in der Erfindung ..., weil ihre von jedem Zwange freie Einbildungskraft Dinge zu schaffen gestattet, vor denen ein besonnener Geist aus Furcht vor dem Lächerlichen zurückschreckt, und weil die Innigkeit der Ueberzeugung ihrem Werke Halt und Vollendung giebt."

Auch mit der These, daß „die Einbildungskraft in ihren phantastischen Schöpfungen um so lebhafter und verzerrter (bizarrer) ist, je mehr der Geist gestört ist", hatte Lombroso ein Kriterium der psychopathologischen Kunst, das in der psychiatrischen Phänomenologie unseres Jahrhunderts immer wieder genannt und überschätzt wurde, vorweggenommen: das Kriterium der Zerstörung, des Zerfalls und der Auflösung.

Mittlerweile wissen wir, daß sich das Destruktive mit dem Konstruktiven, der Zerfall mit dem Aufbau in einem Spannungszustand befinden, das Phantastische und Groteske der schizophrenen Kunst nicht auf zerstörte Formen, Deformation und Verzerrung reduzierbar ist. Es war Prinzhorn, der in seiner „Bildnerei der Geisteskranken" von 1922 ein gleichzeitiges Auftreten von Verfall und Aufbau der psychotischen Kunst konstatierte. Es fehle in seiner Sammlung nicht an Belegen dafür, daß „bestehende bildnerische Fähigkeiten ... nicht notwendig von dem schizophrenen Prozeß zerstört" werden, sondern „lange Zeit unverändert erhalten bleiben." Verbleiben „gelegentlich trotz des schizophrenen Verfalls einer Persönlichkeit ihre bildnerischen Fähigkeiten ungestört, so erfahren sie in manchen Fällen nicht nur in der akuten Phase, sondern sogar im Stadium des Endzustandes eine Steigerung. Die Gestaltungskraft vermag aus dem schizophrenen Abbauprozeß eine produktive Komponente zu ziehen."

Mitten im Krieg, 1917, lernte der zum Feldlazarettdienst an der Westfront eingezogene Prinzhorn Karl Wilmanns kennen, den Direktor der psychiatrischen Heilanstalt Reichenau bei Konstanz, der als Stabsarzt mit der Organisation des Lazarettwesens in Südwestdeutschland beauftragt war.

„Wilmanns besprach mit Prinzhorn die Möglichkeit einer späteren Bearbeitung des von ihm gesammelten Materials pathologischer Kunst. Wilmanns wurde 1918 nach Heidelberg berufen, und so kam es, daß Prinzhorn bald nach Kriegsende, Anfang Februar 1919, als Assistent in die psychiatrische Klinik der Universität Heidelberg eintrat.“

Prinzhorn arbeitete hier zweieinhalb Jahre lang, er war vom Klinikdienst weitgehend freigestellt, um die Sammlung von Wilmanns weiterzuführen und wissenschaftlich zu bearbeiten. So entstand die bis 1922 etwa 4500 Objekte umfassende Sammlung, die heute als „Prinzhorn-Sammlung" weltbekannt ist. Über das bei dieser Arbeit entstandene Buch „Bildnerei der Geisteskranken" hat Wolfgang Geinitz, der an einer Prinzhorn-Biographie schreibt, einen Text bekannt gemacht, den Prinzhorn selbst als Bericht an seinen Freund Mies van der Rohe verfaßt hatte:

„Neu entdeckt habe ich gar nichts. Dass Irre manchmal eigenartig fesselnde Bildwerke machen, wußte man (siehe Lombroso). Diese habe ich nun nicht als Symptome einer Krankheit, sondern als Symptome eines Gestaltungsdranges aufgefaßt, und mich gefragt, ob der beim Irren etwas anderes sei als beim Gesunden: ungeübte Irre schaffen manchmal Bildwerke, die als Kunst, d. h. als gestalteter Ausdruck ihres Weltbildes gelten müssen. Irre Künstler schaffen manchmal stärker, manchmal schwächer als in ihren gesunden Tagen. Weder Liebe, noch Tüchtigkeit, noch Alkohol, noch Wahnsinn verbürgt Zuwachs an Schöpferkraft. Doch stürzt diese manchmal neu hervor, wenn eine dieser Mächte den Menschen beherrscht, löst, über sich selbst hinausreißt. Der Maßstab ,krank – gesund' hat für die künstlerische Wertung eines Werkes weder Recht noch Sinn, so wenig wie der andere ,künstlerisch gut – schlecht' für die psychiatrische Meinung über den Seelenzustand eines Menschen. Das Werk entsteht nicht aus Gesundheit oder Krankheit, sondern aus Gestaltungskraft.“

Damit war der zentrale Begriff gefunden, der ebenso in Prinzhorns Gestaltungstheorie wie in Ludwig Klages Ausdruckslehre eine Schlüsselstellung innehat.

Für Prinzhorns im Zusammenhang mit der Kunst wesentliche Grundannahme einer ursprünglichen, nicht weiter ableitbaren Gestaltungskraft, die jedem Menschen mehr oder weniger verkümmert zu eigen sei, die unter dem Einfluß der schizophrenen Erkrankung aktiviert werden und bei hinreichender Begabung zu künstlerisch bedeutsamen Leistungen

führen könne, soll die Sammlung den Beweis antreten. Die hier dokumentierten Werke seien demnach „aus autonomen Persönlichkeiten hervorgebrochen, die ganz unabhängig von der Wirklichkeit draußen sich selbst genug, niemandem verpflichtet, das verrichteten, wozu eine anonyme Macht sie trieb."

Prinzhorn führt die Anziehungskraft und Faszination, die die Bildnerei der Geisteskranken auf uns ausübe, auf die allen Menschen potentiell eignende „Urgestaltung" zurück. Auch die Verwandtschaft und Ähnlichkeit der Arbeiten der Heidelberger Künstler-Patienten mit Werken der expressionistischen Kunst und Kultur sei auf das Wirken dieser „Urgestaltung" und damit grundsätzlicher Weltabkehr zurückführbar, eine Hypothese, die derart verallgemeinert von der heutigen kunsthistorischen Forschung nicht mehr bestätigt werden kann. Prinzhorn beschränkt sich auf eine rein psychologische Erklärung, die allenfalls noch durch eine „Soziologie der Gestaltung", beispielsweise die Frage nach den „Beziehungen zwischen schizophrener und dekadenter Gestaltung", letztlich zwischen jeder Zustandsbedingtheit und Geschichtsbedingtheit, durch weitere Erklärungen bereichert werden könne. Der „Zerfall des traditionellen Weltgefühls", der uns ebenso in der zeitgenössischen Kunst, Literatur wie der Bildnerei der Geisteskranken begeistere oder zumindest geläufig sei, zeuge letztlich von einer zeitgeistigen allgemeinen Sehnsucht nach Erlösung „von dem wuchernden Rationalismus". Das gelte auch „von den Ausdrucksformen und dem Weltgefühl des Kindes und des Primitiven".

Der hauptsächliche Ertrag der Prinzhornschen „Theorie der bildnerischen Gestaltung" für Kunst und Kunsttheorie der Moderne ist, daß aufgrund der in allen Menschen angelegten Gestaltungskraft kein wesentlicher Unterschied zwischen bildender Kunst und Bildnerei der Geisteskranken gefunden werden könne. Die Übergänge zwischen beiden Kunstarten werden als „fließend" konstatiert, eine prinzipielle Abgrenzung zwischen ihnen sei nicht vertretbar, weil sie nach Prinzhorn auf denselben „primären Gestaltungsvorgang" in jedem Menschen rückführbar sind, der sich allerdings gewöhnlich als zivilisatorisch-kulturell verdeckt oder blockiert präsentiere. Die Unterschiede würden demnach von außen durch Tradition und Schulung, kulturelles bzw. zivilisatorisches Milieu bewirkt, die den primären Gestaltungsvorgang verunklären. Konsequenterweise beschließt Prinzhorn seine Theorie mit der Feststellung, „daß die Geisteskrankheit in den Bildner nicht eigentlich neue Komponenten hineinträgt", sondern nur eine Auslösefunktion für die Gestaltungskraft haben kann. (Ähnlich hat die bei Prinzhorn noch nicht thematisierte, durch Meskalin hervorgerufene Experimentalpsychose eine bloße Auslösefunktion für die berühmt gewordenen Zeichnungen von Henri Michaux.) Was die Psychose, die Schizophrenie, „Neues" und „Anderes" in ein Bildwerk hineintragen kann, sind demnach „nur Varianten des sonst Üblichen", aus denen sich das wesentlich Übereinstimmende und Verbindende um so überzeugender herausschälen lasse.

Die Kreationen von Geisteskranken und die Kunst erscheinen gegenüber der ursprünglichen, einheitlichen Quelle der Gestaltungskraft als gleichermaßen abgeleitete und daher vergleichbare ähnliche Ausdrucksphänomene. Kunst erscheint bei Prinzhorn als nichts Substantielles oder Autonomes. Um ihre ausdrucksmäßige Verwandtschaft im Umkreis des Expressionismus mit der „Geisteskrankenbildnerei" (Prinzhorn) stärker herauszuarbeiten, führt Prinzhorn einen weiteren Begriff, das sogenannte „Weltgefühl", als *tertium comparationis* ein. Mit ihm wagt er sich bereits einen Schritt über seine rein psychologische Gestaltungstheorie hinaus und dringt in den sonst nicht behandelten „sekundären" Gestaltungsvorgang ein, der durch das gesellschaftliche Milieu, durch kultur- und geistesgeschichtliche Einflüsse bestimmt ist. Der Vergleich zwischen „Geisteskrankenbildnerei" und Kunst soll nun auf „die Beziehungen zwischen dem Weltgefühl des Schaffenden und des Geisteskranken" erweitert werden, das nicht aus dem ursprünglichen Gestaltungsdrang ableitbar ist. Prinzhorn stellt zwischen „schizophrenem Weltgefühl" und dem „Zerfall des traditionellen Weltgefühls" in der expressionistischen Zeitkunst eine „Verwandtschaft" fest, deren Grundzüge er charakterisiert als „die Abkehr von der schlicht erfaßten Umwelt, ferner (als) eine konsequente Entwertung des äußeren Scheins, an dem die gesamte abendländische Kunst bislang gehangen hatte, und schließlich (als) eine entschiedene Hinwendung auf das eigene Ich."

Diese Verwandtschaft findet ihre Grenzen dort, wo sich beim Schizophrenen die Entfremdung der Wahrnehmungswelt als „ein grauenhaftes, unentrinnbares Los" aufdrängt, „gegen das er oft lange kämpft, bis er sich fügt und langsam in seiner wahnhaft bereicherten autistischen Welt heimisch wird", während „beim Künstler unserer Tage ... die Abwendung von der einst vertrauten und umworbenen Wirklichkeit zwar im besten Fall auch unter einem Erlebniszwang, aber immerhin mehr oder weniger als ein Akt, der auf Erkenntnis und Entschluß beruhte", geschieht.

Als drastisches Beispiel aus der Heidelberger Sammlung steht Prinzhorn das Bildwerk von *August Neter* (Pseudonym für Natterer) vor Augen, dessen „Wunderhirte", ein kurz vor 1919 entstandenes Aquarell, durch seine Verwendung in einer Collage von Max Ernst aus dem Jahre 1933 berühmt und surrealistisch usurpiert wurde. Prinzhorn interpretiert diese und andere Darstellungen halluzinatorischen Ursprungs bei Neter als „Symbolträger", die „von realistischem

Standpunkt aus gesehen unsinnig" sind und ihre „Daseinsberechtigung lediglich aus einem schizophrenen Erlebnis" ableiten, „nicht aus einer, auch anderen Personen zugänglichen ‚Wirklichkeit' ". Das „schizophrene Weltgefühl" habe den „Charakter des Fremdartig-Unheimlichen, das uns unbegreiflich und faszinierend quält". Der bedeutungsmäßige Inhalt wird nur über den Nachvollzug der privaten Symbolik des Ich-Bildners zugänglich, die letztlich den „Nach-Denkenden in eine Art Irrgarten ohne Ende führt. Hier sich mit Behagen zu bewegen, ist das Vorrecht des Schizophrenen, weil er jeden Augenblick sein Denkprinzip umstellen kann; weil er über eine Doppelorientierung zu jedem Gegenstand verfügt."

Dieser Aspekt war für das mehrere heterogene Elemente zu einer Einheit verdichtende Kompositionsprinzip der surrealistischen Malerei und Collage besonders reizvoll. Der Verdichtungsmechanismus, der die Leistung der Traumarbeit illustriert und ein allgemeines Prinzip unbewußter Denkvorgänge ist, unterliegt nicht dem logischen Denken und wurde vom Surrealismus wegen seiner absurden Verbindungen und Vexierbilder, seiner Neomorphismen und Neologismen, die das schizophrene Gestalten hervorbringt, nachgeahmt und, denkt man an den „kritischen" Pseudo-Paranoiker Dali, manieristisch übersteigert. Es ist leicht vorstellbar, wie begeistert Eluard, Breton und die surrealistische Crew der zwanziger Jahre auf das von Max Ernst vorgestellte Prinzhorn-Buch reagierten. Neters phantastische Bildwelt ließ sich in den kulturellen Kontext mit De Chiricos gemalten Traumbildern und Lautréamonts gedichteten Groteskkoppelungen wie der abstrusen Vorstellung von einer Nähmaschine und einem Regenschirm auf einem Seziertisch überzeugend einbinden.

Die Grenzen der ästhetischen Aneignung und Nachahmung der Neterschen Verdichtungsarbeit sind im Hinblick auf ihren Vergleich mit der surrealistischen Montage dort erreicht, wo die wahnhaften Inhalte samt ihrer hermetischen Symbolik eine über das Formale hinausgehende Einfühlung verhindern. Prinzhorn hat diese Grenzen benannt und gleichzeitig das „Fremdartig-Unheimliche" und Rätselhafte von Neters Werk gegen seine rationale Auflösung verteidigt.

„Bei keinem anderen Bildwerk vielleicht sind wir dem spezifisch schizophrenen Seelenleben so wehrlos ausgeliefert wie hier. Denn hier bietet sich nicht eine anschauliche Gestaltung dar, der wir uns einfach in ästhetischer Betrachtung hingeben könnten, ohne nach der Bedeutung zu fragen. Hier werden schizophrene Erlebnisse ganz nackt illustriert."

Die unbegreifliche, quälende Faszination wird am Beispiel Neters für den Betrachter zum Hauptkriterium der „Bildnerei der Geisteskranken" erhoben. Prinzhorn versteht seine Einstellung nicht etwa als Kapitulation vor wissenschaftlicher Analyse und Aufklärung, sondern rechtfertigt den Standpunkt der Faszination als Kulturkritik an den verknöcherten interpretativen Traditionen von Rationalismus und Zivilisation. Kulturkritik erweist sich als „die wesentliche Absicht der ‚Bildnerei der Geisteskranken' ". Prinzhorn begnügt sich nicht mit Gestaltungslehre und der Analyse der gesammelten Bestände, sondern betreibt, massiv im abschließenden V. Kapitel über „das schizophrene Weltgefühl und unsere Zeit", Kulturkritik gleichermaßen am „wuchernden Rationalismus" wie am Tatsachenstandpunkt, sowohl am Vernunft- wie am Kausalitätsdenken seiner Zeit.

Er ergreift Partei für die antiakademische Moderne, die dem Naturalismus abgeschworen und an seine Stelle Introversion, Verinnerlichung des Wirklichen, Ekstase, die „Sehnsucht nach inspiriertem Schaffen", gesetzt hat. Selbst „die Sucht nach unmittelbarem intuitiven Erleben mit mystischer Selbstvergottung", „der metaphysische Drang" in Philosophie, Theosophie und Sektierertum, wo „magische Kräfte wieder eine Rolle spielen", werden als Zerfallsmerkmale des traditionellen Weltgefühls begrüßt. Der Expressionismus erscheint als „Ausdruck dieses Zerfalls und ein Versuch, das Beste daraus zu machen".

Der Surrealismus, auf den Prinzhorn nicht eingeht, hat sich tendenziell ebenso verstanden und im ersten Manifest von 1924 zur Kritik am Logozentrismus und Rationalismus aufgerufen. „Unter dem Banner der Zivilisation, unter dem Vorwand des Fortschritts" seien Inspiration und Imagination aus dem Denken vertrieben worden. Zumindest programmatisch konvergieren Breton und Prinzhorn in diesem entscheidenden Punkt ihrer Kulturkritik. Breton kommt auch auf die Geisteskranken („les fous"), die „victimes de leur imagination" zu sprechen. Er ergreift vor allem deshalb ihre Partei, weil es sie „zur Nichtbeachtung gewisser Konventionen treibt", sie „aus ihrer Imagination einen großen Trost schöpfen und ihr Delirium hinreichend auskosten, um zu ertragen, daß es nur für sie selbst Gültigkeit besitzt." Halluzinationen, Wahrnehmungstäuschungen, überwertige Ideen, der psychische Automatismus, das ambivalente Denken und Gestalten Schizophrener werden auf der Positivseite der Imagination, des geistigen Könnens verbucht. Breton stützt freilich sein Interesse für die Phantasie der ‚Verrückten' nicht auf Klages und einen ursprünglichen Gestaltungsdrang in jedem Menschen, sondern auf Freud und dessen nicht weniger fundamentalistisch argumentierende Theorie des Unbewußten. Ob und was Breton in Prinzhorns „Bildnerei der Geisteskranken" gelesen und daraus vereinnahmt hat, ist nicht bekannt. Ihre erste Erwähnung findet sich in dem Text „L'art des fous: la clé des champs" von 1948. Nach Erwähnung der

frühen Publikation von Marcel Réja: „L'art chez les fous" von 1905 wird nur kurz über Prinzhorn vermerkt, er stütze sich auf solche Werke, „die ihm als die bemerkenswertesten erscheinen – und zwar von August Neter, Hermann Beil, Joseph Sell und Wölfli", er stelle sie „zum ersten Mal in einer ihnen würdigen Weise vor". Er konfrontiere sie „mit anderen zeitgenössischen Werken, wobei diese Gegenüberstellung in verschiedener Beziehung zum Nachteil der letzteren" ausschlage.

Die letzte Bemerkung ist einigermaßen rätselhaft, denn Prinzhorn hat einen konkreten Vergleich mit zeitgenössischen Werken nicht vorgenommen, sondern allgemein vom Expressionismus gesprochen und nur vereinzelt Künstler wie Kubin, Pechstein und Heckel erwähnt. Hingegen hat Breton Prinzhorns kulturelle Grundintention einer vergleichenden „Gegenüberstellung" der psychotischen Bildwerke mit der Zeitkunst richtig wiedergegeben. Sie war ihm sicher schon durch die Lektüre von Réja und Arthur Rimbauds „Illuminations" vertraut. Das 1919 mit Philippe Soupault gemeinsam verfaßte Werk „Les champs magnétiques" war nicht nur der erste systematische Versuch mit der die Verstandeskontrolle umgehenden „écriture automatique", sondern – wenn man so will – bereits die erste Nagelprobe auf die „Kreativität des Wahnsinns". Die Auslieferung an das unkontrollierte Schreiben und Assoziieren hat schließlich einige Ähnlichkeit mit dem Verlust der Selbstkontrolle im „Wahnsinn".

„Breton scheint den Moment der Abwesenheit der Vernunft im automatischen Prozeß fast als eine Art Ausflug in den Wahnsinn zu betrachten", schreibt Roger Cardinal im Hinblick auf den Zusammenhang von Wahnsinn und Poesie.

Bretons literarische Simulationsversuche psychotischer Ausdruckscharaktere, seine Bemerkungen im ersten surrealistischen Manifest, seine bereits 1929 einsetzende Sammeltätigkeit von Geisteskranken-Kunst, die Integration der „Art of the insane" in die von Alfred H. Barr, Jr. kuratierte New Yorker Ausstellung „Fantastic Art, Dada, Surrealism" (1936), die laut Katalogliste auch ein Aquarell von Volker Klotz, das aus der Sammlung Prinzhorn in die private Collection Ladislaus Szecsi, New York, gelangt war, enthielt, beweisen keinen direkten Einfluß des schon 1922 nach Paris zunächst an die Adresse Paul Eluards gelangten, aber mit keiner Zeile erwähnten Werks von Prinzhorn. (Zweifellos ist Breton auf die Geisteskranken-Kunst auch nicht erst durch Prinzhorns Werk gestoßen.) Prinzhorn hat sich seinerseits niemals als Beobachter der surrealistischen Zeitkunst und ihrer Herkunft aus dem Dadaismus zu erkennen gegeben. Dennoch haben beide für ihre Kulturkritik auf die enge Verwandtschaft der Bildwerke der Geisteskranken, Kinder und

Primitiven mit der Kunst ihrer Zeit rekurriert. Eine Übereinstimmung im Grundsätzlichen und über die Instrumentalisierung einer vergleichenden Gegenüberstellung des Verwandten war gegeben. Prinzhorn hat sie unbeabsichtigt auf einen Nenner gebracht, der historisch folgenreich wurde und seinen Nachruhm in der Kunstgeschichte des 20. Jahrhunderts begründet:

„Die engste Verwandtschaft ... zu der Kunst unserer Zeit ... beruht darauf, daß diese in ihrem Drange nach Intuition und Inspiration seelische Einstellungen bewußt erstrebt und hervorzurufen sucht, die zwangsläufig in der Schizophrenie auftreten. Erleichtern uns solche Zeitströmungen ... den verstehenden Zugang zu dem schizophrenen Seelenleben, so gewinnen wir vielleicht rückläufig aus diesem Einblick Hilfsmittel zu einer Wertung der Zeitströmungen.“

Prinzhorns Empfehlung wurde fast zu einer Art Gebrauchsanweisung für das künftige Verhältnis zwischen Psychiatrie und Kunst, das neben der Entgrenzung des kunsthistorischen Blickwinkels auch eine Erweiterung der medizinischen Diagnostik auf die Analyse künstlerischer wie kultureller Phänomene brachte.

Die Psychose wird seit Prinzhorns epochalem Buch aus dem psychiatrisch-diagnostischen Kontext in einen gestalterischen, ästhetischen verlagert. Sie ist uns in Grenzfällen als Auslöser einer eigenständigen Kunstform vertraut geworden.

Neben Prinzhorn haben Marcel Réja („L'art chez les fous“, 1907), Walter Morgenthaler mit seiner Studie über *Adolf Wölfli* („Ein Geisteskranker als Künstler“, 1921), Karl Jaspers („Strindberg und Van Gogh“, 1922) und Richard Arwed Pfeifer („Der Geisteskranke und sein Werk“, 1923) dem Geisteskranken künstlerische Fähigkeiten zugeschrieben. Ernst Kris interpretierte in den dreißiger Jahren die „Charakterköpfe“ des Barockbildhauers Franz Xaver Messerschmidt als „Wahngebilde und Kunstwerke zugleich“ („Die Charakterköpfe des Franz Xaver Messerschmidt“, 1932). Er konstatierte ein „Gemenge verständlicher und unverständlicher Faktoren“, die Messerschmidts künstlerisch-stilistische Entwicklung und seine Krankheit, seinen Wahn, wiederspiegeln und damit sein Werk an die Zuständigkeit einer „stilgeschichtlichen und einer stilpsychologischen“ Analyse verweisen. Der üblichen Ausschließung psychopathologischer Phänomene aus der kunsthistorischen Analyse auch oder gerade im Falle Messerschmidts ist Kris nicht gefolgt. Dieser Schritt war zukunftsweisend.

Leo Navratil schreibt den zunächst einseitigen Erfolg der „Bildnerei der Geisteskranken“ bei den zeitgenössischen Künstlern der von Prinzhorn vorgenommenen „Remythologisierung“ und „Ästhetisierung der Psychose“ zu, die von der naturwissenschaftlich orientierten Psychiatrie abgelehnt wurde. Die von Prinzhorn veröffentlichten Werke seien „in der ersten Hälfte dieses Jahrhunderts weder von der Psychiatrie noch in der Öffentlichkeit recht ernst genommen“ worden und für die Fortentwicklung der Psychiatrie völlig einflußlos geblieben. Doch abgesehen von den Ausnahmen Wilmanns und Prinzhorn oder Morgenthaler haben psychopathologische Kapazitäten und Lehrbuchautoren der ersten Jahrhunderthälfte, wie Bleuler, Bumke und Jaspers, die Heidelberger Sammlung keineswegs ignoriert. Erinnert sei an die frühe, ausführliche Darlegung von Hans Bürger-Prinz „Über die künstlerischen Arbeiten Schizophrener“ in Oswald Bumkes fundamentalem „Handbuch der Geisteskranken“, wo „der richtige Ansatz Prinzhorns“ bei der Gestaltungskraft ausführlich diskutiert wird.

Das geringe Echo auf Pfeifers Buch „Der Geisteskranke und sein Werk“ in der Künstlerschaft könnte – abgesehen von einem wenig attraktiven Bildteil – darin liegen, daß Pfeifer für das „originell(e), also aufbauend(e)“ schizophrene Werk nicht eine kulturell verschüttete „Uranlage ..., in der sich der Kranke dem Genius des Kindes und dem der Primitiven nähert“, verantwortlich macht , sondern den „wirklich künstlerischen Gehalt“ des schizophrenen Werks auf den verbliebenen „letzte(n) Rest von Gesundheit“ zurückführt. Das Wirkungsvolle in den Holzschnitzereien eines *Karl Brendel* (Pseudonym für Genzel) aus der Heidelberger Sammlung sei der „gesunde Kern, um den sich die Kunstleistungen krystallisieren“. Zwar vermöchten bei diesem „Holzbildhauertalent ... Autismus, Inkohärenz und Negativismus zu einem bedeutenden künstlerischen Effekt zusammenzutreten“, aber wie der Vergleich mit der platten, trivialen Bildnerei anderer Schizophrener zeige, könne es „nicht das ausgesprochen Kranke sein, was diese Wirkung ausübt.“

Prinzhorn war nun in der Tat darin moderner und für die Analogie mit der gleichzeitigen manieristischen (antinaturalistischen) Zeitkunst sensibilisierter als Pfeifer, daß er die sinnhaften und die inkohärenten Bestandteile des schizophrenen Werks nicht auseinanderdividierte, sondern in ihrer Gesamtwirkung würdigte. Das formal Unverständliche, weil Uneinheitliche und bloß Kontaminierte der phantastischen, ja Grauen erweckenden Formdetails wird einem „tiefer verankerten“, magischen Vorstellungsbereich gutgeschrieben. Damit hatte er eine Brücke zur gleichzeitigen neoprimitivistischen Kunst des 20. Jahrhunderts geschlagen.

Auch Karl Jaspers hatte zeitgleich mit Prinzhorns Ausführungen und in späteren Auflagen seiner vergleichenden pathographischen Analyse von „Strindberg und Van Gogh“, ebenso Prinzhorns „Verdienst“ hervorhebend, den Weg zur

„Kultur der Zeit" gesucht. Das Schizophrene passe „vielleicht irgendwie zu unserer Zeit", indem „man jetzt im Begriffe ist, die Kunst der Irren als Kunst und nicht bloß als psychologisches Material für psychiatrische Forschung wichtig zu finden." Und er konstatierte, daß „Josephsons Zeichnungen aus seiner Schizophrenie heute gefeiert werden, während man sie 1909 noch ohne erhebliches Interesse fand." Die ästhetische Modernität der Hysterie, die die Surrealisten in Charcots Bilderserien der „Iconographie de la Salpêtrière" entdeckten und in ihren konvulsivischen Schönheitsbegriff aufnahmen, hat Jaspers nicht gesehen oder verkannt. Sie gehört ebenso in den zeitgenössischen Kontext von Kunst und Wahn wie die Schizophrenie und die Paranoia. Sie wurde zum Ausdrucksmittel der surrealistischen Kunst und Literatur umgestaltet. Ein Max Ernst hat die hysterische Körpersprache in seinem Kollagenroman „Une semaine de bonté" von 1934 zitathaft verarbeitet. In einer polemischen, antipsychiatrischen Wendung emanzipierte der Surrealismus das Krankheitssymptom zu einer Methode der Irritation des auf Normalität und naiven Realismus eingeschworenen Alltagsbewußtseins. Wenn Breton und Eluard mit ihren Simulationsversuchen psychischer Krankheiten („L'immaculée conception", 1930) wie Schwachsinn, akute Manie, Paralyse, Paranoia (Interpretationswahn), Dementia praecox Sprachverfremdungen willentlich herbeiführten, zielten sie auf ihre ästhetischen Wirkungen, die im literarischen Kontext gegen erstarrte Sprachkonventionen gerichtet waren.

Bereits Hugo von Hofmannsthal hatte in seinem epochalen Chandos-Brief von 1902 die Sprachkrise zum Thema erhoben. Die Bücher von Morton Prince, „The Dissociation of a personality" (1906) und Théodule Ribots „Les maladies de la personnalité" (1885), aber auch Ernst Machs „Analyse der Empfindungen" (1903) sowie sein darin literarisch einflußreichster Satz „Das Ich ist unrettbar", regten Hofmannsthal dazu an, „in die tiefsten Tiefen des zweifelhaften Höhlenkönigreiches ‚Ich' hinabzusteigen und dort das Nicht-mehrich oder die Welt zu finden. Was mich an diesem Stoff besonders beglückt, ist die Möglichkeit, synthetische oder stilisierte Sprache zu machen".

In Ribots Analyse fand Hofmannsthal Menschen beschrieben, „welche plötzlich ihr Ich verlieren und als neue Wesen eine andere Existenz beginnen, aus der sie manchmal ebenso plötzlich und rätselhaft wieder in die erste zurückgestoßen werden; ja, es kommen solche vor, die ein dreifaches oder vierfaches Ich haben." Die Krise des Ich, seine Desidentifizierung und Vermannigfaltigung durch Assoziation und Montage, durch Simultaneitäten und arcimboldeske Vexierbilder, wurde in der Kunst des 20. Jahrhunderts ein Hauptthema. Dali kam über seine multiplen Vorstellungsbilder in

„Le jeu lugubre" (1929) und „Dormeuse, cheval, lion invisibles"(1932) zu anamorphotischen Gemäldekonstruktionen, die in Rohform auch in der psychopathologischen Bildnerei, sei es bei Carl Lange oder August Natterer aus der Heidelberger Sammlung, zu finden sind. In seiner sogenannten „méthode paranoïaque critique" stilisierte Dali den Beziehungswahn, das paralogische Phantasieren des Paranoikers, zu einem Instrument der Desorientierung des versachlichten, vermeintlich vernunftgeleiteten Realitätsbewußtseins. In der Demoralisierung des *common sense* sah der frühe Surrealist von 1930 die subversive Funktion seiner Anamorphosen. Sein psychiatrisches Wissen bezog er aus Jacques Lacans Doktorthese „De la psychose paranoïaque dans ses rapports avec la personnalité" (1932). Der Verfasser wurde für die surrealistische Vernunftkritik der dreißiger Jahre wichtig, ja anregender als Freud und durfte, von Dali entdeckt, 1933 in der surrealistischen Zeitschrift „Minotaure" publizieren. Der von Lacan verhandelte Fall von „paranoia d'auto-punition" bei der Schriftstellerin Aimée A. mit insgesamt dreißig Fallbeschreibungen wird in Bretons Aufsatz „L'art des fous, la clé des champs" (1948) neben den Standardwerken von Marcel Réja und Hans Prinzhorn ausdrücklich erwähnt. Die Romantexte der Aimée A. waren Vorbild für Bretons Werk „Nadja" (1928).

Nach dem surrealistischen Selbstverständnis sollte mit Hilfe des kritisch gewendeten Wahndenkens die unterdrückte Wahrheit über unsere Welt offenbar werden. Es blieb im wesentlichen bei ästhetischen Eingriffen. Dalis „kritischparanoische Aktivität" beschränkte sich auf die Deutung von Kunstobjekten, Mythen und Bildern wie dem Angelusläuten von Jean Francois Millet, der „Mona Lisa" Leonardos und der gemalten Wilhelm-Tell-Sage bei Ernst Josephson. Bekanntlich machte Max Ernst die Surrealisten in Paris mit Prinzhorns Publikation zur „Bildnerei der Geisteskranken" bekannt. Was sie aus dem lange unübersetzt gebliebenen Textteil intellektuell aufnehmen konnten, ist unklar. Allerdings konnten sie einige Intentionen Prinzhorns in Jean Vinchons Werk „L'art et la folie" (1924) nachlesen, das erstmals auch die Bedeutung des Surrealismus für den Kontext von Kunst und Psychiatrie abhandelte. Erst 1955 erschien eine erste Teilübersetzung des Prinzhorn-Buches, ein Abschnitt über *August Neter*, in der surrealistischen Zeitschrift „Medium".

Paris blieb für viele Jahrzehnte das Zentrum für den Dialog zwischen Kunst und Wahn, während in Deutschland der nationalsozialistische Bildersturm die Heidelberger Sammlung zum Lieferanten für die Propaganda-Ausstellung über „entartete Kunst" degradierte. In der Schweiz hat die Kunst der Geisteskranken durch die beispielhafte Monographie Morgenthalers über *Adolf Wölfli* und die Sammeltätigkeit der

Heil- und Pflegeanstalt Waldau bei Bern den Aderlaß der Archive und Museen in Europa überdauert.

Das Werk *Heinrich Anton Müllers* gehörte ebenso wie die Zeichnungen Adolf Wölflis zu den frühesten Entdeckungen des ab 1945 die Schweiz bereisenden Jean Dubuffet. 1949 erschien die erste von der *Compagnie de l'Art Brut* herausgegebene Lebensbeschreibung über Müller anläßlich seiner ersten Einzelausstellung in Paris. Der schon 1945 von Jakob Wyrsch, dem Direktor der Waldauer Anstalt, verfaßte Text wurde in Dubuffets Publikation über Müller abgedruckt, die als erster Sammelband der „Publications de la Compagnie de l'Art Brut" erschien. Aus einem Interview von John M. Mac-Gregor mit Dubuffet (1993) kann geschlossen werden, daß er Müller neben *Aloise Corbaz* und *Adolf Wölfli* zu den wichtigsten Vertretern der *Art Brut* zählte. 1950 nahm Dubuffet Kontakt mit dem Hospital in Münsingen auf und erhielt vier Zeichnungen vom damaligen Direktor Max Müller, die zum Grundstock des in der „Collection de l'Art Brut" verwahrten Zeichenwerks gehören. Das Verhältnis zwischen den Künstlern Dubuffet und *Heinrich Anton Müller* ist seitdem belastet und hat mich ebenso nachdrücklich wie Harald Szeemann bewogen, Dubuffet als künstlerischen Verwerter und Ausschlachter der Müllerschen Zeichnungen, vor allem, was die Kopfdarstellungen der beiden Künstler betrifft, und der *Art Brut* im allgemeinen zu kritisieren. Roman Kurzmeyer schreibt in seinem Werkverzeichnis zu diesem Komplex erhellend:

„*Offensichtlich ist, daß Dubuffet die Vermengung der von ihm gesammelten mit der eigenen Kunst in den frühen Jahren nicht energisch vermied. Als ein Beispiel sei hier nur auf den Titel des Buchs seines Freundes Georges Limbour ‚L'Art Brut de Jean Dubuffet: Tableau bon levain, à vous de cuire la pâte' hingewiesen, der ohne Zustimmung Dubuffets kaum möglich gewesen wäre. Doch in der Folgezeit zog er die Trennlinie immer stärker, ohne den Vorbildcharakter der Art-Brut-Künstler und ihrer Werke zu leugnen.*"

Im posthum erschienenen Buch „Bâtons rompus" apostrophiert Dubuffet die *Art-Brut*-Künstler als „die Helden der *Art Brut* (meine Vorbilder)". Damit habe er aber nicht beansprucht, „daß seine Kunst Art Brut genannt werde, sondern er habe versucht, ‚eine geistige Position nahe bei der *Art Brut* zu erreichen, aber durch einen Willensakt'". Dubuffet wich damit aus auf die von ihm selbst postulierte theoretische Differenz zwischen *Art Brut* und *Art Culturel*, einem unfreiwilligen und einem freiwilligen Schöpfungsakt, die er als Künstler durch die gesuchte Nähe zu seinen Sammlungsbeständen hingegen unterlief. Die zweifelsfrei vorhandenen formalen Übereinstimmungen zwischen *Art-Brut-Künstlern* und dem künstlerischen Werk Dubuffets harren noch einer

kritischen Analyse. Man kann Dubuffets künstlerischen Beitrag sicher nicht als plagiathafte Übernahmen der *Art Brut* bezeichnen, aber doch als überlegte, manierierte, teilweise zitathafte Verarbeitungen der Eigenart psychopathologischer Kunst, wozu nur die sonst abgelehnte *Art Culturel* imstande ist. Als Künstler mit eigenem Willensakt hat Dubuffet eine geistige Position vertreten, die er als Sammler und Theoretiker der kulturell externen, ausgegrenzten *Art Brut* von dieser nicht erfüllt sah. Diese kann also streng genommen gar nicht als künstlerisches Vorbild von Dubuffet beansprucht werden. Die künstlerische und die theoretische Position Dubuffets widersprechen sich. Wenn wir heute dem Künstler vor dem *Art-Brut*-Theoretiker den Vorrang einräumen, muß man sich darauf einlassen, die verschiedenen Abhängigkeiten, Nachahmungen und Zitationen Dubuffets im Hinblick auf seine *Art-Brut*-Sammlung kritisch zu diskutieren.

Das geistige Klima für die Rezeption der *Art Brut* und für eine breite Prinzhorn-Renaissance nach 1945, die nicht mehr auf einige Künstler, Vordenker und spezialisierte Sammler beschränkt blieben, verdankte sich der von Paris ausgehenden Strömung des *Primitivistischen Expressionismus*, der eine lange internationale Lebenszeit im *Informel* und in der Informellen Figuration bewies, mit dessen Ausläufern wir es bis heute zu tun haben. Michel Tapié forderte gegen den abstrakten Akademismus der École de Paris „eine anders geartete Kunst" – „*Un art autre*", die mit Namen wie Dubuffet, Fautrier, Pollock, Ossorio, Appel, Arnal, Michaux und Wols aufwartete. Mit Dubuffets frühem Manifest für eine *Compagnie de l'Art Brut* von 1948 war ein Programm für freien Ausdruck in der Kunst verkündet worden, das sich auf Kinderzeichnungen, die modernen Primitiven in der naiven Malerei und Bildnerei der Geisteskranken stützte und im „Foyer de l'Art Brut" in der Galerie Drouin, dann im Pavillon des Verlages Gallimard die ersten bescheidenen Ausstellungen organisierte. Dabei wird häufig übersehen, daß die geistige Position von Dubuffet und Tapié ohne den Vorlauf Bretons und die grenzerweiternde, antipsychiatrische Einstellung im Surrealismus nicht vorstellbar ist. Der Neubeginn mit primitiver Kunst und *Art Brut* nach 1945 war in vieler Hinsicht die Fortsetzung der vom Surrealismus schon radikaler vorgebrachten Kulturkritik. Die neuen kulturunabhängigen Primitiven hießen Gaston Chaissac, der Schuster war, Scotti Wilson aus Schottland, der kaum lesen und schreiben konnte, und Aristide Caillaud, der als Metzger arbeitete.

Amateure waren gegen die Professionalisten und Stilisten in der Moderne angetreten. Und es sollten immer mehr werden. Es war absehbar, daß sich Galerien und Kunsthandel ihrer annehmen würden. Unter Dubuffet, Tapié und anderen Anregern sammelte und formierte sich eine europaweite Bewegung, die wie in der internationalen Gruppe „CoBrA" die antiakademischen, anarchischen, automatistischen Ansätze aus Abstraktion, Surrealismus und Expressionismus in der ersten Jahrhunderthälfte neu thematisierten. Auch die Entdeckung der verkannten Ausdrucksqualitäten in sogenannter „psychopathologischer Kunst" war ein Erbe des beginnenden Jahrhunderts, das erst jetzt in seiner ganzen Breite und Fülle für „eine anders geartete", alternative, subversive Kunst angeeignet und wirksam wurde.

Die auch nach Wien gelangende Aufbruchsstimmung hätte sich außer auf Prinzhorn, der zweifellos den *Primitivistischen Expressionismus* und theoretisch interessierte Künstler wie Kubin, Klee und Rilke mit motiviert hatte, ebenso auf die hier einst wirkenden Kunstpädagogen Franz Cizek und vor allem Leopold Wolfgang Rochowanski berufen können. Letzterer hatte eine schmale Broschüre mit dem Titel „Psychopathische Künstler" verfaßt, die 1923, fast zeitgleich mit Prinzhorns „Bildnerei der Geisteskranken", psychiatrisch auffällige Kinderzeichnungen aus Wiener Kliniken (darunter aus dem Kinderhaus in Gugging unter dem Primararzt Dr. Oskar Hovorka) untersuchte. Mit Anlehnung an die damals führenden Kinderzeichnungstheoretiker Corrado Ricci, Georg Kerchensteiner, Franz Cizek verwies er auf das freie, rhythmische, ideoplastische (anstatt physioplastische) Gestalten „aus dem Kopf" in den Arbeiten psychiatrierter Kinder, für die die „schöpferische Phantasie und nicht die Naturtreue das Entscheidende" sei. Er habe „dort Ergebnisse gefunden, die von modernen Künstlern mit besonderem Stolz hervorgehoben werden". (Leider fehlen in dieser Untersuchung Hinweise auf einschlägige Werke und Namen.)

Ein wichtiges Ereignis waren die Aktivitäten der „Internationalen Gesellschaft für Psychopathologie des Ausdrucks", an deren Internationalem Kolloquium in Linz 1969 erstmals viele Künstler wie Ernst Fuchs, Alfred Hrdlicka, Peter Pongratz und Arnulf Rainer, der damals beginnende Sammler und Verarbeiter psychopathologischer Kunst, teilnahmen. Das war ein Signal, denn in erster Linie waren es Künstler zumal österreichischer Herkunft, die die Bedeutung der Gugginger erkannten, sich von ihren Arbeiten anregen ließen und sie förderten. Hier muß auch Walter Navratil genannt werden, einer der nachdrücklichsten Künstler-Sympathisanten der Gugginger Kolonie, der seinen Vater zu einer Blickerweiterung vom Diagnostischen zum Künstlerischen ermutigt, wie auch das Gugginger Künstlerhaus 1981 mit initiiert hat und dem wir einige unvergeßliche Portraits Gugginger Künstler wie *Ernst Herbeck* und *Fritz Opitz* verdanken. Auch an Peter Pongratz ist zu erinnern, dessen malerisches Werk aus den späten sechziger Jahren ebenso Spuren der Kennerschaft der *Art Brut* verrät wie das von Walter Navratil und Franz Ringel; von letzterem erwarb der ihn fördernde

Dubuffet schon 1971 einige Werke für seine Außenseiter-Sammlung. Pongratz hat die Gugginger Künstler auch mit Radiernadeln und Platten versorgt und sie zu graphischen Arbeiten angeregt, die 1969 bis 1970 unter anderem mit der Zeichenmappe „Pareidolien" (Galerie Nächst St. Stephan) begann.

Die psychiatrische Künstlerinitiative von Gugging hat die wieder aufgenommene Diskussion über „schöpferische Psychose" in den sechziger und siebziger Jahren mit belebt. Schon seit den Manierismusforschungen Gustav René Hockes in den späten fünfziger Jahren stellte sich die Frage, was die Affinität zwischen moderner antinaturalistischer Kunst und psychopathologischer Gestaltung zu bedeuten habe und wie die Faszination der letzteren auf einen aktuellen manieristischen Künstlertyp und sein wachsendes Publikum zu erklären sei. Der Kurzschluß auf eine „entartete", kranke Moderne hatte sich durch die politische Katastrophe und das historische Ende des nationalsozialistischen Regimes erledigt. Es konnte wieder auf die formschöpferischen, konstruktiven, restituierenden Elemente im Ausdruck seelischer Krankheit reflektiert werden. Die Begleittheorie der Gugginger Kunst gipfelte daher auch in der von Prinzhorn vorweggenommenen These, daß die (schizophrene) Psychose schöpferische Fähigkeiten auslösen könne – selbst unabhängig davon, ob durch die Geistesstörung ein Talent geweckt „oder eine vorhandene Begabung aktiviert" werde. Bader, Benedetti, Ferdière, Müller-Suur, Navratil, Rennert, Spoerri, Volmat, Winkler und andere psychiatrische Phänomenologen im nosologischen Grenzbereich von Kunst und Krankheit konnten in der zweiten Jahrhunderthälfte mit Erfolg Form- und Motivübereinstimmungen im modernen künstlerischen Manierismus und manierierten schizophrenen Gestalten nachweisen.

Es ist hier nicht meine Absicht, ihre Erklärungsansätze zu diskutieren. Die künstlerische Karriere der Außenseiter und Geisteskranken, der weltweit auftretenden „Artbrutisten", der Gugginger Künstler-Patienten im besonderen, ihr Einzug in die Galerien, Kunstmessen, Ausstellungstourneen und Museen ist zuletzt immer unabhängiger von der theoretischen Problematisierung und häufig auch gegen sie erfolgt. Unserem erlebnisorientierten, egalitär und multimedial organisierten Kulturkonsum ist der Streit der Erklärungsansätze gleichgültig geworden. Eine Apologie der Kunst der Irren hat sich inzwischen ebenso erübrigt wie ihre einst vom Dadaismus verteidigte, von Hugo Ball oder Albert Paris Gütersloh deutlich ausgesprochene, zuletzt noch von Dubuffet angeführte Subversivität gegenüber der institutionalisierten Kunst, der *Art culturel*. Das von Warhol prophezeite „all is pretty" umfaßt heute auch die Kunst der Außenseiter und geistig Kranken. In den großen postmodernen Themenausstellungen der letzten Jahre erscheint sie weder im negativen noch im positiven Sinne mehr ausgegrenzt. Das die Arbeiten von „Artbrutisten" gezielt sammelnde, von Jean Dubuffet und Michel Thévoz eingerichtete, bewußt separatistische „Musée de l'Art brut" in Lausanne, das seit 1980 auch Gugginger Bilder sammelt , ist eine Ausnahme geblieben. In vielen Museen moderner Kunst triumphiert das neue ästhetische Gemisch von *Art brut* und *Art culturel*. Der Wahn ist schön und salonfähig geworden.

Dennoch möchte ich abschließend fragen: Was hat die kunsttherapeutisch geförderte Produktion der „Artbrutisten", die Gugginger Originale eingeschlossen, mit der Gegenwartskunst zu tun, wenn ihre breit und zustimmend rezipierte Gemeinsamkeit in Galerie- und Museumsausstellungen nicht nur, wie ich meine, ein Ergebnis der alles integrierenden und egalisierenden Medienkultur unserer Tage ist? Offensichtlich verbindet beide Teile ein subjektivierter, werkoffener, kommunikativer, nicht mehr autonomer Kunstbegriff, ein Arbeiten, das sich nicht mehr in erster Linie theoretisch differenzierend darauf einstellt, welche unterschiedlichen psychologischen Voraussetzungen, Biographien, Prinzipien, Bedeutungen, Form- und Stilmerkmale *Art Brut* und *Art Culturel* voneinander trennt. „Artbrutisten" und Gegenwartskünstler verschweißt ein irrationales, häufig therapeutisch orientiertes, „selbstreferentielles" Erlebnissubjekt, das alle Bedingungen des schöpferischen Arbeitens intuitiv erfüllt, sie unabgesichert durch rationale Konstruktionen und Wertorientierungen wie einst Wollen und Müssen, Freiheit und Zwang für sich selbst und andere mit anschaulich macht.

Spontan wird ein experimentelles Szenarium der Ich-Erfahrung entworfen, das seine autotherapeutischen Impulse in der Kunst um und nach 1945 nicht verleugnen kann, sei es im abstrakten Expressionismus von Pollock bis De Kooning oder Cy Twombly, im sich gestisch auslebenden *Informel*, in der (sich bewußt infantil, sinnlich-materialästhetisch, sexualsymbolisch oder regressiv-mythisch artikulierenden) *Informellen Figuration* von Fautrier, Dubuffet, Wols, der Künstlergruppe CoBrA (Kürzel für Copenhagen, Brüssel, Amsterdam), beim frühen „pandämonischen" Georg Baselitz und Eugen Schönebeck, im psychischen Automatismus des freien, spiraloiden Malens bei Hundertwasser, bei dem psychopathologisch versierten Grotesk-Akrobaten Arnulf Rainer oder der dem Gugginger Psychotherapie-Zentrum nahestehenden Gruppe „Neue Wirklichkeiten" um Peter Pongratz und Franz Ringel, in der sozialen Plastik von Beuys, im Pseudo-Autismus der Performances von Bruce Nauman, oder allgemeiner im Fortschreiten vom Werk zum Prozeß, von der Objekt- zur Selbsterfahrung. Sie sind mehr oder weniger Zeugen eines auf Selbsterfahrung erweiterten, entgrenzten Kunstbegriffs.

Zum skizzierten Einstellungswandel des subjektivierten, „therapeutischen" Kunstbegriffs gehört auch, daß heute kunsttheoretisch und kunstpsychologisch nicht mehr von „Stilen" der Realitäts- und Weltdarstellung, sondern von „Strategien" der Erfahrung ausgegangen wird, die sich operativ und konzeptionell auf den konflikthaften Lebensstoff einstellen. Es wird von kunsttheoretischer Seite nicht länger eine gesicherte Identitätskonstruktion, eine integrale Ich-Einheit und vorausgesetzte Transzendentalität des „Ich denke" (wie noch bei Hans Prinzhorn) oder eine Ich-Psychologie beansprucht, sondern das Selbst entsteht erst allmählich im dynamischen spiegelbildlichen Erleben des Alter ego (wofür die maskenhaften Selbsterfahrungsstrategien Cindy Shermans das Jahrhundertparadigma abgeben).

Das Künstler-Ich in der zweiten Hälfte des 20. Jahrhunderts folgt keinem doktrinären, gesellschaftlich definierten, utopischen Freiheitsprinzip, sondern projiziert sein persönliches Freiheitserleben in das sich vor ihm ausbreitende raum-zeitliche, soziokulturelle Wirklichkeitskontinuum. Dies meinte Beuys mit seiner prominenten Ankündigung, aus der Kunst „auszutreten". Und dieses Kommunikationsexperiment vollziehen ebenso die „Artbrutisten", deren künstlerisches Projekt im Prinzip mehr am augenblicklichen Sich-selbst-Verwirklichen als am autonomen überdauernden Werk – im Gegensatz zum Kunstmarkt – interessiert ist. Das traditionelle „Werk"-Kunstwerk erweitert sich und schrumpft zugleich zu einem prozeßhaften Erlebnisraum, in dem das Unbewußte, Vorbewußte und Bewußte sich zu wechselnden Szenarien verdichten.

Kann eine Kunst, die nur von der Selbstverwirklichung der Künstler motiviert ist, am Ende überleben? Wo sich heutige professionelle Kunstpraxis zusehends therapeutisch erweitert und vertieft, wie man es mittlerweile nicht nur für einen Beuys und Pollock annehmen darf, haben wir nach dem irreversiblen Verschwinden der Werkimmanenz allen Grund, die stattgefundenen ästhetischen Entgrenzungen kritisch zu befragen, ohne in einen veralteten geschlossenen Werkbegriff zurückzufallen. Der subjektivierte, operative, ins Anthropologische reichende und für Vergleiche und Berührungen mit der „psychopathologischen Kunst" offene, „erweiterte Kunstbegriff" des zu Ende gehenden 20. Jahrhunderts war zunächst auf die befreiende Inszenierung und Bewältigung der individuellen, konfliktgeladenen, neurotisch deformierten Lebensproblematik gerichtet. Inzwischen ist er geradezu psychophil und therapieanfällig, eine Karikatur seiner Grenzüberschreitungen, geworden.

In gegenwärtiger, kulturell erweiterter und verwässerter Kunst läuft vieles auf die intensive Annäherung von Kunst und Therapie hinaus, ein Trend, dem sich letztlich auch die

Aktualität der *Art Brut* und der Gugginger Patientenkunst im besonderen verdankt. Es wird sich zeigen, ob zu unser aller uneingeschränktem Nutzen! Die weitere Entwicklung wird zeigen, ob die Anbindung an psychotherapeutische Ziele die erhoffte Lösung der menschlichen Konflikte bringt oder ob wir gleichzeitig den Verlust einer von individuellen Interessen und Bedürfnissen, von der Leidens- und Lustproblematik unvereinnahmbaren Erkenntnisinstanz, der Vernunft, beklagen müssen.

Wir können aber, wie dies heute immer häufiger geschieht, außer der Vernunft auch die Wahnerfahrung auf der Verlustseite des Lebens buchen. Im klassischen Monolog der Wissenschaft *über* den „Wahnsinn", der mit der klinischen Psychiatrie im 19. Jahrhundert begann, hat dieser seine Realität verändert. Durch die Krankheitsbewältigung, den Spezialfall von Naturbeherrschung, wurde der Wahn als dialogische Erfahrung des Menschen geschwächt und ausgegrenzt. Auf die mittelalterliche Theologisierung des „Wahnsinns" folgte seine medizinische Verwissenschaftlichung, seine psychiatrische Verbegrifflichung, seine psychoanalytische Verinnerlichung zu Neurosen. Eine Verharmlosung? Manchmal hat es den Anschein, daß die Psychokunst des 20. Jahrhunderts dagegen protestiert und sich mit ihrem starken Interesse für Themen der Behinderung und Krankheit dagegen zur Wehr setzt. Woher kommt die nicht nachlassende Faszination der Künstler für den Wahn? Warum erlangten die Surrealisten mit der Nobilitierung der pathologischen Denk- und Wahrnehmungsformen, insbesondere der Hysterie, zu einem „vollkommenen Ausdrucksmittel", wie es in dem von Breton und Aragon in der Zeitschrift „La Révolution surréaliste" geschriebenen Manifest von 1928 nachzulesen ist, ein so nachhaltiges Echo, und warum konnte Dubuffets *Art-Brut*-Enthusiasmus als subversive, antiinstitutionelle Lebensäußerung überzeugen? Sein kulturkritischer Impuls ist heute freilich verbraucht und kunsthistorisch vereinnahmt, *Art Brut* als Gegengift und Abwehr der globalisierenden Ausstellungs- und Medienkultur nicht mehr wirksam. Ihre ästhetische Faszination ist gleichwohl für viele Künstler geblieben und bis in die Gegenwart hinein ein Anknüpfungspunkt für die eigene Arbeit.

Vielleicht sind es die Unaufgeklärtheit der Geisteskrankheit, ihre anhaltende Bedrohung, ihre ungelösten Rätsel, die sie für den Künstler bedenkenswert bleiben lassen, um im totalitären Rationalisierungsprozeß der Nachmoderne einen verbliebenen Rest unbeherrschter Natur poetisieren und mystifizieren zu können. Dies könnte für die aktuelle künstlerische Thematisierung aller unaufgeklärten, unbewältigten, unheilbaren Krankheiten gelten. Wissenschaftlich unbeherrschbar, werden sie als das Fremde, Unbekannte, Andere erfahren. In einer Zeitkunst, die sich das Motto „Je est un autre – ich ist ein anderer" gegeben hat, stellt das Inkommensurable und Hieroglyphische des Wahns einen faszinierenden Wert dar. Im Herrschaftsdialog der Vernunft mit dem Wahnsinn schlägt sich die unkonformistische Kunst auf die Seite des Nichtidentischen, des rational Unerkannten und Unbekannten, des von Vernunft und Wissenschaft Unabgesicherten, Unvereinnahmbaren.

Literatur

Alewyn R. Andreas und die „Wunderbare Freundin". Zur Fortsetzung von Hofmannsthals Roman-Fragment und ihrer psychiatrischen Quelle. In: Über Hugo von Hofmannsthal. Alewyn R. (Hrsg.). Göttingen 1958.

Benkert O, Gorsen P. Von Chaos und Ordnung der Seele. Ein interdisziplinärer Dialog über Psychiatrie und moderne Kunst. Berlin, Heidelberg 1990.

Bleuler E. Lehrbuch der Psychiatrie, 11. Aufl. Umgearbeitet v. Manfred Bleuler. Berlin, Heidelberg, New York 1969.

Borch-Jacobsen M. Anna O. zum Gedächtnis. Eine hundertjährige Irreführung. Aus dem Französischen übersetzt und benachwortet von Martin Stingelin. München 1997.

Brand-Claussen B. Abschied vom Ursprünglichkeitsmythos oder: Kunst und Wirklichkeit in Werken der Prinzhorn-Sammlung. In: Bild und Bildung (Image et Imaginaire), Kolloquium vom 20./21.10.1995 im Goethe-Institut Brüssel. Arch Imago (Hrsg.). Vrije Universiteit Brussel, Palais des Beaux-Arts de Charleroi, Goethe-Institut Brüssel. Brüssel 1995.

Breton A. Der Surrealismus und die Malerei, Berlin 1967.

Breton A. Die Manifeste des Surrealismus. Deutsch von Ruth Henry. Reinbek 1968.

Breuer J. Theoretisches (1895). In: Sigmund Freud (Hrsg.), Gesammelte Werke, Nachtragsband. Frankfurt am Main: S. Fischer 1987.

Brugger I, Gorsen P, Schröder KA (Hrsg.): Kunst & Wahn. Köln 1997.

Bürger-Prinz H. Über die künstlerischen Arbeiten Schizophrener. In: Handbuch der Geisteskranken. Bumke O (Hrsg.). Spezieller Teil, 5. T. Die Schizophrenie, redigiert v. Karl Willmanns. Berlin 1932.

Cardinal R. André Breton. Wahnsinn und Poesie. In: Urban B, Kudszus W. (Hrsg.). Psychoanalytische und psychopathologische Literaturinterpretation. Darmstadt 1981.

Fantastic Art, Dada, Surrealism. The Museum of Modern Art. Barr, A., Jr. (ed.). New York 1936-37, repr. 1968.

Geinitz W. Hans Prinzhorn. Das unstete Leben eines ewig Suchenden. In: Hestia 1986/87.

Geinitz W. Klages, Prinzhorn und die Persönlichkeitspsychologie – Zur Weltsicht von Ludwig Klages, Vorträge und Aufsätze. Bonn 1987.

Gorsen P. Der ‚kritische Paranoiker', Kommentar und Rückblick. In: Salvador Dali, Unabhängigkeitserklärung der Phantasie und Erklärung der Rechte des Menschen auf seine Verrücktheit. Gesammelte Schriften. München 1974.

Gorsen P. Kunst und Krankheit. Metamorphosen der Einbildungskraft. Frankfurt am Main 1980.

Gorsen P. Das Gesunde im Schizophrenen. Geisteskrankheit in der Rezeption von Kunst und Kultur. In: Kunstforum international, 1989; 101: 135-42.

Gorsen P. Zwischen kultureller Planierung und Ghetto. Die Antinomien von Art Brut und Outsider-Kunst. In: Schöner Wahnsinn. Beiträge zu Psychoanalyse und Kunst. Stockreiter K (Hrsg.). Wien 1998.

Jaspers K. Allgemeine Psychopathologie. 5. Aufl. Berlin, Heidelberg 1948.

Klages L. Ausdrucksbewegung und Gestaltungskraft. 2. Aufl. Leipzig 1921.

Kris E. Die Charakterköpfe des Franz Xaver Messerschmidt. Versuch einer historischen und psychologischen Deutung: In: Jahrbuch der kunsthistorischen Sammlungen in Wien, Neue Folge 1932; VI: 222.

Lombroso C. Der geniale Mensch. Übers. v. Fraenkel MO. Dtsch. Erstausg. Hamburg 1890.

MacGregor JM. The Discovery of the Art of the Insane. Princeton 1989.

Müller HA. Katalog der Maschinen, Zeichnungen und Schriften (1869-1930). Kurzmeyer R. (Hrsg.). Frankfurt am Main 1994.

Navratil L. Schizophrenie und Kunst. München 1965.

Navratil L. Hans Prinzhorn und die Psychopathologie des bildnerischen Ausdrucks. In: Kunst-Wahn-Sinn, Psychopathlogische Sammlung Dr. in der Beeck u. Zeugnisse aus dem Graphischen Kabinett des Schleswig-Holsteinischen Landesmuseums Schloß Gottorf. 1992.

Navratil L. Psychogeschichte. Die Künstler aus Gugging. In: Psychopraxis 1998; 3: 8.

Pfeifer RA. Der Geisteskranke und sein Werk. Eine Studie über schizophrene Kunst. Leipzig 1923.

Prinzhorn H. Bildnerei der Geisteskranken. Heidelberg 1922, 4. Aufl. 1994.

Ragon M. Das Abenteuer der abstrakten Kunst. Gestalten und Ergebnisse der Pariser Schule. Darmstadt, Berlin, Neuwied 1957.

Ragon M. Du côté de l'Art Brut. Paris 1996.

Röske T. Der Arzt als Künstler. Ästhetik und Psychotherapie bei Hans Prinzhorn (1886-1933). Bielefeld 1995.

Vinchon J. L'art et la folie. Paris 1924. 2. Aufl. 1950.

Wunberg G. Der frühe Hofmannsthal. Schizophrenie als dichterische Struktur. Stuttgart, Berlin, Köln, Mainz 1965.

Friedrich Schröder-Sonnenstern (1892–1982)
„Die Waage des Mondmoralgerichts", 1954
78 × 55cm, signierter Farbdruck, 53/99
Privatbesitz (Bild 1)

20

Friedrich Schröder-Sonnenstern (1892–1982)
„Theorizynus oder die Lebenstheorie – oder Dämon aller geistigen Verkrüppelung", 1957
78 × 55 cm, signierter Farbdruck, 53/99
Privatbesitz (Bild 2)

21

Schizophrene sind Künstler

Leo Navratil

Im Jahre 1992 habe ich eine kleine Arbeit mit dem Titel „Schizophrene sind Künstler" veröffentlicht (Navratil 1992a). Ich habe es nicht gewagt, sie einer Fachzeitschrift anzubieten. Der Artikel ist in einer Wiener Zeitschrift für Literatur und Kunst erschienen. In einem Briefwechsel habe ich 1988/89 mit Manfred Bleuler darüber Gedanken ausgetauscht. Er schrieb mir: „Nichts gegen die Neurophysiologie in der Schizophrenielehre – aber dafür, was für das Verständnis des einzelnen Schizophrenen noch wichtiger ist: Schizophrene sind Künstler". Und in seiner Einführung zum Schizophrenie-Kapitel des „European Handbook of Psychiatry and Mental Health", das 1991 erschienen ist, schrieb Bleuler, daß auch schwer kranke Schizophrene trotz der Spaltung wichtiger Teile in ihrem Inneren ihr Innenleben nicht verlieren, sondern daß es fortbesteht wie bei gesunden Personen, auch wenn es häufig verborgen bleibt. „Es hat sich gezeigt", schrieb er, „daß es reich bleibt und künstlerische Sensibilität und künstlerische kreative Fähigkeiten einschließt". Hierauf bezog sich Bleuler auf meine Arbeit und zitierte meine Schlußfolgerung, „that every schizophrenic is an artist" (Bleuler 1991, Bd.1, S. 733).

Ernst Herbeck

Ernst Herbeck (Navratil 1994) ist 1920 in Stockerau geboren. Er ist im Alter von 20 Jahren an Schizophrenie erkrankt, war 1940 und 1942 an der Wiener Psychiatrischen Universitätsklinik und wurde dort mit Insulinschocks und Cardiazolschocks behandelt; 1945 war er noch einmal vorübergehend hospitalisiert; 1946 erfolgte dann die definitive Hospitalisierung im Niederösterreichischen Landeskrankenhaus für Psychiatrie und Neurologie Klosterneuburg-Gugging. Herbecks Erkrankung begann damit, daß er glaubte, von einem Mädchen hypnotisiert zu werden; er hörte die Stimme des Mädchens über jede Entfernung hinweg und glaubte, es sei in ihn verliebt; er fühlte sich dauernd von dieser Person beeinflußt; sie erteilte ihm Befehle, die er gegen seinen Willen ausführen mußte. Dann traten auch Halluzinationen des Körpergefühls auf, Herbeck spürte bestimmte Personen oder Schlangen in seinem Leib. Er war zeitweise erregt, schlug sich ins Gesicht, schlug mit dem Kopf gegen die Wand. Herbeck litt an einer mehrfach operierten Lippen-Kiefer-Gaumenspalte; er redete wenig, und seine Sprache war schwer verständlich.

Ich war Arzt im Psychiatrischen Krankenhaus in Gugging von 1946 bis 1986. Ich bin also im gleichen Jahr als junger Arzt eingetreten, in dem Herbeck, ein Jahr älter als ich, seit 1946 bis zu seinem Tode hospitalisiert war.

Anfang der sechziger Jahre mußte ich einmal wöchentlich auf dem schwer erreichbaren Haschhof Visite machen. Der

Haschhof war eine Dependance unserer Anstalt. Dort arbeiteten 30 männliche Patienten in der Landwirtschaft. Sie waren in einer alten Jugendstil-Villa untergebracht; unter ihnen Ernst Herbeck. Er war damals schon zwanzig Jahre lang krank und seit fünfzehn Jahren in der Anstalt.

An einem Spätsommervormittag des Jahres 1960 entstand bei einem meiner Besuche auf dem Haschhof Herbecks erstes Gedicht. Ich bat ihn in das Untersuchungszimmer, legte einen weißen Zeichenkarton in der Größe einer Postkarte vor ihn hin (ich ließ auf solche Kartons häufig Patienten zeichnen), reichte Herbeck meinen Kugelschreiber und sagte: „Bitte, Herr Herbeck, schreiben Sie ein kurzes Gedicht mit dem Titel ‚Der Morgen‘ ". Noch niemals vorher hatte ich einem Patienten den Auftrag gegeben, ein Gedicht zu schreiben. Herbeck besann sich kurz und schrieb:

Der Morgen

Im Herbst da reiht
der Feenwind
da sich im Schnee
die Mähnen treffen.
Amseln pfeifen her
im Wind und fressen.

Als ich die Zeilen las, erkannte ich die schizophrene Sprachstörung darin, aber gleichzeitig erkannte ich – ihre Poesie.

Was in diesem Augenblick geschah, läßt sich rückblickend am besten als eine Verwandlung bezeichnen. Ernst Herbeck verwandelte sich, und zwar nicht von einem Bären in einen Prinzen wie im Märchen, sondern vom Patienten in einen Dichter. Das klingt zwar romantisch, aber es geschah vor dem Hintergrund der harten Realität des Jahres 1960, und es hatte lang dauernde und sehr realistische Folgen.

Von nun an holte ich Herbeck jedesmal, wenn ich auf den Haschhof kam, ins Untersuchungszimmer, sagte ihm einen Titel an und bat ihn, dazu ein kurzes Gedicht zu schreiben. Alles spielte sich genau in der gleichen Weise wie beim erstenmal ab. Das Ritual wurde viele Jahre lang beibehalten.

Herbeck hat seine Gedichte vorgelesen, im Krankenhaus und öffentlich, und er war auf den Applaus, den er dabei erhielt, sehr stolz, stand auf und verneigte sich. Seine Gedichte erschienen in Zeitschriften und mehreren Büchern; sie wurden auch in fremde Sprachen übersetzt.

Herbeck hat seinen Erfolg erlebt und war sich dessen bewußt. An seinem Status als Patient unseres Krankenhauses hat sich bis zu seinem Tode 1991 nichts geändert. Er nahm seine Medikamente ein. Er bedurfte auch noch nach dreißig Jahren zum Schreiben eines Gedichtes jedesmaliger Aufforderung.

Im Jahre 1982 schrieb er:
Ich kann heute leider nicht,
weil mir sonst eher das Herz zerbricht.
Sag zum Schreiben lieber nein,
sonst ist alles allgemein.

Bei der Vorstellung seiner posthum erschienenen „Gesammelten Texte 1960-1991" (Herbeck 1992) in der Österreichischen Nationalbibliothek sagte Ernst Jandl, daß der Dichter Ernst Herbeck „Anspruch hat auf seinen eigenen, unbestrittenen Platz in der deutschsprachigen Poesie der zweiten Hälfte dieses Jahrhunderts".

Oswald Tschirtner

Oswald Tschirtner (Navratil 1994) war in französischer Kriegsgefangenschaft an Schizophrenie erkrankt. Er wurde 1946 an die österreichische Grenze abgehoben, kam an die Wiener Psychiatrische Universitätsklinik, wurde mit Insulinschocks behandelt, sagte dort einmal: „Warum bin ich zum Tode verurteilt? Ich bin nicht der Führer. Darf ich bitte nach Hause in die geliebte Heimat?" 1956 wurde Tschirtner von der Universitätsklinik mit der Bemerkung „völlig verödet" in unsere Anstalt überstellt.

Oswald Tschirtners seelische Störung ist unter anderem dadurch charakterisiert, daß er keine Entscheidung treffen, keinen Entschluß fassen kann. Es zeigte sich jedoch, daß Tschirtner, wenn man ihn bat, etwas zu zeichnen, diesen Wunsch stets erfüllte. Er saß dann mir gegenüber am Schreibtisch, ich legte eine kleinen Zeichenkarton (anfangs in der Größe A6, später auch A5) sowie Feder und Tusche vor ihn hin, putzte eventuell seine Brille und forderte ihn auf, die Feder auszuprobieren. Dann stellte ich eine Aufgabe. Ich sagte zum Beispiel: „Zeichnen Sie bitte eine Hasen!" Tschirtner schrieb hierauf auf das Zeichenblatt „einen Hasen"; dann zeichnete er. Dieser Vorgang wiederholte sich durch lange Zeit unzählige Male, immer in der gleichen Weise, nur daß ich das Thema variierte.

In Tschirtners Verhalten und auch in seinen Zeichnungen herrschte eine große Sterotypie, es fanden sich aber auch überraschende Lösungen. Den Menschen zeichnete er konstant als hochgradig reduzierten elongierten Kopffüßer, der an die stabartigen Figuren Giacomettis erinnerte (Navratil 1992b).

Nachdem Tschirtner einige Jahre lang ausschließlich mit Hilfe des Kopffüßer-Schemas gezeichnet hatte, gab ich ihm eines Tages eine Vorlage und bat ihn, sie abzuzeichnen. Da entstanden auf einmal ganz andere zeichnerische Ergebnisse, völlig verschieden von den bisherigen Kopffüßern. Tschirtner arbeitete länger an einer Zeichnung und sagte, daß ihm die Vorlage das Zeichnen erleichtere. Bat ich ihn jedoch, wieder ohne Vorlage etwas zu zeichnen, dann war er sofort wieder bei seinem Kopffüßer-Stil.

Im Jahre 1970 hatte Oswald Tschirtner gemeinsam mit unserem manisch-depressiven Künstler Johann Hauser eine große Ausstellung im Museum des 20. Jahrhunderts in Wien. Bei den Eröffnungsreden saß er, elegant gekleidet, in der ersten Reihe der Besucher, der Direktor des Museums dankte ihm und reichte ihm die Hand; alle Verwandten Tschirtners waren zugegen.

Oswald Tschirtner hat an vielen weiteren Ausstellungen teilgenommen. Er ist jetzt 78 Jahre alt und einer der bekanntesten Gugginger Künstler. Bei ihm ist eine Verwandlung wie bei Ernst Herbeck eingetreten.

Hagen Reck

Hagen Reck (Navratil 1994) war während des Krieges als Soldat zum erstenmal in stationärer psychiatrischer Behandlung. Später begann er ein Medizinstudium, legte die vorklinischen Prüfungen ab, konnte das Studium aber nicht abschließen.

Er beschäftigte sich mit Anthroposophie und war ein ausgezeichneter Violin- und Klavierspieler. Er lebte bei seiner Mutter, einer verwitweten Gymnasialprofessorin. Streckenweise redete er unzusammenhängend. Er war auf eine kindliche Stufe regrediert und beschäftigte sich nur mit seinem Märklin-Baukasten, der für ihn ein eigenes „Planetarium", eine eigene Welt war. Man könne mit dem Baukasten alles herstellen, sagte er, Blumen, Schneebälle, anatomische Präparate und sogar – einen Sohn.

Seit 1995 war Hagen Reck wegen Schizophrenie häufig in unserem Krankenhaus. Auch er schrieb und zeichnete auf Wunsch und schätzte mein Interesse an seinen Produktionen: „Der Auftrag ist es, am Auftrag liegt es, wenn der Stift übers Papier fliegt ....", schrieb er.

Hagen Reck erwähnte einmal, daß er in mehreren Sprachen dichten könne, außer in Deutsch auch in Englisch und Latein.

Auf meine Bitte, ein Gedicht zu schreiben, worin alle drei Sprachen vorkämen, schrieb er:

Oculus est in tempore nostro.
We have been always in quarrel.
Und sehen dabei immer dem Tempel.

Auf die Frage nach dem Unterschied zwischen Talent und Genie sagte er: „Talent ist Begabung, Genie ist Gestattung". Freunde unserer Künstler, vor allem literarisch tätige Personen, haben seine Intelligenz und Produktivität bewundert. Wenn er zum Dichten aufgefordert oder wenn er gebeten wurde, vorzulesen, geriet er in eine Stimmung, die sein Gesicht erstrahlen ließ und seiner Stimme einen festen Klang verlieh.

Menschen wie Hagen Reck in Pflegeheime zu verlegen, ist eine Schande. Sie bedürfen der geistigen Anregung, der dauernden Beziehung zu einem Therapeuten und einer kunstsinnigen Atmosphäre.

Johann Fischer

Wie sehr das Zeichnen und Schreiben der schizophrenen Kranken, in dem allein *wir* die Kunst erblicken, von der äußeren Anregung, den äußeren Möglichkeiten abhängt, zeigte auch der Fall unseres Patienten Johann Fischer.

Johann Fischer (Navratil 1994) berichtete von einem goldenen Telefonapparat ohne Wahlscheibe, den er von „seines Vaters Gottes Allerhöchster Allmacht" erhalten habe, durch den er die Machenschaften seiner Feinde kenne und von seinen eigenen Besitzungen, Erfindungen sowie von seiner Stellung in Österreich und in der Welt erfahren habe.

Johann Fischer war schon zwanzig Jahre lang hospitalisiert und tätig, als wir ihn in das Künstlerhaus aufnahmen, bloß um ein leeres Bett zu belegen. Es wurde mir über ihn berichtet, daß er ein freundlicher Patient sei, der seine absurden Wahnideen bei Befragung mitteile, ansonsten aber nur durch gewisse Skurrilitäten seines Verhaltens auffalle; so sah man ihn manchmal auf der Asphaltstraße, die den Berg hinaufführte, rückwärts gehen, manchmal legte er sich auch für kurze Zeit der Länge nach flach auf die Straße. Johann Fischer saß unter den anderen Patienten im Tagraum und fügte sich in die Wohngemeinschaft gut ein. Eines Tages legte meine Sekretärin, ohne daß sie darum gebeten worden wäre, Papier und Bleistift vor Johann Fischer hin und fragte ihn, ob er nicht auch etwas zeichnen wolle. Und als er sah, daß die anderen Patienten zeichneten, versuchte auch er es – und wurde ein Künstler. Er hatte großen Erfolg bei Ausstellungen und beim Verkauf seiner Arbeit. Er wird dieses Jahr 79 Jahre alt und ist einer der fleißigsten unter unseren Zeichnern.

In einer Zeichnung, die schon früh entstanden ist, stellte er diesen Wandel dar: „Mein erstes und mein zweites Leben": Zuerst als Bauer auf dem Misthaufen stehend und jetzt als Künstler.

August Walla

Schon bevor die warme Jahreszeit richtig begonnen hatte, lebten August Walla (Navratil 1994) und seine Mutter bereits in ihrem Schrebergarten im Augebiet der Donau. August streifte den ganzen Tag in der Gegend umher, trug Gegenstände, die er auf Müllabladeplätzen fand, nach Hause und häufte alles in seinem Garten auf. Dieser Garten bot durch das große Sammelsurium zwischen wucherndem Grün einen ungewöhnlichen Anblick. Das besondere Gepräge hatte Wallas Garten aber durch die vielen Inschriften und Embleme an Türen, Wänden, auf umherliegenden Brettern, Blechen und sogar auf den Bäumen.

Auf einem großen Karton, der unter einem Gebüsch auf einem Hocker lag, stand, mit breitem Pinsel geschrieben, das Wort WELTENDEGOTT. Dabei fiel auf, daß sich unter dieser Schrift bereits zwei andere übereinander gelagerte Schriften in verschiedenen Farben befanden, jedes Schriftbild den Karton ganz ausfüllend.

Es war insgesamt die unübersehbare Fülle alter, gebrauchter, aus ihrem gewohnten Zusammenhang gerissener Dinge in oft grotesker Vereinigung, dazwischen die eindringlichen Schriften und Buchstaben, Symbole und seltsamen Wörter, alles unter freiem Himmel in üppiger Vegetation, darin August Walla und seine Mutter, die etwas Urtümliches an sich hatten.

August Walla ist 1936 geboren und war das einzige Kind einer vierzigjährigen Mutter. Er hatte seinen Vater nicht gekannt und ist in jenem Schrebergarten unter der Aufsicht der Großmutter aufgewachsen. Als er sechs Jahre alt war, starb die Großmutter vor seinen Augen, unmittelbar darauf wurde er schulpflichtig. Er war weitgehend sich selbst überlassen, da die Mutter kriegsdienstverpflichtet war, und wurde psychotisch. Er befand sich länger als ein Jahr in einer Nervenklinik für Kinder und kam dann in ein Erziehungsheim. Nach Kriegsende konnte ihn seine Mutter zu sich nehmen. Walla besuchte die Sonderschule in Klosterneuburg. Er hat nie einen Beruf ausgeübt und befand sich immer in Gesellschaft seiner Mutter. Sie waren ein bekanntes Paar in Klosterneuburg, wenn sie, in ihrer Erscheinung ungewöhnlich, ungepflegt und etwas verwahrlost, langsam den Stadtplatz hinunter trotteten.
Seit seinem 16. Lebensjahr war August Walla mehrmals in unserem Krankenhaus; er lebt jetzt im Haus der Künstler.

Dabei habe ich in die Mannigfaltigkeit seiner Produktivität allmählich Einblick erhalten. Wallas Schaffen umfaßt sämtliche Gebiete, in denen sich der Einzelmensch künstlerisch betätigen kann. Durch die Schriften in seinem Garten und durch diejenigen, die ich in seinen Schreib- und Zeichenheften fand, wurde ich in seine Welt der Götter und Dämonen ganz hineingezogen. Es dauerte allerdings Jahre, bis ich seine sehr systematisch aufgebaute mythisch-magische Welt verstand. Ein ganzes Pandämonium war der Inhalt und der Motor seiner Phantasie und Kunst.

August Walla schreibt mit der Hand und mit der Schreibmaschine, er ist ein Schriftkünstler und ein Dichter. Er sammelt Wörterbücher und erfindet Geheimsprachen. Er bildet neue Buchstaben, Namen und Zeichen. Er beschriftet und bemalt seine gesamte Umgebung. Er fotografiert und bastelt, und er führt Aktionen in der Öffentlichkeit und im privaten Bereich mit Hilfe von Gegenständen und mit seinem Körper durch. Er interessiert sich sogar für das Musikalische, sammelt Liedertexte und schreibt mitunter Noten in seine eigenen Texte hinein.

In der Eigenwelt August Wallas hätte ein Psychiater früherer Zeit nichts als psychopathologische Produkte gesehen, die Symptome seiner Schizophrenie. Ich hielt es für meine Aufgabe, sein Schaffen als eine Autotherapie anzuerkennen und in seine Ideenwelt und seine Tätigkeit in keiner Weise einzugreifen. Die schizophrene Kunst ist zwar in hohem Maße eine monologische, mit weitestgehender Unabhängigkeit von jedem Adressaten. Dennoch glaube ich, daß auch die schizophrene Kunst einen appellativen und kommunikativen Charakter hat. Ich sah daher meine Aufgabe auch darin, den geistigen Produkten August Wallas als Kunst Anerkennung zu verschaffen. Das veranlaßte mich, seine Werke zu dokumentieren, zu publizieren und Ausstellungen zu veranstalten. Im Jahre 1973 veröffentlichte ich in der Wiener Halbjahresschrift „protokolle" einen ausführlichen Bericht über ihn, der mit zahlreichen Fotos seines Gartens und seiner Person illustriert war (Navratil 1973). Darin kündigte ich eine Monographie an, die dann viele Jahre später tatsächlich erschien (Navratil 1988).

Durch die Ausstellung und diese publizistische Tätigkeit ist August Walla von einem unbeliebten und verachteten Außenseiter und einem psychiatrischen Fall zu einem hoch angesehenen Künstler geworden. Er hat sich verwandelt.

Edmund Mach

Die literarische Tätigkeit Edmund Machs (Navratil 1994) begann im Jahre 1965 während eines Aufenthaltes im psychiatrischen Krankenhaus. Edmund Mach kam jeden

Morgen in mein Arbeitszimmer. Papier und Kugelschreiber lagen bereit. Ich nannte ihm ein Thema, er begann hierauf sofort zu schreiben. Er stockte während des Schreibens nur selten, mußte kaum jemals innehalten, um nachzudenken. Er schrieb alles nieder, wie es ihm einfiel, meist eine Seite voll. Er las dann den Text vor.

Der Dichter

ist langsam beginnend
schreibend in seinen Zeilen verharrend
bis Ende kommend
das ist der Dichter

zu näheren Reimen muß
er sich mühen
um die Romantik zu berechnen
die nahe ist

Er berührt eindeutig
das Gedicht in Gedichtform
und eigen sind die Reime
die umspielen sein Gedicht

Edmund Mach hatte vorher nie geschrieben. Seit 1967 wurden seine Gedichte in Büchern und Zeitschriften veröffentlicht. Im Jahre 1982 konnte er das Buch „Buchstaben Florenz" mit gesammelten Texten herausgeben (Mach 1982). Er hat den Verlagsvertrag im Einvernehmen mit seinem Rechtsvertreter selbst abgeschlosssen.

Edmund Mach, 1929 in Wien geboren, besuchte das Gymnasium und begann nach der Reifeprüfung ein Hochschulstudium, hat es aber nicht abgeschlossen. Mit 28 Jahren kam er zum erstenmal ins psychiatrische Krankenhaus. Er sagte, es fehle ihm der Lebensmut. Es sei ihm in letzter Zeit alles unwirklich, wie im Traum vorgekommen. Er könne sich gar nicht an alles erinnern. Manches wäre da wirr in letzter Zeit. Auch sein Unterbewußtsein sei nicht in Ordnung. Er sagte: „In puncto Logik habe ich das A und B unsicher in der Hand, daraus ergibt sich ein falsches C."

In einer depressiven Stimmung sagte Edmund Mach einmal zu seiner Mutter: „Ich verdiene mir doch das Essen gar nicht."

Darauf die Mutter: „Aber du wirst es dir wieder verdienen."
Darauf er: „Eigentlich bin ich schon zehn Jahre tot."

Von 1957 bis 1984 wurde Edmund Mach insgesamt dreizehnmal in unserem Krankenhaus stationär behandelt, meist etliche Monate lang. Schließlich verblieb er bis zu seinem Tod im Haus der Künstler. Edmund Mach wurde (wie Ernst

Herbeck) in die Grazer Autorenversammlung aufgenommen. Im Jahre 1994 ist ein zweites Buch von ihm erschienen. 1996 starb Edmund Mach 67jährig auf einer Reise in Amerika. Die Todesanzeige trug eines seiner Gedichte:

Dort in der Ecke ist sein Grab
hier und da knistert es
Leute gehen vorbei
es ist wie neu
das kommt vom aufregenden Leben.

Schlußfolgerung aus den Erfahrungen mit chronisch schizophrenen Kranken

Es wurden mir folgende Fragen gestellt (Thomashoff 1998): Wie wirkt sich die Anerkennung seiner Kunst auf den Patienten aus? Hilft sie ihm, sich in die Gesellschaft zu integrieren, oder entsteht durch die Idealisierung seiner Kunst vielleicht der Wunsch, den Leidenszustand der Krankheit aufrechtzuhalten, um den spezifischen kreativen Prozeß in der Psychose zu prolongieren? Es wird dabei auf den Künstler Arnulf Rainer verwiesen, der die Ansicht geäußert hat, daß die psychotische Kreativität durch die Behandlung mit Psychopharmaka ausgelöst werde.

Ich versuche diese Frage im Hinblick auf die vorhergehenden Beispiele kurz zu beantworten. Wenn der Patient zum Künstler wird, dann tritt zu seiner Identität als Patient eine neue Identität hinzu, nämlich die Identität des Künstlers. Das Künstlersein führt bei chronisch Kranken nicht zu einer Heilung; ihre Hilfsbedürftigkeit bleibt bestehen. Im positiven Fall kommt es zu einer gewissen Verschmelzung der beiden Identitäten; die man auch als eine neue Identität sehen kann. In solchen Fällen spreche ich von einer Verwandlung. Man kann sie als Äquivalent einer Heilung betrachten, wenn man Winnicotts Ansicht teilt, daß Kreativität für das Leben eines Menschen nicht weniger bedeutsam als Gesundheit sei (Winnicott 1979).

Hans-Martin Zöllner schreibt in seinem außergewöhnlichen Lehrbuch „Psychiatrie in Lebens- und Leidensgeschichten" vom sogenannten „letzten Drittel" psychiatrischer Erkrankungen, das einen ungünstigen Verlauf nimmt. Dieses Drittel werde schlecht und immer schlechter, es chronifiziere, petrifiziere, sklerotisiere, exazerbiere, progrediere. Sozialer Abstieg und oftmals Dauerhospitalisierung seien unumgänglich, trotz aller sozialpsychiatrischer Einrichtung.

„Es geht kein Weg daran vorbei: ‚Große' psychiatrische Krankheiten sind zerstörerisch. Sie sind stärker als unsere Heilmittel und werden immer stärker bleiben." (Zöllner 1997)

Die von mir vorgestellten Künstler aus Gugging entstammten durchwegs dieser prognostisch ungünstigsten Gruppe von Patienten (Navratil 1998a); die therapeutischen Möglichkeiten waren bei ihnen ausgeschöpft. Man hatte sich mit ihrem Kranksein abgefunden.

In vielen großen und kleinen Dingen zeigte sich die völlig neuartige gesellschaftliche Integration unserer Künstler: Die Zeichner konnten ihre Werke zeigen, wurden als Schöpfer dieser Werke bewundert, die Dichter konnten ihre Bücher signieren, ihre Texte vorlesen und erhielten Applaus; die Patienten erhielten ein Honorar, konnten von dessen Erlös Einkäufe tätigen, Ausflüge und Reisen unternehmen. Das Wichtigste war aber die Anerkennung, die ihnen zunächst von ihrem Therapeuten und hierauf auch in der Öffentlichkeit zuteil wurde, und die damit verbundene Hebung ihres Selbstwertgefühls.

Es hatte sich gezeigt, daß durch die moderne medikamentöse Therapie die künstlerische Kreativität der Patienten nicht ausgelöscht wird. Der Einfluß der Psychopharmaka auf die Kreativität ist allerdings eine Frage der Dosierung (Navratil 1998a).

Bis zum Ende des 18. Jahrhunderts hatten die Ärzte das moralische Recht, die Behandlung von Geisteskrankheiten abzulehnen, weil sie oft unheilbar sind (Ackerknecht 1957). Die Unheilbaren wurden in Gefängnissen, Armenheimen und anderen Institutionen untergebracht. Die heutigen Psychiater scheinen dieses Recht wieder in Anspruch zu nehmen. Sie entledigen sich der chronisch kranken Langzeitpatienten, die in den psychiatrischen Anstalten ohnehin wenig beachtet und nicht selten zu „vergessenen Fällen" werden. Während die Anstalten ihren Bettenstand reduziert und sich zu Nervenkliniken stilisiert haben, entstanden in den Altenheimen die modernen Ghettos unserer Gesellschaft.

Im Jahre 1998 habe ich einen „Aufruf" an die Schweizer Kollegen gerichtet (Navratil 1998b), die chronisch psychisch Kranken nicht als hoffnungslos aufzugeben, nicht in Pflegeheime zu verlegen, wo ihnen nur Medikamente verabreicht werden und keinerlei psychotherapeutische Betreuung und Forschung mehr stattfindet. Außerdem habe ich den Wunsch geäußert, das Thema „Psychiatrie und Kunst" in den psychiatrischen Unterricht und in die psychiatrischen Lehrbücher aufzunehmen und die Studierenden zumindest mit einigen Patienten, die in der Krankheit zu Künstlern geworden sind, bekannt zu machen.

Literatur

Ackerknecht EH. Kurze Geschichte der Psychiatrie. Stuttgart: Enke 1957.

Bleuler M. Schizophrenia und chronic delusional disorders. Introduction. In: Handbook of Psychiatry and Mental Health. Seva, A. (Ed.). Barcelona: Anthrops; Zaragoza: Prensas Universitarias de Zaragoza 1991.

Herbeck E. Im Herbst, da reicht der Feenwind. Gesammelte Texte 1960-1991. Salzburg, Wien: Residenz Verlag 1992.

Mach E. Buchstaben Florenz. Wien, Berlin: Medusa 1982.

Navratil L. August Walla Georg. Protokolle 73/2. Breicha O. (Hrsg.). Wien, München: Jugend und Volk 1973.

Navratil L. August Walla. Sein Leben und seine Kunst. Nördlingen: Greno 1988.

Navratil L. Schizophrene sind Künstler. Protokolle 92/2. Breicha O. (Hrsg.). Wien: Jugend und Volk 1992 (zit. als Navratil 1992a).

Navratil L. Schizophrenie und Religion. Berlin: Brinkmann und Bose 1992 (zit. als Navratil 1992b).

Navratil L. Schizophrene Dichter. Frankfurt am Main: Fischer Taschenbuch Verlag 1994.

Navratil L. Die Gugginger Methode. Kunst in der Psychiatrie. Ulm, Stuttgart, Jena, Lübeck: Gustav Fischer 1998 (zit. als Navratil 1998a).

Navratil L. Psychiatrie und Kunst. Schweizer Archiv für Neurologie und Psychiatrie, 1998; 149 (zit. als Navratil 1998b).

Newsletter edited by Section Committee of the World Psychiatric Association. XI World Congress of Psychiatry, Hamburg, August 6-11, 1999.

Thomashoff HO. Exhibition of the works of the mentally ill. In: Psychopathology of Expression. 1998.

Winnicott DW. Vom Spiel zur Kreativität. Stuttgart: Klett-Cotta 1979.

Zöllner HM. Psychiatrie in Lebens- und Leidensgeschichten. Stuttgart: Enke 1997.

August Walla (geb. 1936)
„Melkautoamat für Knabenmelkereien", undatiert
31 × 30 cm, Bleistift, Kugelschreiber und Farbstifte auf der Innenseite eines gefundenen Schallplattenkartons,
zum Aufhängen mit Zwirn durchlöchert,
Museum moderner Kunst, Stiftung Ludwig, Wien, Sammlung Leo Navratil (Bild 3)

28

August Walla (geb. 1936)
„Melencolia" (nach Dürer), 28.09.1973
40 × 30 cm, Bleistift auf Papier,
Museum moderner Kunst, Stiftung Ludwig, Wien, Sammlung Leo Navratil (Bild 4)

August Walla (geb. 1936)
„Papagei. Peppi.?", 1997
21,2 × 29,8 cm, Kugelschreiber, Bleistift und Buntstift auf Papier
zur Verfügung gestellt von der Galerie Chobot, Wien (Bild 5)

August Walla (geb. 1936)
„August, Walla!",1997
21,2 × 29,8 cm, Kugelschreiber, Bleistift und Buntstift auf Papier
zur Verfügung gestellt von der Galerie Chobot, Wien (Bild 6)

Johann Hauser (1926–1996)
„Frau", 1969
40 × 25,5 cm, Bleistift und Wachskreiden auf Papier,
Museum moderner Kunst, Stiftung Ludwig, Wien, Sammlung Leo Navratil (Bild 7)

Johann Hauser (1926–1996)
„Löwe oder Tiger", 1969
30 × 40 cm, Bleistift auf Papier
Museum moderner Kunst, Stiftung Ludwig, Wien, Sammlung Leo Navratil (Bild 8)

33

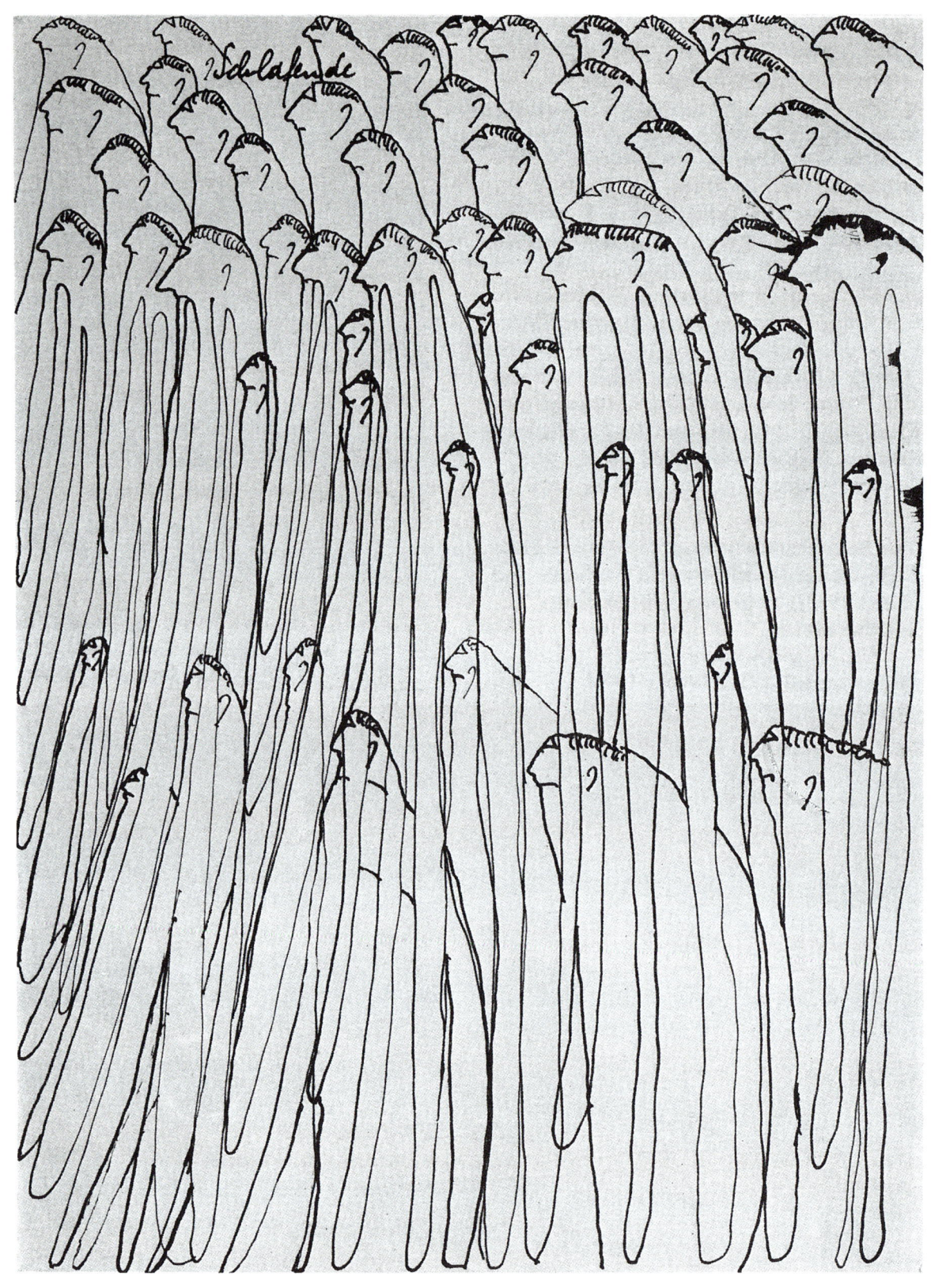

Oswald Tschirtner (geb. 1920)
„Schlafende", undatiert
21 × 15 cm, Tusche auf Papier
Museum moderner Kunst, Stiftung Ludwig, Wien, Sammlung Leo Navratil (Bild 9)

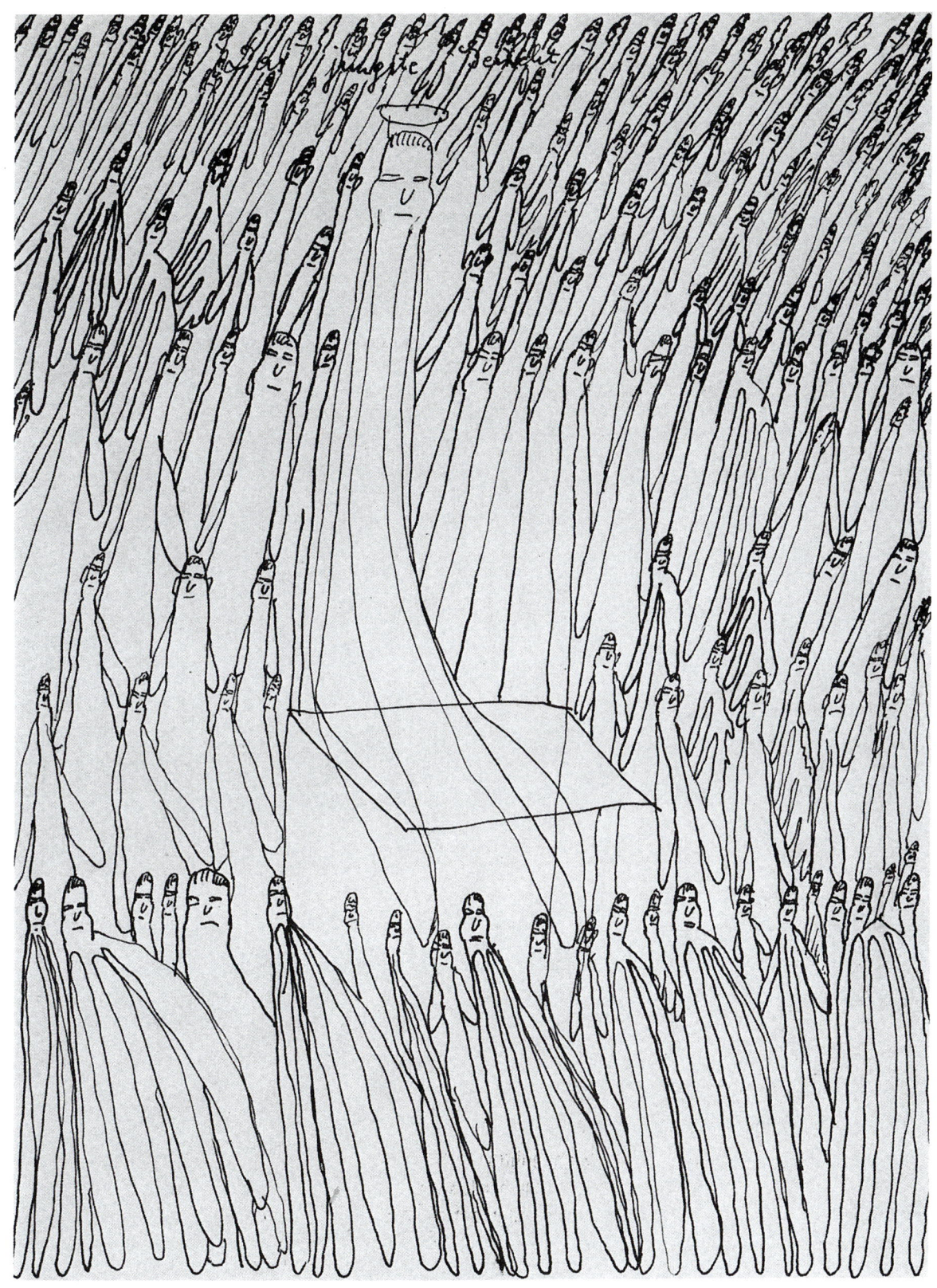

Oswald Tschirtner (geb. 1920)
„Das jüngste Gericht", 1972
21 × 15 cm, Tusche auf Papier
Museum moderner Kunst, Stiftung Ludwig, Wien, Sammlung Leo Navratil (Bild 10)

Johann Garber (geb. 1947)
„Kind – Popo", 1995
29,6 × 20,9 cm, Tusche auf Papier
zur Verfügung gestellt von der Galerie Chobot, Wien (Bild 11)

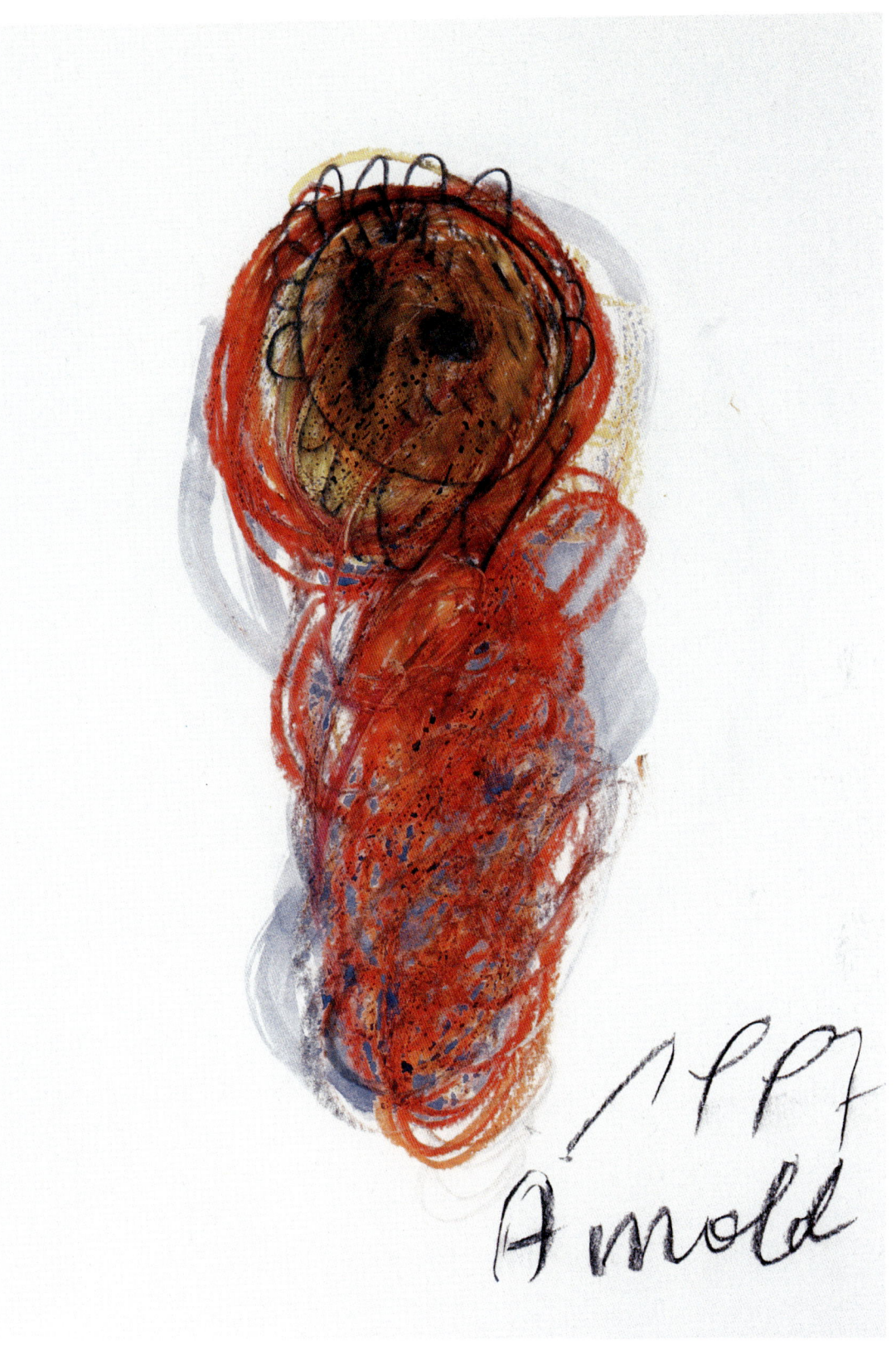

Arnold Schmidt (geb. 1959)
„Figur", 1997
29,6 × 20,9 cm, Bleistift, Kohle, Aquarellfarben, Wachsmalkreide auf Papier
zur Verfügung gestellt von der Galerie Chobot, Wien (Bild 12)

Arnold Schmidt (geb. 1959)
„Gesicht", 1997
29,6 × 20,9 cm, Kohle, Aquarellfarben, Wachsmalkreide auf Papier
zur Verfügung gestellt von der Galerie Chobot, Wien (Bild 13)

Heinrich Reisenbauer (geb.1938)
„Sonnen", 1997
29,6 × 41,9 cm, Bleistift und Buntstift auf Papier
zur Verfügung gestellt von der Galerie Chobot, Wien (Bild 14)

Franz Kamlander (geb. 1920)
„Muuh...", 1972
60 × 50 cm, Farbradierung, 18/100
Sammlung in der Beeck (Bild 15)

2.
Wie entsteht Kunst?

Kunst und Künstler

Hans-Otto Thomashoff
im Gespräch mit Peter Pongratz

Thomashoff: Ich möchte Ihnen im folgenden einige Fragen stellen, die sich auf Ihr Erleben des künstlerischen Schaffensprozesses und Ihre Motivation als Künstler beziehen, die also einen Einblick geben sollen in das, was Sie dazu bringt, Kunst zu schaffen. An erster Stelle steht hierbei die Frage danach, wie ein Bild entsteht, wobei sich diese Frage aufgliedert in zwei Bereiche, einmal den formalen Ablauf und zum anderen den inneren Ablauf betreffend. Zuerst möchte ich den formalen Ablauf ansprechen. Beschreiben Sie doch bitte einmal, wie sich ein Bild in Ihnen entwickelt. Sie haben selbst einmal in einem anderen Interview in etwa gesagt, daß Sie von einer Idee ausgehen, sich dann der Farbe zuwenden, die dann in einem zum Teil eruptiven Prozeß eine gewisse Eigendynamik entwickelt und schließlich wieder als eine Idee in das Bild einfließt. Wenn Sie diesen Prozeß vielleicht einmal beschreiben und gleichzeitig darauf eingehen, in welchem Zusammenhang hierbei Form und Inhalt stehen.

Pongratz: Es ist ja so, daß ich nicht ganz ungegenständlich male, auch wenn die Bilder manchmal ungegenständlich oder abstrakt aussehen, sind sie es im allgemeinen nicht, und die Bilder beinhalten zumindest rudimentär gegenständliche Elemente. Nun ist die Frage: Wie kommt man zu einem Bild und wie entwickelt sich dieser künstlerische Prozeß? Für einen Künstler natürlich sehr schwer zu beantworten. Ich werde versuchen, das so zu beschreiben, wie ich es erlebe. Ich glaube, daß letztlich nur wenige Maler tatsächlich beschreiben können, wie die Bilder entstehen, man malt sie halt eben. Nun zum Arbeitsprozeß: Ich habe wirklich eine Idee im allgemeinen vorher. Ich bin ein sehr romantischer Mensch, und verschiedene Ideen werden bei mir durch verschiedene Erlebnisse oder Anlässe ausgelöst, beispielsweise durch ein Musikstück oder durch ein Erlebnis, das ich tatsächlich hatte. Es kann auch etwas sein, das ich gelesen habe, oder eine Erinnerung an irgend etwas Merkwürdiges, das ich irgendwann einmal erlebt habe oder gerade erlebt habe. Diese Ideen halte ich im allgemeinen in Skizzen fest, die manchmal auch sehr genau sein können. Auch die Skizzen wirken natürlich nicht gegenständlich letztendlich, aber in ihnen sind Dinge enthalten, die zumindest mich an die Geschichte erinnern, die im Bild eine Rolle spielen wird. Damit kommen wir auch auf eine ganz wesentliche andere Frage. In dem Moment, in dem Sie mich fragen, wie komme ich überhaupt zu einem Bild, muß ich zugeben, daß ich von den Geschichten sehr abhängig bin. Ich erzähle mit dem Bild mir selber Geschichten, ich erzähle auch dem Betrachter Geschichten. Ob er sie nun wahrnimmt oder nicht, sie sind in den Bildern enthalten. Zuerst ist einmal so eine Art Geschichte da oder ein Rudiment einer Geschichte oder eines Gegenstandes, also gegenständlicher Dinge. Dann kommt der Malprozeß, der eigentlich der wesentliche Faktor ist, in dem sehr stark abstrahiert wird und in dem es eigentlich nur noch um die Farbe oder nur noch um die Form geht und der im Grunde die Geschichte absolut zerstört. Die Geschichte ist der Feind des Malens. Ich spreche hierbei immer von der klassischen Malerei, also der Malerei, wie man sie bis zu einem gewissen Grad bis in die fünfziger Jahre hinein, also noch bis in meine Studienzeit hinein, an der Akademie gelehrt hat. Literatur und Malerei sind zwei Dinge, die praktisch einander ausschließen. Und so spielt es sich bei mir auch ab. Da gibt es erst die Geschichte. Der romantische Peter Pongratz erfindet eine Geschichte und möchte das gerne in einem Bild festhalten. Dann kommt der Maler Peter Pongratz, und die Geschichte wird zerstört durch die Farbe und durch die Form. Aber zum Schluß gibt es irgendwelche Rudimente, die übrig bleiben und die man immer noch sieht, und da spielt dann die Geschichte, der Titel und Ablauf der Geschichte, wieder eine gewisse Rolle. Ich gebe sozusagen zu dem Bild, das eigentlich eines Titels und einer Geschichte gar nicht bedarf, wieder einen Titel dazu.

Thomashoff: Das heißt also, bezogen auf die inneren Abläufe während dieses kreativen Prozesses, daß die Geschichte als Auslöser für die Hinwendung zur Farbe dient und dann die unbewußten Gefühle zu dieser Geschichte in der Farbe einen Ausdruck finden, der quasi wie eine Assoziation zu dieser Geschichte verstanden werden kann. Würden Sie dem zustimmen?

Pongratz: Auch in der Form natürlich, es ist nicht nur die Farbe allein.

Thomashoff: Sie entwickeln also Gefühle zu der Geschichte, die dann in dem Bild in Farbe und Form umgesetzt werden?

Pongratz: Ja, das könnte man so sagen.

Thomashoff: Zu diesem kreativen Prozeß in der Entstehung eines Kunstwerks beschreibt Waser (s. Artikel Waser, S. 132) parallel zur Entwicklung der Psyche nach Piaget drei Gestaltungsebenen. Am Beginn steht eine vorsymbolisch-impulsive Ebene, die also weitgehend unbewußt verläuft, gefolgt von einer symbolisch-repräsentativen Ebene, auf der die vorhandenen Gefühle symbolische Gestalt annehmen, und schließlich folgt eine formal-kompositorische Ebene, auf der bewußt die Form gestaltet wird. Würden Sie die Existenz dieser drei Ebenen aus Ihrer eigenen Arbeit bestätigen, und in welchem Verhältnis stehen diese drei Ebenen zueinander?

Pongratz: Ich denke, wenn ich Waser richtig verstanden habe, was durchaus nicht unbedingt der Fall sein muß, daß dies ungefähr dem entspricht, was ich zuvor beschrieben habe. Zuerst hat man eine stark gefühlsbetonte Erinnerung

oder eine Wunschvorstellung von irgend etwas, eine Phantasie, wenn Sie so wollen. Diese Phantasie wird im Laufe der Bearbeitung des Phantasieprodukts abstrahiert und verfestigt, und im letzten Abschnitt, wo es also wirklich um die Umsetzung dieser Phantasie geht, modifiziert, um nicht zu sagen beträchtlich gestört, einfach durch den malerischen Vorgang, der ja mit diesem Phantasievorgang gar nicht so viel zu tun hat. Wenn ich nun von dieser vergleichsweise akademischen Vorstellung ausgehe, scheint mir, daß man damit die psychopathologische Kunst wahrscheinlich nicht so gut verstehen kann, obwohl auch dort diese Mechanismen sicher eine Rolle spielen, ohne daß aber diese drei verschiedenen Faktoren oder Zustände, von denen Waser spricht, bei einem Geisteskranken so eine Rolle spielen dürften. Der stellt sich hin und fängt zu malen an. Natürlich wird auch er eine Phantasie entwickeln, aber ich kann mir nicht vorstellen, daß das so geordnet abläuft. Es wird auch krankheitsbedingt gestört sein.

Thomashoff: Aber grundsätzlich würden Sie auch hier diese drei Faktoren annehmen, wenn auch nicht geordnet, so doch als am kreativen Prozeß beteiligt?

Pongratz: Daß diese drei Faktoren in irgendeiner Form mitspielen, das mag sein. Also ich bin in der Lage, es mit einiger Mühe so zu definieren. In Wirklichkeit läuft es, glaube ich, entweder komplizierter oder weniger kompliziert ab. Aber nachdem ich meine fünf Sinne im Vergleich mit einem Patienten einigermaßen, also wirklich einigermaßen, unter Kontrolle habe, könnte ich das behaupten.

Thomashoff: Könnte man sagen, daß bei Ihnen im Vergleich dieser bewußte Bereich einfach stärker ausgeprägt ist als bei einem Patientenbild, bei dem dann eher der impulsive Teil im Vordergrund des Schaffens stehen würde?

Pongratz: Ich fürchte, ja. Ich sage deswegen, ich fürchte, ja, weil ich keineswegs stolz darauf bin. Aber es ist natürlich nun einmal so, daß ich eine normale künstlerische Ausbildung habe und kein Geisteskranker bin, nicht daß ich es gerne sein möchte, ich könnte aber unter diesen Umständen dann leichter antworten. Ja, es spielt natürlich wahrscheinlich das Bewußtsein eine Rolle, eine Rolle, die ich bei mir, wie ich in meinem Text damals geschrieben habe, etwa fünfzig zu fünfzig aufgeteilt sehe. Fünfzig Prozent sind unterbewußt, und zwar in allen drei Phasen, die Waser angibt, und fünfzig Prozent sind bewußt, ebenso wieder in allen drei Phasen, die Waser angibt. Natürlich ist mir klar, wenn ich mir heute eine Phantasie entwickele, auch wenn sie nicht direkt umsetzbar ist, daß manches davon umsetzbar ist und manches nicht, das sind dann halt die Akademismen, die hereinkommen. Aber ein anständiger Mensch und ein anständiger Maler, wie ich hoffe, einer zu sein, versucht natürlich, hier nach Möglichkeit fair zu handeln, um nicht zu sagen, dies zu unterdrücken. Es gelingt mir nur nicht ganz, weil ich nun einmal vorgebildet bin.

Thomashoff: Das bedeutet aber schon, daß Sie versuchen, sich vor allem den inneren Dingen zuzuwenden, daß also der Akademismus etwas ist, das Sie abstreifen wollen, womit dann auch deutlich wird, was Sie an der psychopathologischen Kunst so reizt.

Pongratz: So ist es. Exakt das ist es, einschließlich des Bewußtseins, daß das einem Menschen wie mir nicht immer ganz ohne weiteres möglich ist.

Thomashoff: Dies bringt uns direkt zu der nächsten Frage, nämlich: Wann ist ein Bild ein Kunstwerk? Das heißt: Wo ist etwas kreativ gelöst im Bild und wo ist etwas einfach nur eine Kritzelei oder etwas Unbedeutendes? Wie würden Sie das zum einen bezogen auf Ihre eigene Arbeit und zum anderen bezogen auf die Bilder von Patienten oder von anderen Künstlern sagen?

Pongratz: Das ist sehr schwer zu sagen, ich traue mich das fast nicht. Ich würde sagen, ich kann das eigentlich nur entscheiden von Fall zu Fall, also ich rede primär einmal nur von mir selbst. Ich kann das eigentlich nur entscheiden von Fall zu Fall. Ich würde es mit der Frage nach der Oberflächlichkeit, nach der Dichte, nach dem Hintergrund beantworten. Aber da eine konkrete Antwort zu geben, ist fast nicht möglich, ich kann das nur von Fall zu Fall. Also wenn ich kritzele, und es ist nichts dahinter, dann merke ich das sofort und schmeiße es weg. Und wenn etwas dahinter ist, merke ich es auch im allgemeinen, auch nicht immer, natürlich, aber im allgemeinen, und schmeiße es dann nicht weg und behalte es sozusagen. Aber es gibt kaum ein Rezept. Also, ich kann es nicht erklären.

Thomashoff: Also stellt auch das letztlich eine emotionale Entscheidung dar, und nicht etwas, wo Sie vom Kopf her ein Raster von Kriterien haben, mit deren Hilfe Sie entscheiden, das ist Kunst und das nicht, sondern es ist letztlich eine Gefühlsangelegenheit.

Pongratz: Das muß es wohl sein. Aber es ist auch nicht so. Also, ich glaube, man muß folgenden Denkprozeß einkalkulieren. Dieses Raster existiert nicht von vornherein, dieses Raster, von dem ich jetzt spreche. Aber es gibt natürlich eine Rasterung, und die entsteht oder ist dann anwendbar in dem Moment, in dem ich ein Bild sehe, an dem ich gerade arbeite. Dann gibt es eine Form von Raster, selbstverständlich, an der ich erkennen kann, also das ist jetzt nur oberflächliche

Kritzelei und das andere, das eigentlich gar nicht so viel anders ausschaut als die oberflächliche Kritzelei, das ist keine, das hat eine Tiefe. Aber nur ich kann das entscheiden.

Thomashoff: Aber wie sieht dieses Raster aus?

Pongratz: Ich kann es nicht sagen. Um das zu erklären, wäre es wohl notwendig, meine Bilder zu sehen. Ich vermute, daß auf meinen Bildern, das mag jetzt ein bißchen nach Eigenlob klingen, zum Teufel, wir versuchen ja etwas zu definieren, daß auf meinen Bildern vergleichsweise wenig Kritzelei und verhältnismäßig viel Background drauf ist. Also, es gibt so ein wunderbares Wort, das glaube ich aus der Semiotik oder der Kybernetik kommt. Das eine ist ein weißes Rauschen, und das andere ist dann ein tiefer Untergrund. Das Rauschen versuche ich zu vermeiden.

Thomashoff: Das heißt, es geht hier wieder um die Ebene der Spürbarkeit des Bildes.

Pongratz: Wahrscheinlich. Die Frage ist natürlich nur, ob es dasselbe bei mir auslöst wie beim Betrachter, und ich möchte dem Betrachter keine Vorschriften machen. Aber ich möchte die möglichst beste Qualität meines Gefühls und meiner Arbeit und meines Verständnisses für diese Dinge auf die Leinwand bringen.

Thomashoff: Das bringt uns zum nächsten Aspekt, der Frage: Was bedeutet das Kunstwerk für Sie? Sie haben jetzt ein Kunstwerk geschaffen; wann entscheiden Sie dann, daß dieser Schaffensprozeß abgeschlossen ist, und was bedeutet das Kunstwerk für Sie, zum einen innerhalb des Malprozesses – wenn Sie beispielsweise selbst in einer persönlichen Krise sind, hat das Malen dann eine bestimmte Funktion? – und zum anderen als fertiges Werk – ist das Bild dann wie ein Kind oder ein Teil Ihrer selbst, eine Mitteilung, wie Sie es vorhin schon angedeutet haben, so etwas wie ein Wunsch, den Sie sich erfüllen, ein Ersatz für einen unerfüllten Wunsch? Sie haben einmal in etwa gesagt, daß die Bilder als Schnappschüsse Ihres nicht immer gerade ruhig fließenden inneren Flusses entstehen, was also heißt, daß an diesem Fluß Ihre Kreativität stattfindet. Aber wann ist dann dieser Fluß kreativ? Also: Wann ist ein von Ihnen geschaffenes Bild abgeschlossen, und was bedeutet dieses Bild dann für Sie?

Pongratz: Ich möchte diese Fragen von hinten beantworten. Also, ich möchte die letzte Frage, die Sie gestellt haben, als erstes beantworten, weil die für mich am einfachsten zu beantworten ist. Wenn wir von diesem hübschen Bild ausgehen, daß mein Inneres ein unruhiger Fluß ist und die Bilder Schnappschüsse aus diesem Fluß sind, dann ist die Frage ganz einfach zu beantworten. In dem Moment, in dem ich aus dem Fluß schöpfe, besteht die Möglichkeit eines Schnappschusses und vielleicht sogar eines Kunstwerks. Der Schöpfvorgang ist es. Also, ich muß mich hinstellen, muß meinen Schöpfer, mein Netz hineinlassen und wieder herausziehen. Das ist der eigentliche schöpferische Prozeß, aber der ist glaube ich bei jedem Menschen so. Ich glaube, daß in jedem Menschen permanente Kreativität existiert, in jedem Menschen, vollkommen egal, ob er Geisteskranker oder Autochauffeur oder Kniekranker, wie Dubuffet das so schön bezeichnet, oder was auch immer ist.

Thomashoff: Daß heißt also, daß Künstler, indem sie eben diesen Schöpfprozeß erlernt und bei sich umgesetzt haben, zum Künstler geworden sind, was andere, die diesen Prozeß nicht erlernen, mit ihrer Kreativität dann nicht werden.

Pongratz: Nicht einmal da bin ich mir ganz sicher. Aber gehen wir einmal davon aus, daß dieser Schöpfvorgang überhaupt erlernbar ist, was wohl sein muß, dann muß man ihn wahrscheinlich trainieren.

Thomashoff: Es bedarf wahrscheinlich als Voraussetzung des offenen inneren Zuganges zu diesem kreativen Prozeß.

Pongratz: Vielleicht auch das. Also, die meisten Kinder werden heutzutage so erzogen, daß man sagt: „Das, was Du machst, ist schon von vornherein schlecht", also, dann funktioniert es natürlich nicht. Funktionieren wird es immer nur dann, wenn derjenige, der den Schöpfvorgang praktiziert, das Gefühl hat, es hat einen Sinn, zu schöpfen. Also, wenn ich jetzt meinen Schöpfer, mein Netz, hineinlasse, dann kommt wohl auch irgendwas zutage. Wenn er dieses Gefühl hat, wird auch etwas zutage kommen, davon bin ich fest überzeugt. So gesehen ist natürlich die Frage des Lernens eine richtige, denn man kann Selbstbewußtsein lernen, man kann diesen Schöpfvorgang bis zu einem gewissen Grad lernen, aber de facto könnte es jeder, davon bin ich relativ sicher überzeugt. Das hat ja auch der Beuys bis zu einem gewissen Grad gemeint. Ich weiß nicht, ob er es so gemeint hat, wie ich es meine, aber vermutlich ähnlich.

Thomashoff: Letztlich geht es wohl darum, Kreativität und Kunst als zwei Begriffe voneinander abzugrenzen: Jeder Mensch hat Kreativität, aber nicht jeder Mensch ist ein Künstler.

Pongratz: Vielleicht das, ja. Aber nicht einmal da bin ich mir sicher.

Thomashoff: Aber jetzt von dem ausgehend, was Sie gesagt haben, noch einmal zurück zu der Frage: Was bedeutet jetzt das Kunstwerk für Sie?

Pongratz:: Da haben Sie eine schöne Erklärung dafür angeboten, die ich gerne aufgreife, nämlich: Es hat so etwas von einem Kind, das man selbst gezeugt und geboren hat. Es gibt, glaube ich, irgendwelche Insekten, die das auch machen, die brauchen keinen Partner, die machen das selber. Davon hat es sicher sehr viel für mich.

Thomashoff: Das heißt, es bleibt auf Dauer eine Verbindung bestehen, aber es ist trotzdem etwas Eigenständiges, was entstanden ist?

Pongratz: Ja, aber es entfremdet sich auch ein bißchen; es kann einem wieder lieber werden, es kann einem sich wieder entfremden, manchmal bis zum absoluten Nullpunkt. Man kann nach Jahren darauf kommen, daß es ein Fehler war, dieses Kind gezeugt zu haben, ein ungeratenes Kind, grauslich. Aber das merkt man zuerst nicht. Man liebt es zuerst furchtbar, und kommt dann später darauf, daß es ein absoluter Fehlgriff war. Also, es gibt Bilder, die ich vor zwanzig Jahren geliebt habe, und heute kann ich sie nicht mehr sehen. Und es gibt Bilder, die ich vor zwanzig Jahren überhaupt nicht mochte, und heute komme ich darauf, das war das beste, was ich damals gemacht habe, das passiert mir immer wieder. Man kann nachfragen, selbst objektiv. Aber das ist es nicht ausschließlich. Es spielt sicher auch ein gewisses Wunschdenken eine Rolle, auch nach Dingen, die man haben möchte und nicht haben kann, und bei mir spielt sicher auch schlicht und einfach der reine Existenzzwang eine Rolle. Ich will das nicht verheimlichen. Es ist notwendig, daß man hin und wieder mal ein Bild malt, damit man es ausstellen und auch verkaufen kann. Aber natürlich will ich dann das beste daraus machen. Man kann das nicht mehr ändern ab einem gewissen Punkt. Ich will das Zeug gerne produzieren und möchte es eigentlich auch gerne behalten, aber hin und wieder muß ich halt auch etwas verkaufen, damit ich davon leben kann. Das ist nicht der wesentlichste Punkt, aber es spielt eine Rolle. Und natürlich erzähle ich auch eine Geschichte, mir selbst und irgendwie auch dem Betrachter.

Thomashoff: Hier sprechen Sie den kommunikativen Aspekt des Kunstwerks an. Wie stark schätzen Sie den ein?

Pongratz: Auch das läßt sich nicht so einfach sagen. Der Rainer hat immer wieder gesagt, daß man eigentlich nur glaubt, der Aspekt wäre sehr stark, doch daß man im Grunde die Arbeit immer nur für sich selbst produziert. Ich stimme dem zu, sage jedoch in Erweiterung dieses Satzes: Ich bin sehr froh, wenn andere Leute dazu in der Lage sind, daran zu partizipieren.

Thomashoff: Wobei die Betonung des Subjektiven natürlich auch eine Entwicklung der Kunst dieses Jahrhunderts ist.

Pongratz: Mag sein, das kann ich nicht beurteilen, da bin ich mir aber nicht ganz sicher. Ich bin überzeugt davon, daß selbst in Jahrhunderten, in denen man gesagt hat: „Das war Auftragskunst" –, ich glaube, auch da haben die Künstler primär einmal das produziert, was sie selber empfanden, selber darstellen wollten.

Thomashoff: Aus dem, was Sie geschildert haben, ergibt sich nun als letztes die Frage: Wie wollen Sie, daß der Betrachter Ihr Werk wahrnimmt?

Pongratz: Auch hier wieder muß ich sagen: Natürlich freue ich mich, wenn er es a) überhaupt wahrnimmt und b) dann allenfalls auch noch irgendwie Freude daran hat. Nun stellt sich natürlich die Frage: Wie kann ein Mensch daran Freude haben, daß ich etwas produziert habe, was primär mir Freude gemacht hat? Man möchte es nicht glauben, es funktioniert. Fragen Sie mich nicht, wie. Vielleicht liegt es doch daran, daß man den Kontakt mit der Außenwelt nicht ganz abbricht und halt doch irgendwas macht, was den anderen Leuten Freude macht. Vielleicht stellen sich aber auch nur die anderen Leute liebenswürdigerweise auf mich ein. Ich kann es schwer beantworten.

Thomashoff: Es kann ja auch sein, daß in Ihnen Prozesse ablaufen, die auch in anderen Leuten ablaufen, und daß damit eine Parallelität entsteht, die die anderen Leute das wahrnehmen läßt, was in Ihnen ablief. Dies ist ja, glaube ich, auch ein wesentlicher Mechanismus, der uns die Kunst der psychisch Kranken als etwas Faszinierendes erleben läßt.

Pongratz: Absolut richtig, denn wenn es so abwegig wäre, nur für sich zu produzieren, und kein anderer würde es mehr verstehen können, dann wäre gerade die Kunst der Geisteskranken absolut unverständlich. Aber genau an dieser Kunst können wir ja gerade besonders stark feststellen, wie sehr uns das persönlich berührt. Folglich gibt es ja den Autismus in einer absoluten Ausformung eigentlich gar nicht, vermutlich nicht.

Thomashoff: Ich denke, das wesentliche hierbei besteht darin, daß Prozesse in uns und einem anderen Menschen einfach aufgrund der evolutionsgeschichtlichen Parallelität gleichartig verlaufen, und daß somit prinzipiell das, was der andere von sich gibt, auch für uns verstehbar sein dürfte.

Pongratz: Vollkommen richtig, also doch nicht so ein grauenvoller Autismus, da bin ich dafür.

Thomashoff: Dies beinhaltet ja auch einen gewissen Optimismus, was den Umgang mit einem psychisch Kranken angeht, weil die prinzipielle Unverstehbarkeit, die ja mit diesem Stigma der Erkrankung immer wieder aufgeworfen wurde, damit letztlich nicht existiert.

Pongratz: Genau das meinte ich. Wenn der Herr Hauser in der Lage ist, ein Bild zu machen, das mich so, wie ich bin, stark berührt, dann beweist das, daß er damit natürlich genau innerhalb gewisser Grenzen und in Anteilen etwas gedacht hat, was ich auch denke, oder vor allem auch etwas empfindet, was ich auch empfinde. Und das ist doch das schönste, was einem passieren kann als Künstler – wenn ich in der Lage bin, etwas zu machen, was ein anderer nachempfinden oder mitempfinden kann, oder er in der Lage ist, überhaupt etwas zu empfinden, selbst wenn es sich nicht deckt mit meiner Empfindung.

Thomashoff: Das belegen Sie ja in Ihrer Kunst, indem Sie die Kunst der psychisch Kranken rezipiert und daraus neue, eigene Kunstwerke geschaffen haben. Sie geben damit einen Beleg dafür, daß eine Verstehbarkeit existiert, die dann auch weitergegeben werden kann.

Pongratz: Ja, aber es könnte natürlich auch so sein, daß ich aufgrund ganz besonderer Sensibilitäten vielleicht in der Lage gewesen wäre, mehr zu empfinden als andere Leute, und andere Leute verstehen es gar nicht. Das glaube ich aber nicht, weil mein Leben eigentlich das Gegenteil zeigt. Ich meine, ich behaupte zwar, für mich zu produzieren, aber immerhin verkaufe ich Bilder, und damit muß es ja funktionieren.

Thomashoff: Alles in allem also ein letztlich optimistischer Ansatz.

Pongratz: Hol es der Teufel.

Thomashoff: Ich danke Ihnen.

Peter Pongratz (geb. 1940)
„Home Cooking", 1969
180 × 140 cm, Acryl auf Leinen
im Besitz des Künstlers (Bild 16)

Peter Pongratz (geb. 1940)
„Kleine Sophie", 1991
76 × 56 cm, Gouache auf Papier
Privatbesitz (Bild 17)

47

Peter Pongratz (geb. 1940)
„Roter Kopf", 1996
50 × 40 cm, Acryl auf Leinen
Privatbesitz (Bild 18)

3.
Gibt es eine Verbindung zwischen kreativem Prozeß und psychischer Verfassung?

Das Symptom als kreative Leistung

Gaetano Benedetti

Die kreative Leistung des psychiatrischen Symptoms ist an zwei Orten anerkannt worden: einmal in der *„Psychopathologie des Ausdrucks"*, wo das Bild des Patienten stellenweise als „Kunstwerk" betrachtet wurde, und dann in der *dynamischen Psychotherapie*, wo das Symptom vom Therapeuten als Symbol erlebt worden ist. In der nur naturwissenschaftlich interessierten Psychiatrie und in der Verhaltenstherapie möchte man das Symptom vor allem beseitigen.

Diese beiden Berichte, „Psychopathologie des Ausdrucks" und dynamische Psychotherapie, sind im Grunde miteinander verbunden, denn die „Psychopathologie des Ausdrucks" ist als Sichtweise erst in einer affektiven Beziehung zur Innerlichkeit des Kranken entstanden, selbst jenseits einer psychotherapeutischen Intention, während die dynamische Psychotherapie – sowohl die psychoanalytische wie die tiefenpsychologische – die auch figürliche Bandbreite des symbolisierenden Ausdrucks des Kranken wahrnimmt. Psychopathologische Symptome können aber aus dieser Sicht sowohl schöpferisch als auch nicht schöpferisch sein. Oft sind sie es nicht, weil sie dort entstehen, wo der Fluß des seelisch-geistigen Lebens aufhört, weil sie Ausdruck der Abwehr oder sogar des Zusammenbruchs der Abwehr sind. Verdrängung und Abspaltung, psychische Lähmung und Resignation, Entleerung und Verzweiflung, Erstarrung und Fragmentierung: Wer wollte darin Schöpferisches sehen?

Gewiß, viele psychiatrische Symptome haben einen Sinn; das ahnte man schon im letzten Jahrhundert, etwa mit Ideler, das weiß man heute sicher seit Sigmund Freud. Im Bereich der Psychosen weiß man auch, daß manche Symptome dem Patienten sein psychisches Überleben sichern. Man denke etwa an die Rigidität des Wahnes, der mitten in der Ich-Auflösung durch die Symbiose mit der Welt eine Zone der hartnäckigen Unveränderlichkeit und eine wohl fehlerhafte, aber für den Kranken brauchbare invariante Selbstidentität schafft. Searles (1965) hat darauf hingewiesen, wie manche Kranke jahrelang eine innere Arbeit in einem Wahnsystem investiert haben; er wollte damit die Imago des chronischen Geisteskranken humanisieren.

Aber autistische Arbeit und Sinngebung sind wohl Produktivität, aber noch keine eigentliche Kreativität. Diese beginnt dort, wo der Patient durch ein Symptom seines Leidens einen Schritt nach vorn in der Überwindung dieses Leidens vollzieht.

Erst auf dieser Grundlage dürfen wir von der auch „situativen" Kreativität eines Symptoms sprechen, wenn dieses uns kommunikativ anspricht und uns fast zwingt, in der Beantwortung unsererseits durch das Gespräch kreativ mit dem Patienten zu sein. Schöpferisch ist ein psychopathologisches Symptom, wenn es Bewältigung versus Abwehr, Progression versus Regression, duale Stellvertretung versus Sperrung, Kommunikation versus Austismus, positives Übergangssubjekt versus negatives Selbst-Objekt, therapeutisch konstruktive Symbiose versus entfremdende Projekte bedeutet. Ich wähle das Wort „versus", anstatt zu sagen: „im Gegensatz", weil der Minuspol nie fehlt: In der Bewältigung ist meistens auch Abwehr, in der Progression auch Regression, im dynamischen Ausdruck auch Wiederholung. Wie sich die gegensätzlichen Züge mischen, läßt sich durch die neutrale Betrachtung des Symptoms nicht immer entscheiden; das „Symptom an sich" ist, trotz aller nosologischer Systeme, ein „Noumenos", es existiert nicht im Isolationszustand. Nicht nur die Physiker, auch wir Psychiater haben gelernt, daß der Beobachter durch die Bezugssysteme seiner Beobachtung das Beobachtete beeinflußt. Unsere je unterschiedliche Anteilnahme entscheidet mit darüber, ob das Schwergewicht des Symptoms in Richtung der Dynamik, der möglichen Positivierung, der Verständlichkeit liegt oder nicht.

Hier also, in der Rezeption, in der Beantwortung, in der Deutung, in der Resonanz liegt der zweite Akt der kreativen Symptomleistung. Aus den Beiträgen beider, des Patienten und des Therapeuten, entsteht die Kraft des Gestaltwandels. Richtunggebend ist die *transformatorische Kraft der Symptomgestalt*, die aus einer Minus- eine Plussituation schafft, aus einem Energiemangel einen Energiefluß, anstatt eines Versiegens der Kommunikation eine neuartige Entwicklung ermöglicht. Aus der Sprache des Symptoms selber, aus seiner Wiederholung oder scheinbaren Aggravierung entsteht im Medium der noch alten Formen manchmal die neue Intention, die anfänglich vielleicht eine postivierende Projektion des Therapeuten ist, aber andere Male, ganz vom Patienten herrührend, den Therapeuten dazu motiviert, mitschöpferisch zu sein.

Am Schluß dieser Einleitung möchte ich erwähnen, daß solche Überlegungen grundsätzlich das ganze Feld der Psychopathologie betreffen. Da ich mich aber jahrelang den Problemen der Psychosen gewidmet habe, werde ich das Thema in diesem engeren Bereich behandeln. Eine solche Abgrenzung schadet nicht, denn die Psychosen gelten aus der Sicht der allein naturwissenschaftlich interessierten Psychiatrie im wesentlichen als Manifestation von biologischen Vorgängen, deren Humanisierung nur sekundär, wenn überhaupt, möglich ist. In meinen Worten entsteht hier also ein Gegenbild zu dieser einseitigen Auffassung.

Nach diesen Hinweisen möchte ich die kreative Leistung des Symptoms an den zwei Orten der Psychiatriegeschichte einreihen, wo sie sichtbar geworden ist: in der „Psychopathologie des Ausdrucks" und in der dynamischen Psychotherapie. Ich möchte aber nicht nur einen geschichtlichen Überblick vermitteln, sondern vor allem von eigenen Erfahrungen sprechen.

Die „Psychopathologie des Ausdrucks"

In der „Psychopathologie des Ausdrucks" haben wir seit Prinzhorn (1922) gelernt, daß ein psychiatrisches Symptom schöpferisch wirken kann, wenn es nicht bloß durch Worte, die nicht selten abstrus sind, sondern durch ein Bild mitgeteilt wird. In der Bildnerei kann ein psychotischer Patient oft eine Sprache entwickeln, die den Betrachter mehr erreicht als der zerfahrene verbale Ausdruck. Manchmal haben wir den Eindruck, daß es dem Patienten durch das Bild besser gelingt, aus der Singularität seines Krankheitsschicksals eine auch uns angehende menschliche Tragik zu schöpfen. Während die verbale Sprache den Bruch mit der allgemein Logik unterstreicht und unrealistisch, ja befremdend anmutet, wirkt das Bild surrealistisch. Wenn der Schizophrene in seiner Sprache die Gegenstände mit den Imagines verwechselt, also die Symbolfähigkeit verliert, wie Mundt und Lang (1987) und Tress et al. (1984) unlängst betont haben, scheint ihm das „Protosymbol" im Bildausdruck zu gelingen.

Das kommt vielleicht daher, daß der Krankheitsprozeß wohl das Ich-Gefühl, das Selbst-System (Sullivan 1962), aber weniger jene Paleopsyche zerstört, in der die Assoziationsstörung weniger auffällt und in der wir alle in der postnatalen Zeit die Welt in Bildern aus einer psychischen Untiefe erfahren haben.

Eine andere Hypothese ist jene von Bader und Navratil (1976), die schon vor Jahrzehnten vermuteten, daß die psychotische Ich-Auflösung gestaltende Gegenkräfte kompensatorisch stimuliert und auslöst, die aus dem Zerfall der Formen neue Versuche der Integration entstehen lassen. Ist das aber „kreativ"? Ist der schizophrene Neomorphismus nur bildhafte Zerfahrenheit, oder Vorstufe zur schizophrenen „Kunst", wie man heute oft sagt?

Der große italienische Phänomenologe Barison (1993, 1994) hat sich, wie schon mancher vor ihm, gegen diesen Ausdruck gewehrt. Er meint, daß seine autistische Selbstbezogenheit den Kranken daran hindere, sich in menschlich verbindlichen Formen auszudrücken, sich einzuführen, so, wie es der wahre Künstler tut. Gewiß, man kann das sagen; man kann auch die mangelhafte Ich-Verarbeitung, die unzulängliche experimentierende Reflektion des psychotischen Menschen, beschreiben. Wie ist es aber mit seiner oft supranormal anmutenden Wahrnehmung der bedrohlichen Aspekte der menschlichen Existenz? Sind seine Zustände des Ausgeliefertseins an ein kollektives Unbewußtes, das uns mit ihm verbindet, nur negativ? Wie steht es mit jener sonderbaren Originalität, die nach Navratil (1972) nicht aus kompensatorischen Ich-Kräften, sondern aus dem psychotischen Prozeß selbst zu stammen scheint?

Wir sind aber mit solchen Überlegungen schon beim zweiten Akt der schöpferischen Leistung, das heißt unserer *Rezeption*, angelangt. Es ist unsere Rezeption, die mit darüber entscheidet, ob ein psychotischer Bildausdruck schöpferisch ist oder nur psychopathologisch. Und es ist unser Empfang, der rückwirkend den Kranken zu weiteren Leistungen anregt oder nicht, seine Lebensqualität steigert oder seine Isolation feststellt. Wie sich Objektivität und Subjektivität zutiefst überschneiden, empfindet wahrscheinlich kein anderer Wissenschaftler so wie der Psychiater. Die Rezeption des Menschen für die psychotische Bildnerei ist in diesem Jahrhundert gestiegen, sowohl bei Laien wie bei Psychiatern. Der Sprung vom Wort zum Bild hat mich in meiner Psychosentherapie das figürliche Symptom immer wieder als kreatives Symbol erleben lassen. Da ich aber, rein theoretisch, hier von der Psychotherapie noch absehen möchte, werde ich mein psychotherapeutisches Fallbeispiel bloß von Gesichtspunkt der „Psychopathologie des Ausdrucks" her betrachten, um erst später auf das zweite Thema, die Psychotherapie, überzugehen.

Fallbeispiel

Im Verlauf der Psychose malte eine Patientin das Bild der drei Epochen ihres Lebens. Erst in der Betrachtung ihres Bildes konnte sie realisieren, daß sie in der Psychose nicht nur Angst und negative Emotionen erlebte, sondern auch Kräfte, die es früher in ihrem Dasein nicht gegeben hatte. Sie realisierte nämlich, daß sie ihre erste Lebensphase, die bis zu ihrem 25. Lebensjahr gedauert hatte, die Zeit der *Normalität*, in der sie schließlich ihr Chemiestudium abschließen konnte, ohne Farben dargestellt hatte. Die Farben kamen erst im zweiten Abschnitt der Bilder, die der Psychose gewidmet waren!

In diesem Bildabschnitt wird zwar alles chaotisch, was früher geordnet erschien; aber da werden jene Selbstgefühle wahrnehmbar, deren Fehlen die Patientin rückblickend erst jetzt realisierte. Sie hatte die junge Frau, die sie einst war, als tot dargestellt!

Ich vermute, daß ihr diese Erkenntnis nicht ganz möglich geworden wäre ohne die „Psychopatologie des Ausdrucks", ohne das Bild und ohne die Begleitung eines Therapeuten.

Gewiß, ihre schwarzweiße Selbstdarstellung war auch übertrieben, nicht ganz dem einstigen Erleben der Vergangenheit entsprechend; sie war auch eine „negative

Halluzination". Sie projizierte den inneren Vollzug der negativen Existenz auf die Vergangenheit. Aber diese Vergangenheit enthielt doch, wie wir später mit ihr rekonstruieren konnten, manche positiven Erlebnisse. Beim Malen war es aber für die Patientin doch wichtig, die Vergangenheit dunkel darzustellen, um durch dieses negativierende Symptom die psychotische Gegenwart nicht mehr nur negativ, nur angstvoll, sondern sogar farbenreich zu erleben. Das war eine kreative Leistung des Symptoms; denn sie half ihr, die noch nicht vollzogene dritte Phase, die Heilung, vorauszunehmen und zu malen. Die bildhafte Vorausnahme war als eine Ahnung des Kommenden fast wie eine Prophetie des Unbewußten. Die Heilung der chronischen Psychose fand einige Monate nach diesem Bild ebenso überzeugend statt wie von ihr farbig dargestellt.

Das ganze „Tryptichon" zeigt, daß die schlimmste Lebensperiode dieses Daseins, die Psychose, in der Mitte steht, Vergangenheit und Zukunft wie um eine zentrale Achse stellt; das psychotische Symptom leistet aber eine innere Ordnung, in der die Patientin beginnt, ihre neue Identität zu finden.

Die dynamische Psychotherapie

Nach der „Psychopathologie des Ausdrucks" möchte ich die Psychotherapie besprechen, und dabei drei Hauptsymptome erwähnen, die eine kreative Leistung entfalten:
a) die progressive Psychopathologie
b) das Übergangssubjekt
c) Kreative Aspekte der Gegenübertragungssymptomatik

a) Progressive Psychopathologie

Fallbeispiel

Eine Patientin lebte in einem „Wahnlabyrinth", das aus Röhren bestand, die sich in alle Winkel der Welt hinein verästelten und den Menschen zum Gefangenen einer monströsen Mechanik machten. Die Röhren waren auch menschenfressende Pflanzen, die das Blut der Patientin aussaugten, um es in einem riesigen, unübersichtlichen Kreislauf zirkulieren zu lassen. Das Labyrinth hatte den wahnhaften Sinn, sie, die aus allen und allem ausgegliederte Patientin, mit dem Weltall zu verbinden – reparativer Charakter des auch destruktiven Wahns. In einer solchen entgrenzenden Verbindung war aber die Kranke außerstande, Nahrung für das Universum zu spenden, das sie wie ein ungeheures Anhängsel belastete, und sie war zu einem gemeinsamen Tod mit dem ihr parasitär ‚aufgepfropften' Weltall verdammt. Das schreckliche Siechtum mußte unausweichlich zum Augenblick des Todes führen, indem endlich der Deus ex machina, der die ganze infernalische Weltmaschine steuerte, ihr, der

Kranken, erscheinen würde. Dieser Deus ex machina war aber das eigene Totengeripppe, das eigene Skelett, das ihr im Augenblick des endgültigen Untergangs in der Gestalt eines banalen Wasserleitungsinstallateurs erscheinen würde.

Soweit der Wahn, der uns zunächst als die maligne, regressive Gestaltung einer narzißtischen Liebesunfähigkeit erschien, die angesichts der unmöglichen Aufgabe, die Welt zu lieben, diese regressiv als blutsaugenden Parasiten erleben mußte.

Im Verlauf der Psychotherapie, in der die Ärztin lernte, das arme Opfer der höllischen Maschine sowohl tief anzunehmen als auch durch dessen Destruktivität zu demaskieren, begann die Kranke, von ihrer Negativität Abstand zu nehmen und das Bedürfnis zu spüren, ihrer Therapeutin etwas zu geben, anstatt sich von anderen bedroht zu fühlen. Zeitweise richtete sich freilich die sonst dem eigenen Selbst geltende Aggressivität gegen die Retterin, die ihr dann als der personifizierte, gefährliche Wasserleitunginstallateur erschien. Eine neue Wahnidee freilich, aber eine *progressive*! Denn die Therapeutin war dadurch mit dem inneren Gerippe der Kranken eins geworden, eins mit dem geheimnisvollen inneren Objekt, das die Patientin intrapsychisch spaltete und keine Möglichkeit hatte, eine dialogische Beziehung zu dieser zu stiften. Nun sprach dieses symbolisierte Gerippe zu ihr. Und es sprach, zum Erstaunen der Kranken, kein Todesurteil aus, sondern es regte an, ob sie beide, Patientin und Therapeutin, als Wasserleitungsinstallateure nicht eine Arbeitsgemeinschaft bilden könnten, um die schreckliche Weltmaschine gemeinsam zu steuern. Die von der Patientin in die Therapeutin verlegten bösen Anteile des Selbst wollten also mit den von der Therapeutin in die Patientin verlegten guten Anteilen des Opfers zusammenarbeiten, ja sich ihnen psychosynthetisch zuordnen.

Nach einigen Sitzungen, in denen das übliche Hin und Her von Anklagen und sinnerweiternden Antworten stattfand, begann die Patientin eine neue, *progressive Wahnidee* zu äußern: Ob der Gang der Maschine so umgeschaltet werden könne, daß der Kranken ihr eigenes Blut zurückgeschenkt würde? Ob die Therapeutin, um sie zu retten, einige Tropfen ihres Blutes dazu mischen könne, damit das Blut nicht zu Gift würde?

Die Therapeutin antwortete, daß das Gespräch selbst eine solche Transfusion sei und daß die Angst der Patientin, die Röhren könnten das Blut in Gift verwandeln, allerdings nicht unbegründet sei. Es gebe schadhafte Stellen in den Röhren, es gebe Klippen und Gefahren der Kommunikation; darum seien eben zwei Wasserleitungsinstallateure nötig. Im weiteren Gespräch, das sich über viele Stunden hinzog, war die Patientin zeitweise nicht imstande, sich von ihrer Therapeutin zu unterscheiden, also den einen von dem anderen Installateur abzugrenzen; Teile der Partnerin waren in ihr und umgekehrt.

Progressiver Transitivismus und *progressive Appersonierung* machten die regressive Psychopathologie zu einem archaischen Kanal der Kommunikation, durch den die Kranke gute Selbstteile erst einmal draußen, in einem Bereich mitmenschlicher Zuwendung, als solche erleben konnte, um sie dann in sich aufzunehmen. Sie spürte, daß sie die Welt ernährte und zugleich von ihr ernährt wurde. Die Therapeutin machte durch ihre progressiven Phantasien immer mit, aber nie in dem Sinne, daß sie den Wahn als solchen je bestätigt hätte, sondern immer dadurch, daß sie die in den konkreten Wahnideen enthaltenen Kommunikationsmodelle erspürte und durch entsprechende Angebote beantwortete. Sie behandelten jedes Anliegen der progressiven Wahnidee als Ausdruck der unbewußten therapeutischen Kompetenz der Patientin.

Diese kurze Krankengeschichte zeigt, was ich unter „*progressiver Psychopathologie*" verstehe: Sie ist noch nicht Einsicht, noch nicht eindeutige klinische Besserung, noch nicht Auflösung einer Wahnidee oder einer Halluzination – im Gegenteil, ein neuer Wahn, eine neue Halluzination, so, wie hier die Vorstellung des gemeinsamen Blutes die pathologische Situation zu komplizieren scheint. Das alte Symptom ist nicht vorbei, aber aus seiner Sprache entwickelt sich eine antipsychotische *Intention*; aus der autistischen Vermauerung beginnt eine Beziehung aufzudämmern.

Hier beginnt die Verwandlung der therapeutischen Symbiose in die *Dualisierung*, der unsere weiteren Überlegungen gelten. Diese habe ich im Begriff des Übergangssubjektes zusammengefaßt.

b) Das Übergangssubjekt

Schizophrene Patienten verwechseln sich mit ihrer Umwelt, mit ihren Mitmenschen. Eugen Bleuer (1911) sprach von *Transitivismus* und von *Appersonation*; Rosenfeld (1969) prägte den Begriff der *projektiven Identifikation* und meinte damit, daß die Kranken sich mit jenen Objekten identifizieren, auf die sie ihre abgespaltenen Selbst-Teile projiziert haben; Kohut (1973) prägte auf dem Gebiet der narzißtischen Neurose den dann auch in der schizophrenen Psychopathologie gebräuchlichen Begriff des *Selbst-Objektes*, den Alanen (1997) als Oberbegriff vieler psychopathologischer Symptome auffaßt. Alle diese Vorgänge bringen dem Kranken eine gewisse Entlastung, sie befriedigen nämlich seine symbiotischen Bedürfnisse, oder sie ermöglichen ihm die relative Distanzierung von malignen intrapsychischen Objekten, die ihm aber in der Außenwelt als Verfolger erscheinen. Diese Vorgänge sind freilich keine kreativen Leistungen, weil sie die Psychopathologie letzten Endes verschärfen. Die Ich-Grenzen werden verwischt, der Kranke wird paranoid und depersonalisiert. So sagte eine Patientin: „Ich bekomme alle Gesichter der Menschen, die mir begegnen".

Natürlich kann auch der Therapeut seinem Patienten ein solches Selbst-Objekt werden. Die Identifizierung mit ihm ist sogar stimuliert durch die Erfahrung des Nähe fordernden Gegenübertragungsphänomens. Es scheint, daß der Therapeut durch seine Einfühlung, die ja ein Motor der Psychotherapie ist, dazu neigt, Emotionen und Situationen des Patienten intensiv wahrzunehmen und symbolisch mit den eigenen zu integrieren.

Schon in der psychiatrischen Pflege, außerhalb der Psychotherapie, geschehen solche Dinge. Ich erinnere mich, wie ich als junger Student der Psychiatrie beeindruckt war von den Berichten von Pflegern, die erlebten, wie Patienten, welche sich verfolgt fühlten, meinten, auch ihre Pfleger seien gefährdet. Dabei machte ich die Beobachtung, daß solche Identifizierungen vor allem dann stattfanden, wenn die Kranken positive Beziehungen zu ihren Pflegern hatten und sie gewissermaßen als symbolische Stellvertreter ihrer Not erlebten. Im Gegensatz zu den „projektiven Identifikationen" von Rosenfeld, die über die Abspaltung von malignen Objekten laufen, neige ich dazu, die besagten Phänomene als *„introjektive Identifikation"* zu verstehen, als Vorstufe des Dualitätserlebens.

Symbiotische Vorgänge spielen dabei die zentrale Rolle. Sie sind so wichtig in der Psychotherapie, daß Searles (1965) hier den Begriff der „therapeutischen Symbiose" prägte, einen von manchen Autoren als etwas verwirrend empfundenen Begriff, weil die kindlichen Symbiosen, die der schizophrenen Entwicklung vermutlich zugrunde liegen, immer pathologisch sind, während die therapeutischen Symbiosen bei richtiger Handhabung als entwicklungsfähig betrachtet werden.

Kann das sich aus diesen Symbiosen ergebende „Selbst-Objekt" eine kreative Funktion ausüben? Etwa in dem Sinne, daß sich bei ihm allmählich etwas niederschlägt, das nicht mehr eine Verwechslung, sondern eine Dualisierung der verbundenen und abgegrenzten Personen vorausnimmt? Einen solchen möglichen Gestaltwandel erfasse ich mit dem Begriff des *„Übergangssubjektes"*. Dieses ist schöpferisch, weil es einerseits aus dem Selbst-Objekt hervorgeht, aber anderseits dieses verwandelt, indem das Spiegelbild allmählich als ein Du erlebt wird. Es ist nämlich ein „anreicherndes" Spiegelbild, das mit der Rezeption des Partners beginnt

und mit der Übernahme von idealisierten Aspekten der Person des Partners durch den Patienten endet, welche so sein negatives Selbstbild verwandeln. So, wie der Therapeut sich mit ihm positiv erscheinenden Aspekten des Patienten teilweise identifiziert hatte, ohne freilich die Ich-Du-Grenze aufzugeben, so läuft es auch umgekehrt: der eine geht „über" zum anderen.

Fallbeispiel

Eine schizophrene Patientin litt unter einem Versündigungs- und Erlöserwahn, auf den wir hier nicht eingehen. Wir erwähnen nur, daß sie als Kind von ihren Familienangehörigen oft gehört hatte, man sehe ihr ihre Bosheit an den Augen an. In der Psychose war sie davon überzeugt, daß der Teufel in ihren Augen wohne; sie stellte den Wahn in einem Bild dar.

Es dauerte in der Psychotherapie lange, bis sie zu spüren begann, daß manche vom Therapeuten positiv erlebten Teile ihrer Persönlichkeit – etwa die konstruktive Aggressivität, mit der sie die fragwürdigen Aspekte ihrer Ursprungsfamilie in Frage stellte – eben in jenen Bereichen steckten, in denen sie früher nur den Teufel befürchtet hatte.

Für den Therapeuten erschütternd war die Stunde, als sie dann den Teufel als den Bildhauer erlebte und zeichnete, welcher sie mit dem Skalpell angriff, aber nicht um sie zu verletzen, sondern um eine neue Identität zu entwerfen.

Hier begann die Patientin auch zu entdecken, daß dieser Teufel keine metaphysische Entität mehr war, wie im Wahn, sondern eine Seite ihrer eigenen Person, die nun rehabilitiert war und eine kreative Funktion ausübte.

Aber bald darauf sagte die Patientin, daß der Bildhauer nicht eine eigene Seite, sondern der Therapeut selber sei – jener Therapeut nämlich, von dem sie sich einmal angegriffen fühlte, als dieser mit ihrer negativen Identität kämpfte, und ihr nun aber half, der Mensch zu werden, der sie sein wollte.

War der Bildhauer eine eigene Seite? Oder war er der Therapeut? Er war beides zusammen – ein Übergangssubjekt, das sich vom Selbst-Objekt dadurch unterscheidet, daß es eine Ich-Du-Polarität in sich birgt und deren Gestaltung vorbereitet.

Es gibt Fälle, in denen dieses Übergangssubjekt nur langsam in der werdenden Selbstidentität aufgenommen wird, und eine Zeitlang wie ein „Drittes in der Zweitheit" erscheint; wie eine neue Nische der Selbstidentität, die noch nicht Ich-besetzt ist: zum Beispiel eine halluzinierte fremde Stimme, die richtig deutet und eine Einsicht vermittelt, oder ein Zwillingstraum, einfach eine phantasmatische Instanz mit eigener Dynamik.

c) Kreative Aspekte
der Gegenübertragungssymptomatik

Der Wechsel vom Patienten zum Therapeuten mag etwas überraschen und ein wenig beunruhigen. Ist der Therapeut auch ein Symptomträger? Sicher nicht im klinischen Sinne. Und doch ist die Besprechung jener besonderen Situationen in der Psychosen-Therapie, in denen sich mitten in der großen Asymmetrie zwischen Kranken und Gesunden „Nischen" der Symmetrie ergeben, von anthropologischer Bedeutung.

Ich möchte das auf zwei Ebenen diskutieren: auf der Ebene des therapeutischen Traumes und auf der Ebene der negativen Emotionen, wie Aggressivität, Angst, Ohnmacht. Träume bei Therapeuten psychotischer Patienten sind nicht selten keine bloßen Gegenübertragungsträume im üblichen Sinne, in denen frühere Probleme des Therapeuten durch die Auseinandersetzungen mit den Patienten stimuliert werden – das kommt freilich auch vor. Aber das Neue liegt für mich in der Entdeckung von „positivierenden Teilsymmetrien", die entweder Gegenstand der gemeinsamen Besprechung sein dürfen oder auch auf unbewußtem Wege wirken.
Ich nenne drei Traumbeispiele, die ich alle in Supervisionen erfahren habe.

Fallbeispiel

In einem Fall ging es um einen Schizophrenen, der seine Mutter in einem Raptus getötet hatte. Der Kranke spaltete jegliche Erinnerung an das Vorgefallene ab. Statt dessen entwickelte er einen Erlöserwahn: er war der Messias, der den Menschen Friede und Heil bringen sollte.

Der Wahn war hartnäckig, er schien hoffnungslos, und der therapeutische Traum entstand als Reaktion auf eine aussichtslose Situation. Der Therapeut träumte, daß er die eigene geliebte Mutter (anders als beim Patienten) getötet hatte. Dies schien ihm im Traum unmöglich, er wollte es nicht glauben, so wie der Patient nicht an seinen Totschlag glauben konnte. Aber der Therapeut ließ sich, im Gegensatz zum Patienten, von seinen trauernden Traumangehörigen überzeugen, daß die Tat geschehen war. Nach dem Erwachen war es dem Therapeuten klar, daß es sich um einen *Spiegeltraum* handelte. Der Traum hatte ihn an die Stelle des Patienten gesetzt, damit er stellvertretend die Einsicht in die verdrängte Tat zeigen sollte. Da dieser therapeutische Traum mit dem Therapeuten selbst, mit seiner Mutterproblematik, wenig zu tun hatte, sondern das kompensatorische Spiegelbild des abgespaltenen Raptus des Patienten war, entschloß sich der Therapeut auf meinen Rat hin, den Traum dem Patienten zu erzählen, ohne jegliche Deutung und ohne eine direkte Anspielung auf ihn.

Wie vom Donner getroffen konnte sich der Patient plötzlich an seine Vergangenheit erinnern. Er wurde schwer depressiv. Das war der Schritt von der magischen zur tragischen Wende, wie Wurmser (1998) es in seinem Referat in Lindau formuliert hat. Aber die Depression konnte dann im Gegensatz zum Wahn psychotherapeutisch verarbeitet werden.

Der therapeutische Traum war zwar ein Symptom der *Überidentifikation mit dem Patienten*, welche auch beim Träumer eine gewisse Angst auslöste. Das Symptom war aber eine kreative Leistung, weil es dem Patienten die Bereitschaft des Therapeuten zeigte, an seinem Ort zu stehen.

Nicht jeder therapeutische Traum darf mitgeteilt werden. Ein Gegenbeispiel, das sowohl die psychopathologische Situation der Therapeutin als auch die kreative Leistung zeigt, ist das folgende:

Fallbeispiel

Es ging hier wieder um einen chronischen paranoiden Wahn, bei einer Patientin, die sich von den Menschen verfolgt glaubte, welche sie daran hindern wollten, ihren idealen Bräutigam zu finden und zu heiraten. Mit großem Geschick konnte die Therapeutin in ein Gespräch mit der autistischen Patientin kommen und ihr Vertrauen gewinnen. Langsam begann sie, sowohl die tiefere Sehnsucht, die dem Wahn zugrunde lag, zu entdecken, als auch die Patientin schrittweise mit der enttäuschenden Realität zu konfrontieren. Im Laufe dieser Arbeit, die mühsam und für die Therapeutin auch enttäuschend war, träumte sie einmal, daß ihre Kranke *in der Realität* und nicht bloß im Wahn verfolgt werde. In ihrem Traum wußte die Träumerin nicht einmal, daß sie die Therapeutin der Kranken war; denn die Kranke war im Traum der Therapeutin keine Kranke mehr, nur eine Verfolgte, und die Traumverfolgung erschien wie die Fotokopie der psychopathologischen Verfolgung. Die Therapeutin hatte Angst um ihre verfolgte Patientin, sie versuchte umsonst, sie vor den Verfolgern zu warnen, es war ihr nicht möglich, sie zu erreichen. Nach dem Erwachen dachte sie, erst jetzt wisse sie, wie es in einem Wahn eigentlich aussieht.

Sie hütete sich freilich, ihrer Patientin den Traum zu erzählen, der den Wahn nur verstärkt, weil bestätigt hätte. Statt dessen stellte sie sich selber die Frage: „Habe ich mich mit meiner Patientin überidentifiziert?" Ich konnte das als Supervisor nur bestätigen. Das Schöpferische liegt aber darin, daß die Kranke nun entscheidende Fortschritte machte; sie begann ihren Wahn zu überwinden, seitdem die Therapeutin in ihrem Traum in den Wahn „hineingekrochen" war.

Mit dem dritten Traum komme ich auf den „gemeinsamen Stoffwechsel" der negativen Emotionen. Die therapeutische Selbsterfahrung einer Ohnmacht, einer Gereiztheit oder einer Aggressivität gegenüber dem Patienten bedeutet auf der Objektebene die Krise der Objektbeziehung zu ihm, aber auf der Subjektebene oft eine intrapsychische Übernahme seines inneren Zustandes.

Die Affizierung des Therapeuten durch die Affektzustände des Patienten bedeutet eine Sensibilisierung seines Ichs, die den Therapeuten das erleben läßt, was er überwinden möchte; er mag diesen Zustand als Symptom erleben. Die kreative Leistung ergibt sich aber aus der Möglichkeit, daß der ambivalente Therapeut seinen Patienten schlußendlich tiefer annimmt, daß er also dessen Aggressivität mit einer „dennoch liebenden" Gegenaggressivität beantwortet. Die mögliche kreative Leistung ergibt sich dann, wenn ein „Stoffwechsel der Aggressivität" die beiden verbindet, indem die therapeutische Gereiztheit die verwandelnde Internalisierung der Patientenaggressivität ist und nur diejenige Seite des Patienten ablehnt, welche die Kommunikation blockiert.

Das alles kann durch einen Traum widergespiegelt werden; das ist grundsätzlich auch gut, weil das Traumsymbol Distanz schafft. Merkwürdig ist es aber, daß die Zusammenhänge auch dann wirken, wenn der therapeutische Traum verschwiegen wird, wie dies oft einer notwendigen Vorsicht entspricht.

Fallbeispiel

In diesem Zusammenhang erwähne ich den Therapeuten eines ihn stets entwertenden paranoiden Patienten, welcher in der Supervisionsgruppe einen eigenen Traum erzählte, in dem er seinen Patienten *getötet* hatte. Die Gruppe war von diesem Traum nicht besonders begeistert; er wurde dem Therapeuten als *Symptom seiner narzißtischen Verletzbarkeit* ausgelegt. Der Therapeut gab dies zu, führte aber das Argument an, daß sein – dem Patienten natürlich verschwiegener – Traum vermutlich nicht die ganze Person des Patienten töten wollte, sondern einen intrapsychischen Verfolger, dessen Opfer sowohl das Ich des Patienten als auch das Ich des Therapeuten war. Er hatte recht. Denn in den nächsten Sitzungen erzählte der Patient seinem Therapeuten, er habe geträumt, daß sein Verfolger gestorben sei. Der Traum des Patienten und der Traum des Therapeuten hatten in derselben Nacht stattgefunden. Seither besserte sich der Zustand des Patienten.

Solche Phänomene lassen sich nicht leicht rationalisieren. „Felix qui potuit rerum cognoscere causas", „Glücklich, wer die Ursache der Phänomene erkennt", sang Vergil schon vor 2000 Jahren in seinen „Georgica". Aber das menschliche Phänomen ist manchmal tiefer als die nicht immer verifizierbare Hypothese seines Mechanismus, und das Du ist nach Nietzsche älter als das Ich.

Zum Schluß eine Reflexion: Wenngleich das vergilische Glück gerade in der Psychotherapie nicht sehr häufig ist, wo so manches mitmenschliche Leid zäh und stellenweise sogar unheilbar erscheint, ist doch eine Ahnung dieses Glück dort möglich, wo es gelingt, die Psychopathologie in uns selbst kreativ zu verwandeln.

Literatur

Alanen YO. Schizophrenia. Its Origins and Need-Adapted Treatment. London: Karnac Books 1997.

Bader A, Navratil L. Zwischen Wahn und Wirklichkeit. Luzern: Bucher 1976.

Barison F. Schizofrenia: Anders e Apatia. Psichiat Gen Età Evol 1993; 31.

Barison F. Benedetti e la sfida esistenziale della psicoterapia. In: Comprendre. Archive international pour l'anthropologie phénoménologique, Numéro 7, 1994.

Benedetti G. Psychiatrische Aspekte des Schöpferischen. Göttingen: Vandenhoeck & Ruprecht 1975.

Benedetti G. Todeslandschaften der Seele. Psychopathologie, Psychodynamik und Psychotherapie der Schizophrenie. 3. Auflage. Göttingen: Vandenhoeck & Ruprecht 1991.

Benedetti G. Psychotherapie als existentielle Herausforderung. Göttingen: Vandenhoeck & Ruprecht 1992.

Bleuer E. Dementia praecox oder die Gruppe der Schizophrenien. In: Handbuch der Psychiatrie. Aschaffenburg B (Hrsg.). Leipzig/Wien: Deuticke 1911.

Freud S. Neurose und Psychose. In: Freud S (Hrsg.), Gesammelte Werke, Bd. 13. London: Imago 1942.

Ideler KW. Grundriss der Seelenheilkunde. 2. Teil. Berlin: Enslin 1835-38.

Kohut H. Narzißmus. Eine Theorie der psychoanalytischen Behandlungen narzißtischer Persönlichkeitsstörungen. Stuttgart 1973.

Lang H. Struktural-analytische Überlegungen zur Psychotherapie Schizophrener. Nervenarzt 1985; 56: 472-8.

Mundt C, Lang H. Die Psychopathologie der Schizophrenien. In: Schizophrenien. Kisker KP, Lauter H, Meyer JE, Müller C, Strömgren E (Hrsg.). Psychiatrie der Gegenwart, Bd. 4, 3. Aufl. Berlin, Heidelberg, New York, Tokyo: Springer 1987; 39-70.

Navratil L. Schizophrenie und Kunst. 4. Aufl. München 1972.

Peccicia M, Benedetti G. The Splitting between Separate and Symbiotic States of the Self in the Psychodynamics of Schizophrenia. Scandinavian University Press 1996.

Prinzhorn H. Bildnerei der Geisteskranken. Berlin: Springer 1922, 4. Aufl. 1994.

Rosenfeld H. Contributions to the psychopathology of psychotic patients. In: Problématique de la psychose. Doucet P, Laurin C (Hrsg.). Amsterdam: Excerpta Medica 1969.

Searles HF. Collected Papers on Schizophrenia and Related Subjects. International Psycho-Analytical Library. London: Hogarth Press 1965.

Sullivan HS. Schizophrenia as a Human Process. New York: Norton 1962.

Tress W, Pfaffenberger U, Frommer J. Zur Patholinguistik schizophrener Texte. Eine vergleichende Untersuchung an Depressiven, Schizophrenen, Hirnorganikern und Gesunden. Nervenarzt 1984; 55: 488-96.

Vergil, Georgica.

Wurmser L. Die schwere Neurose. Lindauer Psychotherapiewochen 1998.

Jana Tumangelov (geb. 1963)
Ohne Titel, 1996
Kugelschreiber auf Papier, 21,2 × 29,8 cm
im Besitz der Künstlerin (Bild 19)

Jana Tumangelov (geb. 1963)
Ohne Titel, 1996
Kugelschreiber auf Papier, 21,2 × 29,8 cm
im Besitz der Künstlerin (Bild 20)

Jana Tumangelov (geb. 1963)
Ohne Titel, 1996
Kugelschreiber auf Papier, 21,2 × 29,8 cm
im Besitz der Künstlerin (Bild 21)

Jana Tumangelov (geb. 1963)
Ohne Titel, 1996
Kugelschreiber auf Papier, 21,2 × 29,8 cm
im Besitz der Künstlerin (Bild 22)

Jana Tumangelov (geb. 1963)
Ohne Titel, 1996
Kugelschreiber auf Papier, 21,2 × 29,8 cm
im Besitz der Künstlerin (Bild 23)

Jana Tumangelov (geb. 1963)
Ohne Titel, 1996
Kugelschreiber auf Papier, 21,2 × 29,8 cm
im Besitz der Künstlerin (Bild 24)

Jana Tumangelov (geb. 1963)
Ohne Titel, 1996
Kugelschreiber auf Papier, 21,2 × 29,8 cm
im Besitz der Künstlerin (Bild 25)

Jana Tumangelov (geb. 1963)
Ohne Titel, 1996
Kugelschreiber auf Papier, 21,2 × 29,8 cm
im Besitz der Künstlerin (Bild 26)

Jana Tumangelov (geb. 1963)
Ohne Titel, 1998
Farbstifte auf Papier, 42 × 59,5 cm
im Besitz der Künstlerin (Bild 27)

Gregorius Belik (geb. 1950)
Ohne Titel (Trauernde Frau), 1998
schwarze Ölkreide auf Leinwand vermalt, 70 × 50,5 cm
im Besitz des Künstlers (Bild 28)

Gregorius Belik (geb. 1950)
Ohne Titel (Zwei Gesichter), 1998
Ölkreide auf Leinwand vermalt mit Einritzung, 63 × 42 cm
im Besitz des Künstlers (Bild 29)

Gregorius Belik (geb. 1950)
Ohne Titel (Gelbe Frau), 1998
Ölfarbe und Ölkreide auf Leinwand vermalt, 92 × 28 cm
im Besitz des Künstlers (Bild 30)

Gregorius Belik (geb. 1950)
Ohne Titel (Gelber Mann), 1998
Ölfarbe und Ölkreide auf Leinwand vermalt, 92 × 28 cm
im Besitz des Künstlers (Bild 31)

Gregorius Belik (geb. 1950)
Ohne Titel (Schwarzer Mann mit Zylinder), 1998
Ölkreide auf Leinwand vermalt, 79,5 × 14,5 cm
im Besitz des Künstlers (Bild 32)

4.
Gibt es neben kulturellen Einflüssen von diesen unabhängige, psychisch determinierte Stilformen?

Entstehungsmechanismen und Ausdrucksformen psychotischer Kunst

Rainer Strobl

Anläßlich der ersten Marslandung eines irdischen Roboters kann man in einem Leitartikel der österreichischen Tageszeitung „Die Presse" lesen:

„Aber das menschliche Wesen, das individuelle wie das weltweite, braucht auch das Irrationale, mit Nützlichkeitserwägungen nicht Vertretbare, es braucht im Privatleben das Superauto und die Designergarderobe, es muß kollektiv die Pyramiden, Kathedralen und Barockschlösser haben. Und heute eben kleine Roboter, die auf dem Mars spazieren fahren."

Ist so ein Unternehmen nicht „irre", wenn gleichzeitig die Menschheit zu Beginn der Jahrtausendwende mit Problemen konfrontiert ist, von denen sie unmittelbar betroffen ist, an denen eine Unzahl von Menschen leidet und die in Ermangelung von Lösungsmöglichkeiten apokalyptische Ahnungen aufkommen lassen? Erscheint da nicht die Landung auf dem Mars als Flucht vor der irdischen Realität? Ist es andererseits nicht „toll", wozu der Erfindergeist des Menschen fähig ist?

Ca. 2000 Jahre zuvor schrieb Seneca: „Nie gab es ein großes Talent ohne einen Schuß *Wahnsinn*" (Bergdolt 1995). Wenn wir uns vor Augen führen, mit welchen Attributen das Außergewöhnliche in unserer Alltagsprache bezeichnet wird, so fühlen wir uns in den Bereich der *Psychiatrie* versetzt: „Du siehst *toll* aus", „das war *irrsinnig* schön", „es tut mir *wahnsinnig* leid", „ich bin *verrückt* nach dir", etc.

Das Extreme, das Überschreiten von Grenzen, wird offenbar begrifflich in die semantische Aura des Wahnsinns eingegliedert. Der „*Fortschritt*" ist eine Triebfeder des menschlichen Handelns, er erweitert unseren Lebens- und Aktionsraum von der Unmittelbarkeit des „real" Gegebenen in die ungeahnter Denkmöglichkeiten. Dieser Fortschritt *entfernt* uns im wahrsten Sinne des Wortes auch in der kognitiven Evolution (d. h. individuelle, stammesgeschichtliche und auch kulturelle Entwicklung des menschlichen Erkenntnisapparates) aus der rein subjektiv-magischen (ptolemäischen) Sichtweise über die „*kopernikanische Wende*" in die abstrakte Welt des rational-verallgemeinernden Denkens (Strobl u. Resch 1988). So hat sich beispielsweise der Warenverkehr von dem objektgebundenen Tauschhandel über den Weg des Geldes (= Objektersatz) hin zur „virtuellen", das heißt bargeldlosen, Transaktion entwickelt. Fortschritt führt zu *Grenzen*, die man überwinden, die man ausdehnen, an denen man aber auch scheitern kann. Das Überschreiten von Grenzen kann den eigenen Lebensraum bereichern, es kann aber auch zur Entfremdung (Ausgrenzung), zur *Verirrung* und letztlich zur Unmöglichkeit der Rückkehr führen. So ist die Individualität des Menschen ebenso wie sein Erkenntnisprozeß an das Finden von Gemeinsamkeiten (identifizieren) und an das Trennen von

66

Unterschieden (= differenzieren), an das Einhalten und an das „Verrücken" von Grenzen gebunden. Dieser Balanceakt in Grenzbereichen unseres Daseins, sei es materieller oder geistiger Natur, ist faszinierend, un- und außergewöhnlich, bewegend (im Sinne des „Fortschritts"), aber auch riskant. So gab es immer wieder Forscher, Abenteurer und Entdecker, die ihr Leben bzw. ihre Heimat einbüßten, so verloren auch Philosophen, Dichter, Komponisten und nicht zuletzt auch Maler (wie z. B. Wrubel, Dadd, Hill, Josephson) auf ihrer Suche nach der „inneren" Wirklichkeit den Verstand (Roth 1994).

Genie und Irrsinn, Kunst und Wahn haben nichts miteinander zu tun, sie schließen sich sogar eher aus, als daß sie sich bedingen. Das, was ihnen aber gemeinsam ist, ist der Ort, wo sie sich ansiedeln – in den *Grenzgebieten unserer Seelenlandschaft*, im Bereich des Extremen und des Ungewöhnlichen.

In diesem Sinne betrachtet zum Beispiel Aristoteles dem Wahn (der Melancholie) zugeneigte Künstler nicht per se als psychisch krank, sondern aufgrund ihrer Sensibilität als gefährdet und zur Exzentrik disponiert. Im Gegensatz zum Kranken endet die „Sensibilität" in einem Sieg der künstlerischen Leistung, während die Krankheit zum Absturz führt. So unterscheidet schon Platon die krankhafte Manie von der „Mania muson", einem von den Musen hervorgerufenen Ausnahmezustand, der den Künstler aus der Alltagswelt („Technai") in die *Welt der Kreativität* emporreißt und ihn aus dem Alltag erhöht (Bergdolt 1995).

Dieses „Austreten" aus den Fesseln und der Banalität der Alltagswelt, der Drang nach Neuem, Unbekanntem hat die Menschen seit jeher schon dazu verleitet, nicht nur in Neuland ihrer Außenwelt (Mikro- und Teleskop, Tiefseetauchen und Höhenflug bis zum Mond und Mars), sondern auch in Bewußtseinssphären einzutauchen, die sich abseits der Wirklichkeitslandschaft unserer Seele verbergen. Bevor die Phänomene anderer *Bewußtseinszustände* Bereichen psychischer Abnormität und Krankheit zugeordnet wurden, maß man ihnen entweder etwas Prophetisches, Heilig-Göttliches oder etwas dämonisch Besessenes und Teuflisches bei. Die Mystiker des Mittelalters versuchten beispielsweise, sich künstlich in die Welt der „*Psychose*" zu begeben, um in ihr Halluzinationen, Eingebungen und ein verändertes Ich- und Wirklichkeitsbewußtsein zu erfahren (Reko 1938). Die Suche nach einer anderen Wirklichkeit, die Flucht aus einer allzu öden oder in ihrer Belastung unerträglichen Realität in den Wahnsinn, der mit Hilfe von Drogen künstlich herbeigeschaffte Konsum von „Ausnahmezuständen" sowie die touristisch anmutende Vermarktung von „Reisen in die Innenwelt" zählen zu einem weltwirtschaftlich bedeutsamen Umsatzfaktor. Demgegenüber spielen die enormen Kosten,

die dem öffentlichen Gesundheits- und Sozialwesen durch die schizophrenen Erkrankungen erwachsen und die, obwohl nur ca. 1% der Weltbevölkerung im Laufe ihres Lebens von Schizophrenie betroffen sind, im Vergleich zu anderen Erkrankungen zu den aufwendigsten zählen, eine relativ geringe Rolle.

Wahnerlebnisse müssen nicht unbedingt krankhafter Natur sein. Sie treten allerdings in psychischen Ausnahmesituationen wie Reizüberflutung bzw. Reizisolation, Ekstase, affektiver Einengung, abnormen Belastungen, Bewußtseinsveränderungen, Einfluß von Drogen und insbesondere bei psychischen Erkrankungen, wie zum Beispiel den schizophrenen Psychosen, auf. Jede tiefere Erregung, jeder starke Affekt stellt im Grunde schon einen Ausnahmezustand dar, ohne daß man dabei schon von einer Krankheit sprechen kann. Ähnlich wie bei einem Rauschzustand handelt es sich auch bei der akuten schizophrenen Psychose um eine Transformation der Wirklichkeit des Alltagsbewußtseins in die des Traumes und der Phantasie.

Während es Menschen gibt, die sich aktiv in andere Bewußtseinssphären begeben, stürzen Schizophrene durch ihre neuronalen Dysfunktionen, die zu einem neurobiologisch bedingten Ausnahmezustand führen, da hinein. Ähnlich wie bei einem Tiefseetaucher kann es bei einem derartigen „Tiefseerausch" zu einem *Verlust der Orientierung* und zu einer Verirrung im „*Labyrinth*" der Seele kommen, aus dem es ohne Hilfe kein Zurück mehr gibt. Menschen mit „Tiefgang" – und dazu gehören unter anderem auch Künstler, wie auch Menschen, die für eine schizophrene Erkrankung disponiert sind –, stranden auch eher. Schizophrene Menschen sind wegen der mit einer Allergie vergleichbaren Überempfindlichkeit ihrer seelischen Strukturen so verletzlich, daß sie immer wieder zusammenbrechen.

Dies führt jeweils dazu, daß das Bewußtsein der Betroffenen von der *magisch-archaischen Welt* des Unterbewußtseins überschwemmt wird und der Realitätsbezug verloren geht. Sie stürzen durch ihre Erkrankung in Tiefen, die dem „Normalen" trotz Hilfsmitteln und „Hineinversetzen" letztlich verborgen bleiben. So antwortet der berühmte deutsche Philosoph und Psychopathologe Karl Jaspers auf die Frage, was ihn an Van Gogh und an den Arbeiten seiner eigenen schizophrenen Patienten bewege:

„Es ist, als ob eine letzte Quelle der Existenz vorübergehend sichtbar würde, als ob verborgene Gründe allen Daseins sich hier unmittelbar auswirken." (Prinzhorn 1922)

Es geht hier also nicht um gesund oder krank, auch nicht um den Grenzbereich zwischen normal und abartig, sondern um die „Landschaft unserer Seele", die trotz ihrer unheimlich anmutenden, rätselhaften Fremdartigkeit doch zu unserer Identität gehört. Diese Landschaften unseres Innenlebens sind ebenso Objekt künstlerischer Darstellungen, wie es Landschaften unser Umwelt sind.

Wenn man Kunst ganz allgemein als Fähigkeit des Menschen definiert, den subjektiven Eindruck seiner äußeren und inneren Wirklichkeit, wie sie ihm durch seine Sinne und den kulturhistorisch gewachsenen Erfahrungshorizont vermittelt werden, außergewöhnlich treffend in unterschiedlichen Darstellungsformen zum Ausdruck zu bringen, so ist sie ein Mittel, im Sinne des Fortschritts die unmittelbar wahrnehmbare Welt durch Phantasie und Kreativität weiter auszugestalten und in ihrer Vielfalt zu bereichern (Strobl 1997).

Demgegenüber ist der *Wahn* zwar auch außergewöhnlich und beruht auf der phantasievollen Ausgestaltung einer subjektiven Welterfahrung, die sich auch mit Mitteln der *Kunst* darstellen läßt, er resultiert aber letztlich aus einer Rückbewegung, die mit einer Einschränkung und Einengung einhergeht. *Krankheit* führt zu Funktions- und Leistungseinbußen, sie behindert die künstlerische Konstruktivität und Gestaltungsfähigkeit. Der *Wahn* ist kein primäres Geschehen, er ist ein psychisches Reaktionsmuster auf eine biologische wie psychische Unfähigkeit des Menschen, die realen Erfordernisse zu verarbeiten. Während *Kunst*, Kreativität und Erfindung etc. von einer außergewöhnlichen Leistungsfähigkeit zeugen und in ihrer schöpferischen Kraft unsere Umwelt gestalten, ist der *Wahn* eine entdifferenzierte Ersatzwelt, eine Reduktion. Schizophrene Erkrankungen führen, insbesondere wenn sie chronisch verlaufen, zu einem Zerfall der Persönlichkeit und des Denkprozesses, so daß die Quellen einer vorhandenen kreativen Begabung mit der Zeit versiegen können. Auch wenn die Darstellung der psychotischen Seelenlandschaft ein Akt des künstlerischen Schaffens sein kann, gelingt es nur einem geringen Teil schizophrener Menschen, über eine banale, ungeübte und ungelernte Darstellungsweise hinaus diesen Ausdrucksformen einen künstlerischen Wert zu verleihen. Wenn auch die meisten Bilder nicht dem akademischen Kunstbegriff entsprechen, so sprechen sie uns doch in fremdartiger Eigenart, in ihrer naiv erscheinenden Ursprünglichkeit an.

Im Gegensatz zur *Kunst*, die die Wirklichkeit in die Darstellungsformen der Symbolik und Metaphorik gießt, macht der *Wahn* daraus eine Wirklichkeit an sich. Ähnlich wie im archaischen Denken „primitiver" Naturvölker, die das Bild der Wirklichkeit gleichsetzen und durch seine Zerstörung „magisch" auch das dargestellte Objekt vernichten, ist der Wahn die unmittelbare Verwirklichung eines Wunsches, einer Angst, also einer Phantasie.

Der Künstler stellt die phantasievolle Ausgestaltung der Wirklichkeit dar, der Wahnkranke erlebt sie unmittelbar. Diese „Echtheit" des Wahns birgt auch die Faszination der Authentizität und der unmittelbaren Betroffenheit in sich. Ähnlich wie für Archäologen Landschaften der Antike mit ihren Ausgrabungsstätten von Interesse sind, entwickelte sich die Kunst der damals fälschlich als „geisteskrank" bezeichneten Schizophrenen als Matrix zum *Studium der Seelengeschichte* des Menschen, seiner verborgenen Bewußtseinsinhalte und der Anfänge dessen, was sich als Kultur und Kunst entwickelt hat. Der Betrachtung des psychotischen Erlebnisfeldes aus der Sicht genesener Kranker und Gesunder, die sich lediglich an die Grenzen der psychotischen „Tiefen" herangewagt haben, verdankt die Menschheit ebenso wie Schizophrenen, die die Eindrücke in ihrer krankhaften Erlebnisveränderung authentisch zum Ausdruck bringen konnten (bzw. können), wesentliche Einsichten in unsichtbare Vorgänge des menschlichen Denkens, menschlicher Visionen und Träume. Salvador Dali (Reko 1938) ließ sich beispielsweise auf das Abenteuer des freiwilligen Irreseins, des widerrufbaren Wahnsinns, der kontrollierten Schizophrenie ein. Der Wahnsinn war für Dali keine Krankheit, sondern ein Instrument, mit welchem man zu außerordentlichen Bildern gelangen kann. Er wollte vom Wahnsinn ergriffen werden, er wollte ihn aber zu jeder Zeit kritisch beherrschen und ihm nie ganz verfallen.

Da die psychotische Erkrankung den Kern unseres menschlichen Daseins, nämlich die psychischen Funktionen und damit die Strukturen unserer Erlebniswelt, in Mitleidenschaft zieht, erzeugt sie in uns Berührungsängste. Dies führt dazu, daß das soziale Umfeld sich vor einer Auseinandersetzung mit dieser Thematik scheut. Die Kranken, denen infolge ihrer „seismographischen" Überempfindlichkeit die Eindrücke ihrer Umwelt zu nahe gehen und die sich deshalb in ein „Schatten-dasein" zurückziehen, werden als Narren, Verrückte und Wahnsinnige ihrer menschlichen Würde beraubt und zusätzlich an den Rand unserer Gesellschaft gedrängt.

Schizophrene wirken ebenso eigenartig wie fremdartig. Ihre Diskrepanz zwischen hintergründiger „Weitsicht" und „dumm" anmutender Kurzschlüssigkeit („Eine geahnte Gefahr wird so eingeschätzt, als ob sie unmittelbar vorhanden wäre") wirkt paradox. Ihre Unfähigkeit, Widersprüche in ihre Einzelkomponenten aufzuspalten, läßt sie uns eigenartigerweise „schizophren" erscheinen. Schizophrene neigen dazu, in allem auch das Gegenteil zu erfassen. Sie trennen das Detail nicht vom Gesamten. Dadurch, daß sie das Getrennte vom Gemeinsamen nicht abspalten, paßt alles zusammen, vermischen sich die Unterschiede von kollektiv und individuell, von bewußt und unbewußt, Vergangenes wird der Gegenwart gleichgesetzt. Alles ist eins, sie sind mit der Welt verschmolzen und die Welt mit ihnen. Daher wird ihr Erlebnisfeld zum Spiegel ihrer selbst. *Sie verdichten das menschliche Schicksal zu ihrem eigenen.* So wird ihre Todesangst zum Weltuntergang. Sie sind durch ihre Grenzenlosigkeit „beschränkt", in ihrer Vielfalt einfältig, sie wirken blödsinnig und dumm. Schizophrene *sind* keine Narren, sie sind *so wie* Narren. Sie sind nicht dumm, sie schöpfen ihre Einsicht aus der Tiefe ihrer Seele. In ihrer *„Narrenfreiheit" durchbrechen sie Konventionen*, überraschen mit ihrer oft skurrilen Orginalität.

Sie sind in ihrer Offenheit verwundbar und daher ebenso mißtrauisch (paranoid), ständig in *„Alarmbereitschaft"* und reagieren schon auf kleinste „Anzeichen" (Roth 1994). Die Vorsicht verstellt ihnen die Übersicht. Ihr „Ich" leidet, vergleichbar mit einer Immunschwäche, am Mangel an eigenen Abwehrkräften, so daß sie ‚fremd' von ‚eigen' nicht mehr unterscheiden und hilflos inneren sowie äußeren Einflüssen ausgeliefert sind.

Die „seelische Haut" schizophrener Menschen ist dünn. Wie Risse an der Erdoberfläche ermöglichen sie beim Ausbruch eines Vulkans (= akute Psychose) den Austritt glühender Lavamassen, die dann aus den Grundschichten hervorquellen und die gewohnte Wirklichkeitslandschaft unserer Seele überströmen (Prinzhorn 1922). Die Bilder Schizophrener geben uns Einblick in die Tiefe unseres Bewußtseins und vermitteln uns dadurch den Zugang zu den Grundschichten unser seelischen Strukturen. Bilder dieser psychotischen Seelenlandschaft erschrecken und ergreifen uns daher. Die Auseinandersetzung mit ihnen gibt uns die Möglichkeit, das Labyrinth des menschlichen Wesens aus ungewöhnlichen Perspektiven zu sehen. Sie hilft dadurch, die Welt des Schizophrenen wie auch die unsere besser zu verstehen.

Die schizophrene Erkrankung beruht auf Störungen der Hirnfunktionen, die mit einer verstärkten neuronalen Signalübertragung einhergehen und damit zu einer Auflösung hierarchisch geordneter Denkstrukturen führen. Durch den Zusammenbruch rationaler Denkvorgänge kommt es zu einem „*Gestaltzerfall*" des gewohnten Erlebnisfeldes und zu einer kompensatorischen Reaktivierung archaischer Reaktionsmuster. Sinnestäuschungen, Wahnerlebnisse, Reizüberempfindlichkeit und -überflutung, Denk- und Gefühlsstörungen sowie eine Veränderung des Ich-Erlebens, der Psychomotorik und der Vitalität stechen im Erscheinungsbild der Erkrankung hervor. Dadurch, daß die Hirnrinde tiefer „schlummert", kann der Traum den Charakter der Wirklichkeit bekommen und das Unterbewußtsein in unser Erlebnisfeld eindringen. Durch die Reduktion des Alltagsbewußtseins wird das Erleben durch Inhalte des Unter-

bewußtseins, durch die Welt der Magie, gesteuert. Da das Ich-Bewußtsein an die Fähigkeit zur Reflexion gebunden ist, kann es sich beim Absinken in das Unterbewußtsein auflösen, was mit einer Aufgabe der Ich-Intention (Steuerung) und der Hingabe automatisierter Denkabläufe des Unbewußten, wie sie zum Beispiel bei Träumen oder unter Drogeneinfluß beobachtbar sind, einhergehen kann. Diese Automatismen, die sich frei von den Steuerungsfunktionen des Ich-Bewußtseins anscheinend „zufällig" ergeben, scheinen oft in Kritzeleien und chaotisch anmutenden Malereien auf und werden sekundär aus der Sicht des Bewußtseins zu einer inhaltlichen Gestalt zusammengefügt und in ihrer Bedeutung interpretiert.

Durch das Eintauchen des Psychotikers in die Sphäre des Unterbewußtseins wird alles Intellektuelle verschwommener, das Denken anschaulicher, die Inhalte von den Affekten und der Intuition bestimmt (Lange-Eichbaum u. Kurth 1927). Die Berührung mit dem kollektiven Unterbewußtsein führt zu einer „Globalisierung" der Individualität. So fühlt sich zum Beispiel ein Kranker für das Schicksal der Welt verantwortlich und schließt daraus, „Gott" zu sein. Diese Verschmelzung mit dem kollektiven Weltbewußtsein und dem Kosmos, wie sie in der Psychose unmittelbar erlebt wird, legt es nahe, daß die Erklärung des Weltensystems als Thema in den Bildern schizophrener Menschen zu finden ist. Dies macht auch verständlich, mit welch geballter Intensität derartige Erlebnisse von weltumfassender Bedeutung auf den Betroffenen einströmen. Diese Urgewalten menschlicher Existenz, die wie die glühende Lava unter der Erdkruste brodeln und bei Ausbruch das Maß der Verarbeitungskapazität überschreiten, das heißt zum Wahnsinn führen, spiegeln sich oft in der tief beeindruckenden Ausdrucksweise und in unheimlich anmutenden Stimmungsbildern wider. Selbst die Darstellungen der Leere lösen in ihrer *Ausdruckstiefe* entsprechende Betroffenheit aus.

Die psychotischen Gesamteindrücke sind viel gefühlsartiger, traumähnlicher und komplexer. Die gesteigerte, überdimensionale Wahrnehmungs- und Erlebnisfähigkeit in der Psychose schlägt sich in der Eindringlichkeit der Farben und der Ausdrucksformen nieder. Da die Phantasieprodukte der Innenwelt den Stellenwert der Realität bekommen, vermitteln sie die *Authentizität* des unmittelbaren Erlebens.

Durch den Gestaltzerfall im psychotischen Denken richtet sich die Logik nicht mehr nach der inhaltlichen Sinnkontinuität, sondern nach der jeweils sich in das Erlebnisfeld vordrängenden Hauptbedeutung von Einzelmerkmalen. So nehmen die Dinge aneinander teil, gehen ineinander über und können sich gegenseitig vertreten. Die Objekte, die zugleich sie selbst und etwas anderes bedeuten, verschmelzen zu einem Gesamtkomplex und zersplittern sich zugleich in ihre Fragmente. Das Detail wird zur Gesamtheit, und umgekehrt. Im sogenannten prälogisch-prädikativen Denken steht eine von vielen Eigenschaften eines Objekts für das Gesamtobjekt. Dadurch können zwei Objekte identisch sein, wenn sie eine gemeinsame Eigenschaft besitzen (Strobl 1990): Ein Hund ist treu, ich bin treu, also bin ich ein Hund. Durch prädikative Gemeinsamkeiten können Nebenaspekte in den Vordergrund rücken und eine inhaltsbestimmende Hauptbedeutung erlangen. Unbewußte Nebenassoziationen lösen sich vom Hintergrund und rücken in den Vordergrund des Bewußten. Durch die Vermischung von Vorder- und Hintergrund, von Bewußtem und Unbewußtem kommt es zur Überwertigkeit des Verborgenen. Schizophrene sind durch die intuitive Erfassung von Gesamtzusammenhängen gesunden Menschen dahingehend überlegen, daß sie durch den Sog des Details, das ja durch seine Signalwirkung dem Ganzen gegenüber eine entsprechend hohe Bedeutung bekommt, ihr Wahrnehmungsfeld ausweiten. Dies erklärt ihre „seismographische" Empfindlichkeit und ihr weitsichtiges Erahnen des Hintergrundes. Wissenschaftliche Untersuchungen haben gezeigt, daß Schizophrene mehr in den Bereich des Möglichen einbeziehen als Gesunde. Daraus folgt auch ihre Nähe zu Grenzen und deren Überschreitungen.

Die Gleichsetzung von Detail und Gesamtheit (pars pro toto) erklärt auch, daß einem Symbol die Bedeutung des dadurch verschlüsselten Gesamtinhaltes zukommt und daß die Darstellungsform (Symbol, Zeichen, Bild) zur Wirklichkeit selbst wird. Die Reduktion der ins Metaphorische übertragenen bildhaften, symbolischen und abstrakt-sprachlichen Darstellungsformen auf die konkrete Ebene der ursprünglich „begreifbaren" Welt nennt man den „schizophrenen Konkretismus" (Strobl 1990). Er ist ein Schlüssel zum Verständnis psychotischer Erlebnisweisen.

Vorstellungen erhalten als Halluzinationen den Wirklichkeitscharakter einer Wahrnehmung, Gedanken werden zu Bildern, Bilder werden zur Realität, Gedanken werden Taten gleichgesetzt. Die ins Metaphorische übertragenen Wortbedeutungen erhalten ihren ursprünglichen Sinn, das heißt, sie werden im wahrsten Sinne des Wortes „wörtlich" genommen. Die Entwicklung der Schrift aus der Bildersprache erfährt dabei eine Umkehr. In Bildern Schizophrener mischen sich daher oft Kritzeleien, Schrift, Symbolik und Bild als Darstellungsform.

Das Fehlen der „metaphorischen" Bedeutungsübertragung zwischen dem „konkreten" Orginal und der damit „vergleichbaren Kopie" (= Symbolik) führt zum Verlust der „Als-ob"-Qualität. So kann ein Schizophrener sich zum Bei-

spiel deshalb als Glas bezeichnen, weil er sich so zerbrechlich „wie" ein Glas (= als ob er ein zerbrechliches Glas wäre) fühlt. Fabelwesen stellen Wesenszüge eines Tieres am Menschen dar, ebenso wie in Primitivkulturen Masken die Menschen mit magischen Eigenschaften versehen.

Der Vergleich beruht auf Ähnlichkeitsfeststellungen. Er wird in der Psychose durch den Wegfall der „Als-ob"-Qualität zur Identifizierung. Identifizierung entspricht der Identität. So wird Verwandtes identisch und Ähnliches gleich. Die unbelebte Umwelt erhält Attribute der lebendigen Innenwelt. Der nervlichen Anspannung entspricht die elektrische Spannung, der klimatischen Atmosphäre die eigene Stimmung. Die Auswirkungen auf eine betroffene Person werden den Wirkungen, die von der Umwelt bzw. von einer Person ausgehen, gleichgesetzt. Dies führt zur magischen Welt, in der das eigene Erleben in die Umwelt projiziert und die Kommunikation mit ihr lebendig wird. Die dadurch bedingte Beseelung von Gegenständen und Wirkungen äußert sich in der Physiognomierung von Objekten und Strukturen (Mondgesicht, Märchengestalten). Geschlängelte Linien werden zu Schlangen, Punkte werden zu bedrohlichen Augen. Geistige bzw. triebhafte Einflüsse werden als Dämonen personifiziert.

Da in den Wurzeln der seelischen Entwicklung das Ich noch nicht so scharf abgegrenzt ist (Störung der Ich-Grenzen bei Schizophrenen), besteht es noch aus Teilkomponenten, die jedoch als eigenständige Gesamtheit empfunden werden. Einzelne Körperteile, Organe, seelische Kräfte können auf diese Weise als Selbständigkeiten, gleichsam als eigene Personen erlebt werden. Die Neigung, eigene Strebungen und innere Widersprüche als Personen zu verkörpern, mündet in der sogenannten „gespaltenen" bzw. „multiplen" Persönlichkeit. Einzelelemente der Person können inner- und außerhalb des eigenen Körpers als Kommunikationspartner in Erscheinung treten (z. B. Halluzination kommentierender Stimmen). Die mangelhafte Ich-Integration zeigt sich einerseits in der Fragmentierung der Person in einzelne Teile und andererseits in einer abnormen Konzentration auf die eigene Person.

Das Erlebnis der außerkörperlichen Selbstwahrnehmung (Heautoskopie), des Doppelgängertums (Schatten, Spiegel) sowie die häufigen Selbstporträtierungen in unterschiedlichen Verfassungen finden sich daher in der Bildnerei Schizophrener wieder. In der Projektion des eigenen Ich, welches infolge der Instabilität und der verzerrten Selbstwahrnehmung ständigen Veränderungen unterliegt, wird die Konsistenz (= Realität) der eigenen Person fortwährend im Spiegel beobachtet und kontrolliert. So sieht sich der Betroffene auch als Mehrfachperson (= Konkretisierung von Einzelveränderungen, die einer Gesamtveränderung zu einer anderen Person gleichgesetzt werden) im Spiegel. Er überprüft, ob seine Mimik (*Grimassen*), ob seine Positur (*bizarre, manierierte Körperhaltungen*) noch zu ihm gehören. Der *pathologische Selbstbezug* steht in Beziehung zur Angst, sich selbst zu verlieren – einer Angst, die sich in eine Paranoia steigern kann.

Der *egozentrische Weltbezug* mißt die Wirkung der Umwelt am Ausmaß seiner Betroffenheit. Wenn ein Schizophrener Angst hat, so sieht er seine Umwelt als entsprechend gefährlich an. Da die Größenordnung des Eindruckes sich in der des Ausdruckes widerspiegelt, kann es zu entsprechenden Verschiebungen der Größenrelationen und zur Aufhebung der sogenannten Größenkonstanz und der Perspektiven kommen. *Subjektive Überbewertungen und Auslassungen* zeigen sich durch verzerrte Größenordnungen in den Bildern.

Eines der wesentlichsten Charakteristika des Schizophrenen ist seine „*Ambivalenz*". Im allgemeinen Sprachgebrauch wird diese extreme Widersprüchlichkeit, in der Gegensätze sich nicht ausschließen, metaphorisch als „schizophren" bezeichnet. Wir können die gesamtheitliche Welt nur erfassen, indem wir ihre Teile durch ihre Gemeinsamkeiten zusammenfügen und durch ihre Unterschiede zu trennen versuchen. Wir können nur in Kontrasten, in polaren Gegensätzen denken. Wo Schatten ist, da gibt es auch Sonne. Ein Loch ist durch die Leere gefüllt. Man kann beides als eine Gesamtheit wie auch als etwas Getrennt-Gegensätzliches sehen. Während die „normale" Sichtweise eigentlich das eine (Loch) vom anderen (Leere) „spaltet", vereinheitlicht der Schizophrene beides, indem er es als gleichwertig und widerspruchslos nebeneinander bestehen läßt. Dies führt zu den *Vexierbildern und Doppeldeutigkeiten*.

Da der psychotische Einbruch in die archaische Welt, in die Grundstrukturen unserer Erlebnis- und Verhaltensmuster Einsichten in die *Entwicklungsgeschichte unserer Psyche* gibt, werden immer wieder Vergleiche schizophrener Ausdrucksweisen mit Darstellungsformen bei *Naturvölkern und Kindern* angestellt. Durch das Auftauchen alter Bewegungsschablonen und in der Entwicklungsgeschichte eingelernter Automatismen kommen in den Bildern Schizophrener auch unbewußt automatisierte *Bewegungsspuren und Kritzeleien sowie Stereotypien* zum Vorschein. Erstaunlich ist auch die Ähnlichkeit schizophrener Malereien mit denen von Kleinkindern, in denen Menschen als *Kopffüßler* dargestellt und Röntgen- bzw. *Transparenz- sowie Klappbilder* als typischer Entwicklungsschritt der zeichnerischen Gestaltung beschrieben werden. Es darf aber beim Vergleich mit Kindern und Naturvölkern ebenso wie bei dem Vergleich mit Künstlern, die sich mit der Darstellung der archaischen Welt befaßten, nicht übersehen werden, daß die normale Unvollkommenheit auf einer gesunden Entwicklungsstufe nicht mit einem Zerfall einer ausgereiften psychischen Struktur gleichzusetzen ist. Daher ist das schizophrene Denken nur bedingt als Modell für das Verständnis des „*primitiven*" Denkens zu gebrauchen.

Der Psychiater Prinzhorn (1922) kam bei seinem Studium von Bildern psychisch Kranker, deren Werke er nicht als exotische Ergebnisse kranker Geister ansah, die die Welt verzerrt wahrnahmen und wiedergaben, sondern ernst nahm, zu dem Ergebnis:

„*Wo immer man vergleichend psychologisch eindringt, löst sich das sicherste schizophrene Symptom in Elemente auf, die in anderen seelischen Zusammenhängen zur Genüge vorkommen – also auch bei uns.*"

Der Schizophrene kann uns dadurch, daß er durch seine Krankheit das kollektive Bewußtsein zu seinem individuellen verdichtet, Einblicke in grundlegende Wesenszüge unseres Daseins vermitteln. Das haben auch die Künstler erkannt, die sich mit der – oberflächlich betrachtet – verrückt anmutenden Ausdrucksweise dieser Menschen auseinandergesetzt haben.

Literatur

Bergdolt K. Der psychisch kranke Künstler – ein historischer Rückblick. Fortschr Neurolog Psychiatr 1995; 63: 255-63.

Lange-Eichbaum W, Kurth W. Genie, Irrsinn und Ruhm. München: E. Reinhardt Verlag 1927, 6. Aufl. 1997.

Prinzhorn H. Bildnerei der Geisteskranken. Heidelberg: Springer 1922, 4. Aufl. 1994.

Reko V. Magische Gifte. Stuttgart: Enke 1938.

Roth G. Geleitwort zu H. Prinzhorn, „Bildnerei der Geisteskranken". In: Bildnerei der Geisteskranken. Prinzhorn H. (Hrsg). Heidelberg: Springer 1922, 4. Aufl. 1994; III -VIII.

Schmied W. Prinzhorn und die Kunst. In: Kulturelle Psychologie und Psychiatrie. Pöldinger W. (Hrsg.). Karlsruhe: Braun Verlag 1992.

Strobl R, Resch F. Der schizophrene Konkretismus. Nervenarzt 1988; 59: 99.

Strobl R. Das schizophrene Weltbild – Psychopathologische Aspekte der ontogenetischen Regression. Fortschr Neurolog Psychiatr 1990; 58: 1.

Strobl R. Wahn-Welt-Bild. In: Kunst und Wahn. Brugger I. et al. (Hrsg.). Wien-Dumont: Kunstforum 1997; 266-271.

Peter Kasal (geb. 1958)
„Das gebrochene Schilfrohr", 1996
60 × 90 cm, Öl auf Leinwand
Privatbesitz (Bild 33)

Erläuterungen zum Bild:
Das Bild entstand nach einem Streit mit seinen Eltern und stellt die „Gebrochenheit" seiner psychischen Verfassung dar.
(Peter Kasal)

72

Anton Blitzstein (geb. 1959)

Mein Leben

„Es war 1981, als ich gerade versuchte, gemeinsam mit einem Freund ein kleines Geschäft auf der Taborstraße zu eröffnen. Wir handelten damals mit Diamanten und Goldschmuck, als wir eines Tages in eine Schlägerei mit einer ausländischen Mafia-Organisation gerieten, weil wir uns geweigert hatten, einen Teil unserer Einnahmen abzuliefern. Mein Freund Franz wurde durch einen Kopfschuß niedergestreckt, ich selbst kam mit einem Bauchstich davon.

Eine halbe Stunde mußte ich in meinem eigenen Blut um mein Leben kämpfen, bis die Rettung kam und mich ins Krankenhaus brachte. In einer Notoperation wurde ich zusammengeflickt und mußte später noch fünf weitere Operationen über mich ergehen lassen, bis ich einigermaßen geheilt entlassen werden konnte. Doch nicht nur meine Bauchdecke hatte seit jenem Zwischenfall größere Narben davongetragen, auch meine Seele war in Mitleidenschaft gezogen worden, so daß ich mich in ständige psychiatrische Behandlung begeben mußte. Arbeitslos, von der Gesellschaft geächtet, flüchtete ich in meine eigene Wirklichkeit, in der ich mich mit Vorliebe mit außerirdischen Lebensformen beschäftigte. Eines Tages hatte ich in einer Vollmondnacht im Frühling das erste Mal richtigen Kontakt mit außerirdischen Lebensformen. Wegen des schönen Wetters hatte ich einen Ausflug ins Grüne unternommen, als ich in einiger Entfernung in einer Waldlichtung seltsame Wesen erblickte, die sich ungewöhnlich bewegten. Sie hatten einen Körper aus Licht, fast herzförmige Köpfe, einen Rüssel, vier Ohren, pfotenähnliche Hände sowie einen Schwanz, der mich an eine Kuh erinnerte, weshalb ich diese Wesen später als Mondkälber bezeichnete. Neugierig schlich ich mich heran und erkannte, daß sie scheinbar tanzend irgendwelche Experimente mit Licht vollführten. Die seltsamen Geräusche rund um das Ereignis klangen wie eine Art Weltraummusik, die offensichtlich durch ihre Bewegung hervorgerufen wurde und mir sehr gut gefiel. Insgesamt hatten die Mondkälber auf mich eine sehr freundliche und angenehme Ausstrahlung. Einige Monate später wiederholte sich diese seltsame Begegnung. Als ich versuchte, mit Freunden darüber zu sprechen, landete ich abermals in der Psychiatrie, wo ich verschiedenen Psychiatern mein Erlebnis erzählte, doch die Ärzte meinten, es handle sich um eine Art Halluzination, und verschrieben mir Psychopharmaka. Doch wegen der starken Nebenwirkungen ging es mir damit nicht gut, und es gelang mir, die Therapeuten dazu zu bewegen, die Medikamente wieder abzusetzen. Seitdem habe ich gelernt, mit den Mondkälbern zu leben, und ich habe sie sehr lieb gewonnen. Denn ich weiß, daß sie geistig viel weiter entwickelt sind als die Menschen und ausschließlich auf die Erde kommen, um uns zu helfen und uns ihre Liebe zu schenken. Ich habe seither auch anderen Menschen, die sich in seelischen Krisen befanden, damit helfen können, daß ich ihnen Geschichten über die Mondkälber erzählte, so daß sie aus einer scheinbar ausweglosen Situation wieder aufgerichtet wurden und ihren persönlichen Sinn im Leben fanden. Leider hatte ich bei meinen Begegnungen mit den Mondkälbern nie einen Fotoapparat dabei, so daß ich ihr Aussehen nur zeichnerisch festhalten konnte." (Anton Blitzstein)

Anton Blitzstein (geb. 1959)
„Vorschlag zum Altruismus", 1996
42 × 30 cm, Mischtechnik auf Zeichenpapier
im Besitz des Künstlers (Bild 34)

Erläuterungen zum Bild:
„Der Besuch"
„Fliegend bewegen sich die Mondkälber von einem
Pavillon zum nächsten. Sie legen das Farbenkleid der
hereinbrechenden Dunkelheit über die Spitalsbetten und
belohnen die Gehirne der Patienten mit Vergessen. Es soll
sogar vorgekommen sein, daß einzelne Mondkälber
eigens auf die Erde gekommen sind, um Menschen in
psychiatrischen Krankenhäusern zu besuchen. Bevor man
sie jedoch fassen konnte, hatten sie sich in Luft aufgelöst
und hinterließen dem Besuchten lächelnd ein Bild."
(Anton Blitzstein)

Anton Blitzstein (geb. 1959)
„Die Vollmondnacht", 1998
42 × 30 cm, Mischtechnik auf Zeichenpapier
im Besitz des Künstlers (Bild 35)

Erläuterungen zum Bild:
„Mondkälber sind"
„Mondkälber sind keine Kuscheltiere!
Sie haben weder außen ein dichtes Fell, noch sind sie
innen mit Sägespänen gefüllt. Vielmehr tragen sie
anstatt der Sägespäne sieben Herzen in ihrer Brust.
Sie tragen schwer an ihrem Schicksal und
beklagen sich selten. Ruft ihnen ein Spötter zu:
‚Das Fleisch ist willig, aber der Geist ist schwach!',
so denken sich die Mondkälber ihren Teil,
gehen ihren Weg und bleiben sich selber treu."
(Anton Blitzstein)

Peter Reischel (geb. 1969)
„Inhalierte Ängste", Anfang der neunziger Jahre
50 × 70 cm, Freihand-Airbrush auf Papier
(Bild 36)

Erläuterungen zum Bild:
„Nachkonstruktion eines Alptraumes"
(Peter Reischel)

Josef Stargl (geb. 1973)
„Vereinigt und doch allein", 1996
42 × 29,7 cm, Filzstift und Buntstift auf Papier
im Besitz des Künstlers (Bild 37)

Erläuterungen zum Bild:
„Das Bild zeigt das Männliche auf der linken Seite und das Weibliche auf der rechten Seite.
In der Mitte ist die Verbindung zwischen beiden zu sehen."
(Josef Stargl)

Sabine Wagenknecht (geb. 1967)
„Auch das könnte ein Angriff sein", 1993
62,2 × 72 cm, Plakafarbe auf geknülltem Packpapier
im Besitz der Künstlerin (Bild 38)

Sabine Wagenknecht (geb. 1967)
„Die Pechmarie – frei nach dem Märchen“, 1997
55,5 × 75 cm, Plakafarbe auf Papier
im Besitz der Künstlerin (Bild 39)

Der Zeichner:

„Ich wohne auf 30 m², welche zugleich mein Atelier sind. Ich verfüge über einen groben Tisch – keinen Zeichentisch. Auf dem Tisch befindet sich eine Arbeitslampe, ein Blatt Papier und meine Utensilien. Mein Zimmer ist hell. Manchmal durchdringt mich Traurigkeit, Melancholie oder andere Gefühle, die aus der Bitternis und der Erfahrung, ja aus den Wunden und der Sehnsucht, es müsse doch einmal alles besser werden, entstehen. Dann nehme ich mein Werkzeug und schaffe aus dem Bauch heraus, bearbeite ein Blatt Papier, das für mich mehr als ein Blatt Papier ist – manchmal sinnlich, dann wieder erinnernd, vergessend ... All das ist mit einem Blatt Papier. Ich zeichne von früh bis spät. Es gibt für mich keinen anderen Sinn. Ich zeichne alles freihändig, ohne Raster und ohne Hilfslinien."

Erläuterungen zum Bild: „La lettre à Véronique"

Das Bild ist in der Größe 50 × 70 cm. Es ist signiert bzw. datiert: „Peter Kapeller 1999". Die Materialien waren Tusche, Pinsel und Rapidograph. Es ist sowohl eine Tusche- als auch eine Pinselzeichnung. Man sieht einen Teil des Stephansdoms und die Häuser rings um ihn aus der Vogelperspektive. Darüber hinaus sieht man Teile der Stadtbahnbrücke und den Donaukanal durch eine Hausfassade hindurch – im Donaukanal spiegelt sich ein Teil dieser Fassade. Der graphische Teil: dunkel gezeichnete Textur. Frau in einer Abendgesellschaft.

Es läßt dies alles reichlich Raum für Spekulationen: „Beschreibt" er oder sie in einem Brief an Véronique seine bzw. ihre Aufenthalte in Wien und Prag (abstrahiertes Prager „Tanzendes Haus" ist auch dargestellt)? Lernte er oder sie jemanden kennen? Was für eine Beziehung ist anzunehmen zwischen Véronique und dem Briefsender? Ist der Zweck des Briefes nur die Beschreibung der letzten Zeit, oder finden in ihm auch tiefere Wünsche Ausdruck? Haben sie diese Zeit gemeinsam verbracht? Diese Städte gemeinsam gesehen? Oder wollen sie sich in ihnen wiedersehen?

Erläuterungen zum Bild: „Gezeichnetes Gestern"

Edgar Dégas – „Frau in Badezuber"
Jean Tinquely – „Hong Kong"
Claude Monet – „Seerosen"
Drahomir Josef Ruzicka – „Pennsylvania Stadion"

Das Bild trägt den Titel ‚Gezeichnetes Gestern'. Es hat die Maße 59,9 × 70 cm und ist signiert, datiert mit ‚Peter Kapeller 1999'. Die Materialien, die für das Schaffen dieser Zeichnung vonnöten waren, waren Aquarellfarben und flüssige Tuschen (Rapidograph). Es ist eine Pinsel und Tuschezeichnung; es wurden Fotografien von E. Dégas' „Frau in Badezuber", J. Tinquelys „Hong Kong", Fotos aus dem Tierreich und D. J. Ruzickas „Pennsylvennia Stadion" etc. verwendet. Diese Quellen wurden benutzt, um diese Zeichnung zu schaffen und umgearbeitet. Es geht mir in dem Werk darum, ein Stück Leben zu zeigen, aber auch das Bedrohliche, wie der Brand eines Gebäudes. Daß diese Zeichnung schwarzweiß ist, ist deswegen, weil ich davor den Film „Der dritte Mann" gesehen hatte und mich das visuell begeistert hat. Auch sah ich mir die künstlerische Fotografie aus den Jahren 1910 bis 1950, Piktorialismus von D. J. Ruzicka oder Man Ray an. Ich wollte sowas wie eine kleine Hommage an diese Fotografen zeichnen, die auch Künstler waren. Es ging mir um nichts anderes, als das alles zusammenzufügen zu einem Bild und in der Mitte die Maschine Jean Tinquely, „Hong Kong". Ein Beitrag des Künstlers, der die Nutzlosigkeit dessen, was Menschen tun, anhand eben dieser Maschine symbolisiert.

Ich wollte damit auch mich und mein Bild, ja mein Leben in Frage stellen. Es war für mich die Frage: Können wir nicht montieren, manipulieren, irritieren, visuelles falsches Gestern zeigen als Betrug, anzusehenden Reiz, überflutete Menschen? Und geschieht das nicht immer wieder in Medien, Fernsehen, Fotos usw.?

Ich wollte das in einem Montierte gezeichnet darstellen. Ich tat dies mit gewisser Traurigkeit, weil ich Frohsinn nur ganz selten empfinde. Ich bin ein Zeichner des Schwarz und zeige aber auch in diesem Bild die Schönheit der Frau. Doch ebenso wollte ich „gezeichnetes Kino für Augen" machen. Es ist nur eine Zeichnung, man könnte jedoch was ganz anderes sehen darin, als was ich geschrieben habe. Es ist auch in einem ganz anderen Kontext zu verstehen.

Morgen sage ich etwas anderes über das Bild, dessen Titel „Gezeichnetes Gestern" heißt.
(Peter Kapeller)

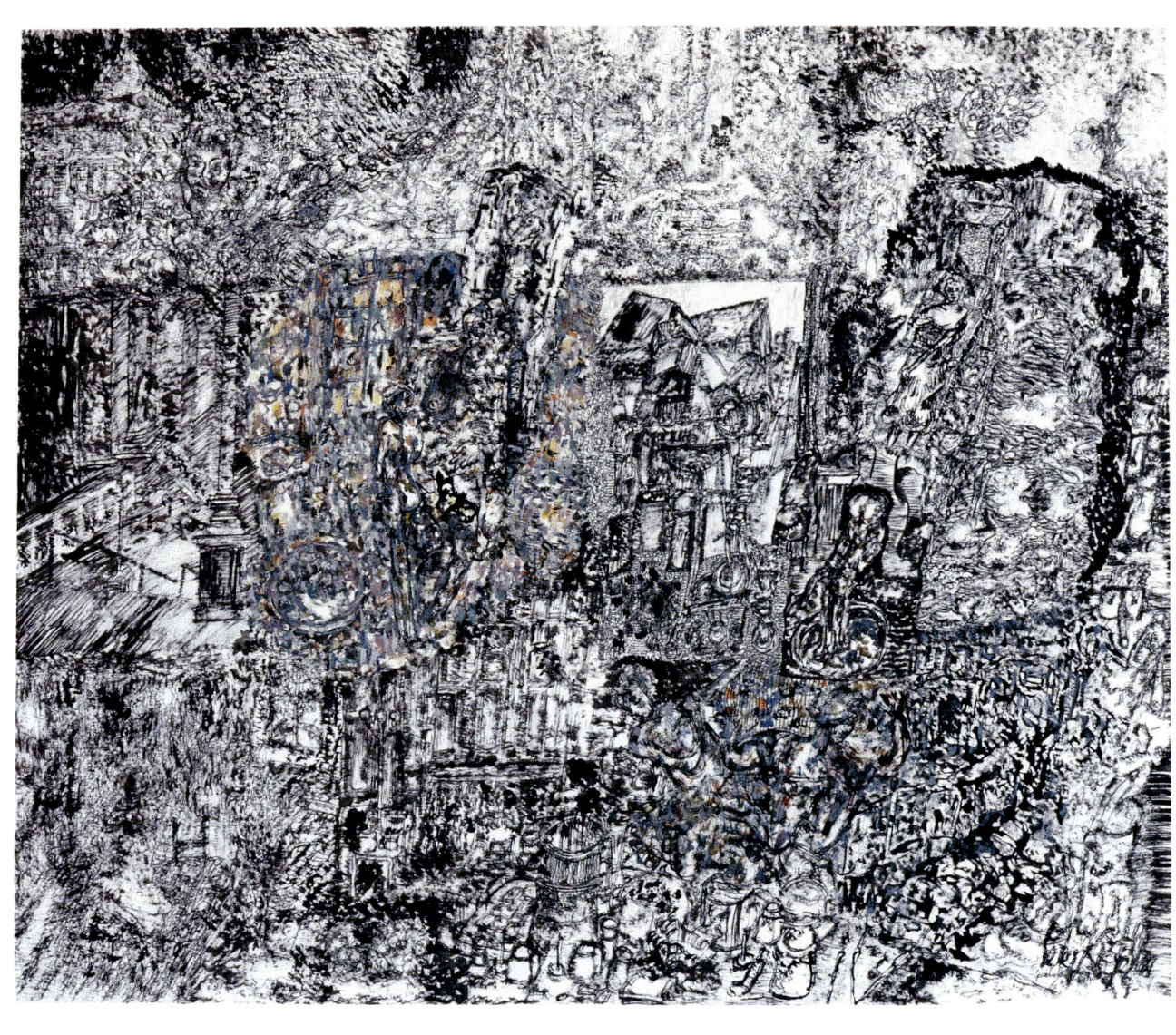

Peter Kapeller (geb. 1969)
„La lettre à Véronique" („Brief an Veronika"), 1999
50 × 70 cm, Tusche (Feder und Pinsel) auf Papier
im Besitz des Künstlers (Bild 40)

Peter Kapeller (geb. 1969)
„Gezeichnetes Gestern", 1999
59,9 × 70 cm, Aquarellfarben und Tusche (Feder und Pinsel) auf Papier
im Besitz des Künstlers (Bild 41)

Werner Voigt (geb. 1935)
„Kreuzwegstationen", 1986
87 × 123 cm, Dispersionsfarbe und Farbstift auf Packpapier
im Besitz der Galerie der Schlumper (Bild 42)

Werner Voigt (geb. 1935)
„Kopf", 1993
62 × 62 cm, Dispersionsfarbe und Kohle auf Dämmplatte
im Besitz der Galerie der Schlumper (Bild 43)

83

Werner Voigt (geb. 1935)
„Selbstbildnis", 1990
70 × 89,5 cm, Dispersionsfarbe und Farbstift auf Packpapier
Sammlung Karl-Otto Bock, Hamburg (Bild 44)

Jürgen Almstedt (1957 – 1995)
„Paradiesäpfel", 1990
38,7 × 50 cm, Öl auf Papier
Sammlung Angelika Laute, Hamburg (Bild 45)

85

Jürgen Almstedt (1957 – 1995)
„Blütentier", 1990
96,5 × 67 cm, Acryl und Kohle auf Papier
Sammlung Angelika Laute, Hamburg (Bild 46)

Sabine Richter (geb. 1960)
„Energie in seiner Farbigkeit", 1998
70 × 100 cm, Gouache auf Kleisteruntergrund
im Besitz der Künstlerin (Bild 47)

Miroslaw Sledz (geb.1964)
„Portrait I", 1998
59,9 × 41 cm, Gouache auf Papier
im Besitz des Künstlers (Bild 48)

Miroslaw Sledz (geb.1964)
„Eine Dame im Kubus", 1998
41 × 59,9 cm, Gouache auf Papier
im Besitz des Künstlers (Bild 49)

Miroslaw Sledz (geb.1964)
„Mein Zuhause und ich", 1998
41 × 59,9 cm, Gouache auf Papier
im Besitz des Künstlers (Bild 50)

90

Miroslaw Sledz (geb.1964)
„Portrait einer Frau", 1998
59,9 × 41 cm , Gouache auf Papier
im Besitz des Künstlers (Bild 51)

Grundformen bildnerischen Ausdrucks und kulturelle Variation im Spiegel psychiatrischer Kunst

Ludwig Janus

In der psychologischen Betrachtung von Kunst geht jeder Autor notwendigerweise von gewissen leitenden Gesichtspunkten aus. Ich möchte hierzu im folgenden einen kurzen Überblick geben, um davon ausgehend eine Hypothese zu möglichen gemeinsamen Wurzeln kulturübergreifender bildnerischer Gestaltungsmerkmale in der Kunst psychisch Kranker aufzustellen. Große Bedeutung hatte und hat die Auffassung Freuds (1908) von der grundsätzlichen Triebbestimmtheit allen menschlichen Verhaltens, so auch des künstlerischen Gestaltens, das Triebbefriedigung auf einer Illusionsebene erreicht. Spätere Autoren hoben die Bedeutung des Ich in seinen integrativen und expressiven Qualitäten in der künstlerischen Gestaltung hervor (Hartmann 1939, Von Kris 1936). Ein wieder anderer Gesichtspunkt ist der, die Wurzeln künstlerischer Gestaltung in der Welt der Archetypen (Jung 1912) oder im Mythos zu sehen (Grassi 1957). Navratil faßt diesen Gesichtspunkt so zusammen:

„Alle mythischen (und im engeren Sinne sakralen) Kunstwerke sind Darstellungen der einen und einzigen, unabänderlichen, ewig aktuellen (mythischen oder religiösen) Wirklichkeit." (Navratil 1997, S. 129)

Deren Wurzelgrund sah Jung (1912) in der pränatalen „Urlibido".

Ich möchte nun von dem vom Freud-Schüler Rank eingeführten entwicklungspsychologischen Gesichtspunkt ausgehen, daß unsere Geburtlichkeit eine basale Determinante in unserem Verhältnis zur Welt ist, insofern unsere vorgeburtliche Lebenswirklichkeit als mikrokosmisches Vorbild lebenslang in den Makrokosmos unserer nachgeburtlichen Lebenswirklichkeit hineinwirkt, oder anders ausgedrückt, die diesseitige Welt hat ihr Vorbild in der jenseitigen vorgeburtlichen Vorwelt, oder noch einmal anders ausgedrückt, unsere nachgeburtliche Selbst- und Welterfahrung wurzelt in unseren mehr oder weniger guten vorgeburtlichen Selbst- und Mutterleibserfahrungen (Rank 1924, 1932).

Es ist dies eine lebensgeschichtliche Konkretisierung von C. G. Jungs Konzept der Urlibido.

Mit dem Gesichtspunkt Ranks wird also der Beitrag der vorgeburtlichen Lebenswelt und des Weltenwechsels der Geburt für menschliche Identität und künstlerische Gestaltung in den Blick genommen. Dies fand aber in den zwanziger und dreißiger Jahren nur Resonanz bei einigen avantgardistischen Malern wie Dali oder Intellektuellen wie Lawrence Durrel oder Arthur Miller, während sonst zur damaligen Zeit der Abstand zwischen männlich bestimmter Erwachsenenwelt und Babywelt, geschweige denn vorgeburtlicher Welt, einfach zu groß war, und deshalb die Herstellung von Zusammenhängen zu fremdartig.

In den letzten Jahren hat sich jedoch unser entwicklungspsychologisches Wissen und unsere reale Kenntnis vom vorgeburtlichen Leben und vom „kompetenten Säugling" so dramatisch vermehrt, daß heute auch durch vorgeburtliche Fotografie und Ultraschall eine solche Vertrautheit mit der Frühentwicklung gegeben ist, daß die Überlegungen Ranks heute in einem ganz anderen Kontext verhandelt werden können. Ich möchte darum seine Grundthese, daß vorgeburtliche und geburtliche Erfahrung die künstlerische Gestaltung beeinflussen, ein Stück weit systematisch verfolgen, auch um die Tragfähigkeit dieser Hypothese zu erproben und zur Diskussion zu stellen. Da nun in einem wichtigen Aspekt die schizophrene Erkrankung als eine „Realitätsbezugsstörung" (Lempp 1984) aufgefaßt werden kann, wobei vorgeburtliche, geburtliche und nachgeburtliche Traumatisierungen eine Rolle spielen können (Keppler 1979, Mednick 1970), ist es naheliegend, die künstlerischen Gestaltungen schizophren Erkrankter unter dem Gesichtspunkt zu betrachten, daß in ihnen vorgeburtliche und geburtliche Erfahrung und das Gelingen oder Scheitern an der Aufgabe des Weltenwechsels der Geburt oder des „Überstiegs" (Conrad 1966) zum Ausdruck kommen.

Die Grundgestalten vorgeburtlicher und geburtlicher Erfahrungen haben für alle Menschen wegen ihrer biologischen Determiniertheit eine große Gemeinsamkeit, und darum sind auch ihre symbolischen Derivate wie der Lebensbaum (Plazenta), das Urwasser oder Urmeer (Fruchtwasser), der kosmische, heilige, höhlenhafte Raum (uterine Höhle) usw. gemeinsamer Grundbestand in allen Mythologien. Ein wichtiger Aspekt künstlerischer Gestaltung ist der zeittypische Ausdruck dieses Urbezuges unseres In-der-Welt-Seins. Immer wieder neu findet hier die Gesellschaft und jedes Individuum in seinem Leben eine Balance zwischen diesseitiger Welt und jenseitiger Welt, Realität und mythischem Urgrund, nachgeburtlicher und vorgeburtlicher Welterfahrung. Diese Balance zwischen zwei Welten gehört essentiell zu unserem In-der-Welt-Sein.

Diese Balance ist in der schizophrenen Erkrankung in den Prozessen der Desymbolisierung und dem Schwanken zwischen symbiotischen Einheitsgefühlen und autistischer Entfremdung verlorengegangen. Hiervon sind künstlerische Gestaltungen schizophren Erkrankter zum einen Ausdruck und zum anderen auch Bewältigungsversuch. Wegen der biologischen Gleichartigkeit des Geschehens von Schwangerschaft und Geburt ist hier eine große Gleichartigkeit von Grundgestaltungen zu erwarten, andererseits sind jedoch Schwangerschaft, Geburt und Babyzeit, wie auch die

Erwachsenenrolle, je nach Gesellschaft verschieden gestaltet und in eine eigene Werte- und Handlungswelt eingebettet, so daß durchaus Verschiedenheiten zu erwarten sind. Dies soll am Ende des Beitrags diskutiert werden. Zunächst ist es noch wichtig, den hier vertretenen entwicklungspsychologischen Gesichtspunkt im Verständnis des Kunstwerks noch etwas weiter auszuführen.

Ranks Auffassung von Wesen und Funktion des Kunstwerks

Nachdem Rank entdeckt hatte, daß in den Endphasen seiner psychoanalytischen Psychotherapie regelmäßig Geburtsphantasien auftauchten und in diesen sich ganz konkret Realien der Geburt abbildeten (Rank 1924), tat er auch den nächsten, folgerichtigen Schritt zu der Annahme, daß auch die Mutterleibsphantasien, die in psychoanalytischen Behandlungen immer wieder beobachtet wurden, Realien vorgeburtlichen Lebens und Erlebens enthielten, und prägte den Terminus von der „Realität der Mutterleibsphantasie" (Rank 1924). Diese Annahmen fanden in der Zwischenzeit durch die Beobachtungen von Aktualisierungen von vorgeburtlichen und geburtlichen Erfahrungen in verschiedensten therapeutischen Settings einerseits und durch empirische Lernforschung an Föten und Neugeborenen andererseits nachdrückliche Bestätigung (Janus 1997a, Janus und Haibach 1997 u. a.).

Vor dem Hintergrund dieser Beobachtungen und Untersuchungen gewinnen auch die Aussagen Ranks zu Wesen und Funktion des Kunstwerkes neues Gewicht:

„Das Kunstwerk stellt also ... auch in seiner Wirkung und nicht nur in seiner Schöpfung, eine Einheit her, die in diesem Falle eine seelische Einheit zwischen dem Künstler und dem Empfänger bedeutet. Diese Einheit ist freilich nur eine temporäre und symbolische, aber die daraus entspringende Befriedigung deutet darauf hin, daß es sich nicht nur um die vorübergehende Identifizierung zweier Individuen handelt, sondern um die potentielle Wiederherstellung einer einmal bestandenen und verlorenen Einheit mit dem All. Die individualpsychologischen Wurzeln dieses Einheitsgefühls habe ich seinerzeit im ‚Trauma der Geburt' (1924) in dem vorgeburtlichen Zustand gefunden, dessen Wiederherstellung das Individuum im Sinne der Unsterblichkeitssehnsucht anstrebt ... Den individuellen Drang nach Wiederherstellung dieser verlorenen Einheit habe ich seinerzeit als einen wesentlichen Faktor zur Schaffung menschlicher Kunstwerke aufgezeigt." (Rank 1932, S. 113)

Rank betont die kommunikative Funktion des Kunstwerkes, indem es über das Medium der symbolischen Gestaltung ein

Wiederfinden zum vorgeburtlichen Urgrund, zur verlorenen Mutterleibsexistenz ermöglicht, indem es eine Ebene symbiotisch-dyadischer Kommunikation zwischen Künstler und Rezipienten über die Gestaltung des Kunstwerkes herstellt. In einer unbewußten Weise fühlen wir uns über das Kunstwerk mit dem eigenen Urgrund wieder verbunden, bestätigt. Nach Ranks Verständnis gehören Realitätsebene und mythische Ebene wesentlich zur menschlichen Existenz, wobei das „Bezogensein" in identifikatorischer Teilhabe seine Wurzeln in der vorgeburtlichen Beziehung hat und die „Realität" im nachgeburtlichen Gegenüber. Diese beiden Existenzialebenen müssen immer wieder neu aufeinander bezogen werden. Einen ähnlichen Gedanken formuliert Benedetti:

„Wir postulieren, daß auch das erwachsene Selbst in zwei Dimensionen lebt: in einer unbewußten, symbiotischen, der Einfühlung und der Identifikation, und in einer bewußten, der Trennung, des Sich-Gegenüber-Stehens. Wenn diese beiden Dimensionen integriert sind, begründen sie das einheitliche Selbst." (Benedetti 1994, S. 110)

Der schizophren Erkrankte kann nun diese Balance zwischen Diesseits und Jenseits, Realität und Mythos, lebenswirklicher Realebene und vorgeburtlichem Seinsbezug in seiner mythenhaften Projektion, die erst die Fülle menschlichen Lebens erschließt, nicht aufrecht erhalten. Benedetti drückt es so aus:

„Entweder herrscht nur Symbiose; dann löst sich der Kranke in der Beziehung zu mir auf, was zur Entfremdung und Angst führt, oder er trennt sich autistisch von mir ab." (Benedetti 1994, S. 111)

Anders formuliert kann man sagen, ein Aspekt des „gestörten Realitätsbezuges" des schizophren Erkrankten ist ein Mißlingen des Weltenwechsels der Geburt, ein Scheitern daran, sich wirklich in der Welt zu beheimaten und gleichzeitig in einem lebendigen Kontakt zur „jenseitigen" Lebenswelt vor der Geburt zu bleiben.

Benedetti hat ausführlich die vorgeburtlichen und nachgeburtlichen Empfindungen und Gefühle bei schizophren Erkrankten geschildert (Benedetti 1987, S. 207). Er berichtet von einer Patientin, „... daß die Gegenstände in Zeit und Raum aufeinander bezogen und doch selbständig existierten. Sie erlebte eigene Zustände als die meinen, meine Worte als ihre inneren Zustände. Gleichzeitig war sie aber dank ihrer schizophrenen Doppelbuchführung fähig, von einem Ort zum anderen zu reisen und bei Gesellschaftsanlässen äußerlich präsent zu sein. Man könnte fast sagen: Eine Hälfte ihrer Seele war pränatal und die andere postnatal und gar erwachsen. So sind eben Schizophrene." (Benedetti 1987, S. 212)

Und eine Patientin von Scharfetter formuliert: „Auf der Erde habe ich nie ein Zuhause gehabt ... Ich bin auch nicht zu Hause in meinem Leib" (Scharfetter 1994, S. 218). Dazu paßt, daß in allen Bildern der Ausstellung die Füße keinen rechten Kontakt zum Boden haben und oft verunstaltet oder beschädigt sind, so die flossenartige Form in Bild 1, das Stummelartige in Bild 9 und 10 und die beschädigte Verformung in Bild 30.

Eine Folge eines unvollständigen Geborenseins im Grundgefühl bei schizophren Erkrankten ist, daß die vorgeburtliche und nachgeburtliche Ebene nicht mehr existentiell und symbolisch vermittelt sind, sondern miteinander verschmelzen oder vollständig auseinandertreten können, wie sich dies in der Verzerrung des Symbolsystems zeigt, in den Worten Benedettis:

„Wenn das schizophrene Symbol im Erleben des Patienten nicht mehr, wie normal, auf das Symbolische hinweist, sondern mit diesem identisch ist, dann lebt der Kranke in einer desymbolisierten Welt, wo die Bilder keinen Bedeutungshintergrund mehr haben, keine Sinn-Bilder mehr sind." (Benedetti 1994, S. 108).

Prinzhorn hat das schizophrene Weltgefühl so beschrieben:

„Dem Schizophrenen legt sich die ‚Entfremdung der Wahrnehmungswelt' als ein grauenhaftes, unentrinnbares Los auf, gegen das er oft lange kämpft, bis er sich fügt und langsam in seiner wahnhaft bereicherten autistischen Welt heimisch wird." (Prinzhorn 1922, S. 159)

In der pränatal-psychologischen Sicht hat sich bei einer psychotischen Angst pränatale Schadensrealität in die nachgeburtliche Lebenswirklichkeit unmittelbar hineinprojiziert. In diesem Sinne verstehe ich das Beispiel von Benedetti:

„So kann ein schizophrener Kranker sich hartnäckig weigern zu trinken, weil das Wasser – so sagt er – die giftige Mutter sei, die ihn durchdringe." (Benedetti 1994, S. 107)

Die bildnerischen Gestaltungen schizophren Erkrankter können diese Zusammenhänge unmittelbar anschaulich machen, wie die vielfältigen Bildnereien von Beeinflussungserlebnissen oder „Beeinflussungsapparaten" zeigen, die in pränatal-psychologischer Sicht überwältigende pränatale Erfahrung in Institutionen oder eben Apparate hineinprojizieren (s. z. B. den Katalog der Prinzhorn-Sammlung 1997, S. 134 f.). Um diese These der Verschmelzung von vorgeburtlichem und nachgeburtlichem Erleben im schizophrenen Wahn zu verdeutlichen, seien hier einige Beispiele angeführt.

Die Vermischung von
vorgeburtlicher und nachgeburtlicher
Ebene im schizophrenen Wahn

Schon im Selbstgefühl des schizophren Erkrankten, der sich eigenartig irreal und in der Gefahr fühlt, innerlich auseinanderzufallen, drückt sich die primäre existentielle Bedrohtheit aus, die auch pränatale Wurzeln haben kann (Raffai 1995). So kann die Welt als ein bedrohlicher Kerker erscheinen, aus dem es keinen Ausweg gibt. Dies kann man als Verhaftet-sein an einen negativen pränatalen Zustand interpretieren. Beispiele für dieses primär bedrohte Selbstgefühl und seine vorgeburtlichen Wurzeln gibt die amerikanische Psychiaterin Fitzpatrick:

„Ich bin in einer Falle, ich bin in einen milchigen, weißen Nebel eingeschlossen. Ich stoße so heftig, wie ich kann, ich bin außer Atem, ich bekomme keine Luft, ich schlage um mich, ich rolle hin und her, ich versuche zu verletzen, ich bin außer mir vor Wut ... Ich fühle mich erdrosselt, ich kann nicht atmen, ich werde von der Dunkelheit verschlungen." (Fitzpatrick 1988, S. 261)

Sehr lebendig schildert eine Patientin von Müller-Suur die Verwirrung von prä- und postnataler Ebene, die in ihrem psychotischen Erleben in der Außenwelt die als „Spend" bezeichnete Nabelschnurverbindung wieder sucht. Die Kranke erklärt, sie sei tot gewesen, und seit sie wieder lebendig sei, fehle ihr der „Spend". Wie er ihr abhanden gekommen sei, könne sie nicht genau sagen. Sie nehme an, bei einer Blinddarmoperation sei sie gestorben, denn hinterher sei „alles anders" gewesen. Seither sei sie nicht mehr nur Martha Friedhof, sondern Schauspielerin, die das, was sie wirklich sei, in ihren Rollen suchen müsse ... Was ihr noch dazu fehle, um wirklich sie selbst zu sein, sei nur der „Spend". Dies sei eine Art Lebenskraft ...

„‚Spend' sei so etwas, was wie durch Blutübertragung an fehlendem Körper wieder zugefügt werden könne, wenn es ihm an Lebenskraft fehle. Aber es müsse Blut von anderen sein, wenn es helfen soll." (Müller-Suur 1988)

In Einzelfällen kann es auch durchaus möglich sein, die traumatische Ursituation zu identifizieren. So kenne ich einen psychotischen Patienten, der in engen Beziehungen den unwiderstehlichen Drang entwickelt, von der Geliebten erstochen zu werden. Hier konnte ein Abtreibungsversuch mit einer Stricknadel sehr wahrscheinlich gemacht werden. Frühe postnatale Situationen als Inhalte von Wahnvorstellungen konnten von einer israelischen Forschungsgruppe belegt werden (Telerent 1989).

Diese Zusammenhänge lassen sich auch an einzelnen Beispielen aus der Ausstellung verdeutlichen. So kann man das Bild „Das Hungerkind" (Bild 82) des Deutschen *R. Staszk*, das ein gebrochenes, greisenhaftes, ausgezehrtes Körpergefühl in einer Mischfigur mit fötalen, kleinkindhaften und senilen Elementen wiedergibt, in dem Sinne verstehen, daß sich hier vorgeburtlich negative Körpergefühle in die Gestaltung hineinblenden. Dafür spricht zum einen der übergroße, fast schon embryonale Kopf und zum anderen die totale Schwärzung des Nabelbezirkes, wie man sie bei negativ-destruktiven Nabelschnurerfahrungen und Empfindungen bei körperpsychotherapeutisch-pränatal-psychologischem Vorgehen nicht selten findet (Terence Dowling, mündliche Mitteilung).

In dem Bild von *Friedrich Schröder-Sonnenstern* „Die Waage des Mondmoralgerichts" (Bild 1) ist ein fötales Körpergefühl einer Wasserexistenz mit den flossenhaften Extremitäten ineinandergeblendet mit dem Eindruck einer unheimlich weiblich-mütterlichen Gestalt. In die Rundungen dieser Gestalt sind wiederum die Symbole von Labyrinth und Kreuz eingetragen, die man „mit der labyrinthischen Verborgenheit der uterinen Höhle und dem Lebensbaum in Bezug setzen kann" (Janus 1991, S. 232 ff.), was hier nicht weiter ausgeführt werden soll. Auf dem Bild „Theorizynus oder die Lebenstheorie – oder Dämon aller geistigen Verkrüppelung" (Bild 2) von Schröder-Sonnenstern ist eine erschreckende Figur in ein uterines Lebensbaum-Pflanzenmotiv (Dowling 1988) hineingesetzt. Dieses Lebensbaummotiv findet sich auch in der Stirn- und Nasenkonfiguration in dem Bild des Spaniers *Juan Mut* eines depressiv-leer schauenden Gesichtes (Bild 54) mit einer Lebensbaumkonfiguration, mit der Baumkrone im Stirnbereich und dem Baumstamm im Nasenbereich (mündliche Mitteilung von Terence Dowling). Rechts im Bild erscheint ein erschreckt starrendes, fötusartiges Wesen, dessen Körper in einer gedrillten und verknoteten Nabelschnur besteht.

Im Bild des Amerikaners *Richard Lachman* „The Voices Never Stop" („Die Stimmen geben niemals Ruhe") (Bild 74) findet sich im Schädel eine Art uterine Höhle eingetragen mit einer embryoartigen Gestalt. Dies ist ein bei schizophren Erkrankten nicht seltenes Motiv, die imaginäre Flucht in die schützende Höhle des Schädels als letztem Schutzort (Terence Dowling, mündliche Mitteilung).

Der abgründige Schrecken überwältigender peri- und postnataler Muttererfahrung ist mit der bedrohlichen, übergroßen Vulva, den stechenden Brüsten und dem Drohgesicht in dem Bild „Frau" (Bild 7) von *Johann Hauser* gegenwärtig. Das Drohgesicht der Frau in dem Bild von Hauser verweist noch auf einen anderen Bezug kollektiv psychologischer Wurzeln in der Kunst schizophren Erkrankter und der Kunst überhaupt, und zwar auf die Konzepte der Verhaltensbiologie von Schlüsselreizen und angeborenen auslösenden Mechanismen.

Angeborene Bildschemata in der Kunst schizophren Erkrankter

Konrad Lorenz und seine Schule konnten überzeugend herausarbeiten, daß Gleichartigkeiten von Bildschemata ihre Wurzel in angeborenen auslösenden Mechanismen haben können. Ich greife als ein Beispiel das des „Drohstarrens" heraus, das von Eibl-Eibesfeldt und Sütterlin (1992, S. 371 ff.) im Zusammenhang mit Maskengesicht und Fratze behandelt wurde. Es handelt sich hierbei um angeborene mimische Muster, die in Korrelation stehen zu angeborenen affektiv-verhaltensmäßigen Reaktionen. Das Bild von *Hauser* zeigt in aggressiver Zuspitzung drei dieser von Eibl-Eibesfeldt und Sütterlin ausführlich besprochenen Ausdrucksmuster, und zwar das „weibliche Schamweisen", das „weibliche Brustweisen" und eben das „Drohstarren" und „Zähnezeigen". In der Kunst schizophren Erkrankter treten diese angeborenen Ausdrucksschemata wegen der Unintegriertheit früher Affekte und negativer Beziehungserfahrungen unvermittelter und krasser in Erscheinung. Ich nehme als ein Beispiel etwa das „Maulaufreißen" der Gestalten bei *Schröder-Sonnenstern* in Bild 1 und Bild 2, das nach Eibl-Eibesfeldt und Sütterlin (1992) eine universale Drohgeste ist. Das menschliche Gesicht mit seinen mimischen Schlüsselreizen ist ursprünglicher Mediator in der Mutter-Kind-Beziehung und ein archaisches Radikal menschlicher Kunst. Die angeborenen Schlüsselreize verleihen den Gesichtsdarstellungen ihre suggestive Kraft und Tiefenwirkung. Man darf vermuten, daß sich in diesen Gesichtsschemata Ursprungserfahrungen aus den ersten Beziehungen mitteilen können, wie etwa eine dumpfe Mächtigkeit in dem maskenhaften Kopf (Bild 54) des schon erwähnten *Juan Mut*, während der Kopf auf Bild 53 mehr verlorene Verzweiflung wiederzugeben scheint. Angeborene Schemata verringern kulturelle Unterschiede, wie dies Kraft (1998, S. 74) für das Motiv des Kopffüßlers zeigen konnte, in dem er ein angeborenes Schema der Selbstwahrnehmung sieht, während Müssig (1997) in ihm ein Mutterschema sieht, aber auch angeboren, was das transkulturelle Auftreten und die relative interkulturelle Gleichartigkeit erklärt.

Aspekte der Faszination der Bildnerei der Geisteskranken

Die Gebrochenheit und ,Riskantheit' unserer menschlichen Existenz, die gemeinhin in den gesellschaftlich geteilten Mythen und Illusionen aufgehoben und verdeckt ist, und die Dramatik von Geburt und früher Mutterbeziehung (s. hierzu die Bilder 15-22 der Bulgarin *Jana Tumangelov*), wird in den künstlerischen Gestaltungen der schizophren Erkrankten sehr unmittelbar und direkt dargestellt. Gerade auch das Durcheinandergeraten der Ebenen und das Entgleisen der Balance, das sich in allen Krisen und Veränderungen für jeden ereignet, findet in seinen prä- und perinatalen Assoziationen bis hin zu Fragmentationen in den Bildnereien seinen Ausdruck.

Es macht darum Sinn, daß in Zeiten paradigmatischer Änderungen von tragenden Mythen und gesellschaftlichen Einigungen die Vorstellungswelt und die künstlerische Gestaltung schizophren Erkrankter in besonderem Maß interessiert und fasziniert, insofern sie die Gefährdungen und Zerrissenheiten in Wandlungsprozessen und auch die Freisetzung archaischer Potentiale paradigmatisch zeigen. Dies gilt für die Zeit um 1920, als die Prinzhorn-Sammlung entstand und die europäische Gesellschaft die Katastrophe des ersten Weltkrieges und das Zusammenbrechen der bis dahin geltenden monarchistischen Strukturen und Mythen zu verkraften hatte. Wie Prinzhorn (1922, S. 159) formulierte, wurde durch den „Zerfall des traditionellen Weltgefühls ... das überkommene Weltbild zum Ekel", und er sieht den Expressionismus als „Ausdruck dieses Zerfalls und den Versuch, das beste daraus zu machen." Ein ähnliches Interesse für die Vorstellungswelt der geistig Erkrankten gab es in der Romantik, ich nenne etwa E. T. A. Hoffmann, als die Französische Revolution die theokratischen Strukturen der europäischen Gesellschaften erschütterte und der dahinterstehende tragende Mythos des schützenden absolutistischen Gottesgnadentums seine verbindliche und tragende Kraft verlor.

Sofern man heute von einem Zurücktreten der kollektiven mythischen Strukturen, in denen jeder sich aufgehoben fühlen konnte, sprechen kann und es mehr um die Entwicklung einer eigenen Lebensgestaltung und eines eigenen Lebensmythos geht, sind deshalb die Brechungen zu den Lebensgestaltungen und Mythen des jeweils anderen spürbarer, und damit etwas von der potentiellen Gebrochenheit und ,Riskantheit' menschlicher Existenz und Identität. Dies mag zu dem weiter anhaltenden Interesse an der Kunst der schizophren Erkrankten beitragen (Ferrier 1998).

Unabhängig hiervon hat sich die Situation insofern geändert, als mit dem Zusammenbruch der autokratischen Strukturen im Zusammenhang mit dem ersten Weltkrieg auch die allgemeine Kunst unmittelbarer archaische Schichten der eigenen Lebensentwicklung und deren Spannung zur Alltagsrealität darstellt. Darum wurde sie in ihren Anfängen oft auch als quasi „verrückt" empfunden, bis im Laufe der Jahrzehnte die allgemeine Sensibilität für die innere Präsenz frühen Erlebens wuchs und selbstverständlicher wurde, wie etwa die Beispiele von Dali in der Malerei und Beckett in der Literatur zeigen. Bemerkenswert ist auch, daß der von beiden vielfach explizit gemachte vorgeburtliche und geburtliche Bezug ihrer Kunst (s. Janus 1997a, S. 205 u. 215) in eigentümlicher Weise noch ausgeblendet wird.

Gesichtspunkte zum interkulturellen Vergleich

Schon bei den Bildern der Prinzhorn-Sammlung fällt auf, daß im Vergleich zwischen Deutschland, Österreich, der Schweiz, Italien und auch Ungarn trotz des unterschiedlichen Charakters dieser Nationen keine sehr auffälligen Unterschiede auszumachen sind. Dies war auch schon bei Kinderzeichnungen aufgefallen (Schuster 1994). Nur wenn man Kinderzeichnungen verschiedener Kontinente und verschiedener religiöser Kulturen miteinander verglich, waren deutlichere Unterschiede beschreibbar, die sich aber letztlich auch wieder auf für die jeweilige Kultur typische formale Charakteristika beschränkten, ohne daß trotz der kulturellen Unterschiede grundsätzliche Unterschiede im Charakter von Kinderzeichnungen zu beobachten waren. Wenn man die enorme Unterschiedlichkeit im sprachlichen Ausdruck der verschiedenen Nationen ins Auge faßt, ist die Ähnlichkeit der außersprachlichen künstlerischen Medien das Auffälligere als die regionalen Unterschiede. So durchwanderten in Europa in den verschiedenen Jahrhunderten sehr gleichartige kulturelle Stile, wie etwa Gotik, Barock und ähnliche, in ähnlicher Ausprägung die verschiedenen europäischen Nationen. So dürfte man im interkulturellen Vergleich erst beim Vergleich unterschiedlicher Kulturkreise wirklich fündig werden.

Nun müßte vor einem interkulturellen Vergleich der Bildnerei der Geisteskranken ein interkultureller Vergleich der verschiedenen künstlerischen Weltkulturen liegen. Dies würde jedoch den Rahmen dieses Beitrages sprengen und wäre wohl auch nur in einem interkulturellen Dialog zu leisten. Die Perspektive aus einem kulturellen Blickwinkel allein wäre auch sicher zu unvollständig, um die innere Dynamik kultureller Unterschiede wirklich zu erfassen. Insofern erscheint mir die Hamburger Ausstellung, in der Bilder aus unterschiedlichen Kulturkreisen zusammen hängen und deren Besucher auch Psychiater aus unterschiedlichen Kulturkreisen sein werden, als eine ganz besondere Gelegenheit zu so einem Dialog über kulturelle Einflüsse.

Insgesamt möchte ich den allgemeinen Eindruck formulieren, daß in den kulturellen Gestaltungen der Menschen überhaupt die Ähnlichkeit und tiefe Übereinstimmung der Grundstrukturen das Eindrückliche ist, wenn man etwa die

grundsätzlichen Gleichartigkeiten asiatischer und europäischer Kulturen nimmt, die sich über viele Jahrtausende hin mit wenigen Kontakten und wechselseitigen Einflüssen entwickelt haben und doch zu im Prinzip gleichartigen gesellschaftlichen Strukturen und künstlerischen Ausdrucksmöglichkeiten gekommen sind, und die Unterschiede mehr in formalen Eigentümlichkeiten und Proportionen liegen. Auch die tiefen menschlichen Verständigungsmöglichkeiten zwischen verschiedenen Kulturkreisen sind bei ihrer räumlich getrennten Geschichte eher das Überraschende als die lokal unterschiedlichen Dialekte der lokalen Grundgestaltungen. Man kann eine Kultur wie eine Art holographisches Gesamtkunstwerk sehen; jedes Detail enthält die formalen und strukturellen Eigentümlichkeiten, die auch die Kultur im ganzen bestimmen. In diesem Sinne würde ich auch denken, daß die Bildnerei geistig Erkrankter sich in den Kanon der jeweiligen Kultur einfügt und deren strukturelle und formale Eigentümlichkeiten aufweist.

Bei den Bildern des Spaniers *Juan Mut* könnte man die expressive Konturiertheit der Gesichter einem entsprechenden Aspekt der spanischen Malerei zuordnen. Die figurale Flächigkeit in den Bildern des Amerikaners *Richard Lachman* kann man zu entsprechenden Zügen in der amerikanischen Kunst und Ästhetik in Bezug setzen. Doch bleiben diese Zuordnungen vage. Bedeutsamer erscheint der Unterschied zu den japanischen Bildern. Ihre feingliedrige Durchgestaltung und emblematische Realistik hat ihr Pendant im Kanon japanischer Malerei und Kunst. Darüber hinaus scheinen offen aggressiv-gewalttätige und sexuelle Elemente viel weniger ausgeprägt als in den Bildern aus dem westlichen Kulturkreis.

Außerdem kann sich die gesellschaftliche Wertung und der Umgang mit Geisteskranken geschichtlich stark wandeln, wie in Europa gut belegt ist. Künstlerische Gestaltungen bei Geisteskranken können sich nur entwickeln, wenn sich humanere und duldsamere Qualitäten im Umgang mit dem Fremdartigen der geistigen Erkrankung entwickelt haben, wie dies in Europa im 19. und 20. Jahrhundert der Fall war. Die oben im Sinne Ranks entwickelten Grundcharakteristika von künstlerischen Gestaltungen als Vermittler zwischen realer diesseitiger und phantasmatischer jenseitiger Welt treffen auf alle Kulturen zu. Der schizophren Erkrankte findet nicht zu der kulturtypischen Balance zwischen Realwelt und Phantasiewelt. Ein krankheitsspezifisches Scheitern an dieser Balance ist kulturübergreifend und könnte ein Grund für die relative Einheitlichkeit der künstlerischen Gestaltungen schizophren Erkrankter sein.

Ich möchte jedoch eine Vermutung zu den interkulturellen Unterschieden zwischen den Bildern aus dem japanischen

Kulturkreis und den Bildern aus dem westlichen Kulturkreis formulieren. Die Bilder der japanischen Patienten erscheinen malerischer und friedlicher, während in den Bildern aus dem westlichen Kulturkreis mehr Gewalthaftes und abrupt-gewalttätige Elemente erkennbar sind. Nun gibt es einen bedeutsamen Unterschied zwischen dem asiatisch-japanischen und dem westlichen Kulturkreis im Umgang mit Schwangerschaft und Geburt, der darin liegt, daß in China und Japan das Kind bei der Geburt der Auffassung nach bereits ein Jahr alt ist und die vorgeburtliche Zeit in ganz anderer Weise im allgemeinen Bewußtsein als Lebenszeit präsent ist, während im westlichen Denken die Geburt, der damit verbundene Kampf und der erste Schrei am Lebensanfang stehen. Hierzu kann man in Beziehung setzen, daß die asiatische Kultur mehr positive vorgeburtliche kulturelle Symbole hat, wie etwa das des Reiches der Mitte, des großen Runden, des Glücksdrachens usw., während der westliche Kulturkreis mehr den Kampf mit dem Drachen, das Leben als Kampf und die Widersprüche in der Welt betont. Im Vergleich zu dem konturierten, abgegrenzten und behauptenden Ich-Gefühl in der westlichen Welt sieht „.... die östliche Kultur das Ich als eine variable, vergängliche Konstellation von Funktionen und Eigenschaften an und nimmt eine Interdependenz von Ich und Welt an" (Scharfetter 1994, S. 217). Hier könnten großkulturelle Unterschiede in den Umgangsweisen mit Schwangerschaft und Geburt sich in den unterschiedlichen Kulturstilen widerspiegeln, wie man dies bei Stammeskulturen unmittelbar aufzeigen kann (Janus 1977b).

Literatur

Benedetti G. Schizophrenie und Pränatale Psychologie. In: Pränatale und Perinatale Psychologie und Medizin. Freybergh P. (Hrsg.). Heidelberg: Mattes 1997.

Benedetti G, Peciccia M. Symbol und Schizophrenie. In: Wenn Worte fehlen, sprechen Bilder. Schottenloher G. (Hrsg.). München: Kösel 1994.

Conrad K. Die beginnende Schizophrenie. Stuttgart: Thieme 1966.

Dowling TW. The use of placental symbols in accessing pre- and perinatal experience. In: Prenatal and Perinatal Psychology and Medicine. Fedor-Freybergh P, Vogel V. (Eds.). Heidelberg: Mattes 1989.

Eibl-Eibesfeldt I, Sütterlin C. Im Banne der Angst. München: Piper 1992.

Fabricius J. Pränatale und perinatale Motive in der Malerei. In: Die kulturelle Verarbeitung pränatalen und perinatalen Erlebens. Janus L. (Hrsg.). Heidelberg: Textstudio Gross 1991.

Ferrier JL. Primitive des 20. Jahrhunderts. Paris: Terrail 1998.

Fitzpatrick MP. Pre- and perinatal stress – the psychotic individual. Pre- and Perinatal Psychology 1988; 2: 258-69.

Freud S. Der Dichter und das Phantasieren. In: Freud S. (Hrsg.). Gesammelte Werke, Bd. VII. Frankfurt: S. Fischer 1908.

Grassi E. Kunst und Mythos. Hamburg: Rowohlt 1957.

Hartmann H. Ich-Psychologie und Anpassungsproblem. Psyche 14 (1960): 81-164.

Janus L. Die Psychoanalyse der vorgeburtlichen Lebenszeit und der Geburt. Pfaffenweiler: Centaurus 1991.

Janus L. Wie die Seele entsteht. Heidelberg: Mattes 1997 (zit. als Janus 1997a).

Janus L. Psychobiologische Wurzeln der Geschichte der Kindheit. In: Psychogenetische Geschichte der Kindheit. Nyssen F, Janus L (Hrsg.). Gießen: Psychosozial 1997 (zit. als Janus 1997b).

Janus L. Präverbales Erleben und Kunst. In: Tagungsdokumentation. Marburg F. (Hrsg.). Nürtingen: Fachhochschule für Kunsttherapie 1999.

Janus L, Haibach S. Seelisches Erleben vor und während der Geburt. Neu-Isenburg: Lingua-Med 1997.

Jung CG. Wandlungen und Symbole der Libido (1912). München: Deutscher Taschenbuch Verlag 1991.

Keppler KR. Die frühkindliche Amnesie der Schizophrenie. Nervenarzt 1979; 50: 799-824.

Kraft H. Grenzgänger zwischen Kunst und Psychiatrie. Köln: Dumont 1998.

Kris E. Bemerkungen zur Bildnerei der Geisteskranken. Imago 1936; 22: 339-70.

Lempp R. Zum entwicklungspsychologischen Modell der Schizophrenie. Bern: Huber 1984.

Mednick SA. Breakdown in individuals and high risk for schizophrenia. Mental Hygiene 1970; 54: 50-63.

Müller-Suur H. Das Sinn-Problem in der Psychose. Zit. bei: Rausch H, Das psychotische Geschehen im Lichte der prä- und perinatalen Psychologie. Ref. 19. Int Symp der Deutschen Akademie für Psychoanalyse. München 1988.

Müssig R. Mutterschema. Int J of Prenatal and Perinatal Psychology 1997; 9: 68-87.

Navratil L. Schizophrenie und Kunst. Frankfurt am Main: S. Fischer 1997.

Prinzhorn H. Bildnerei der Geisteskranken (1922). In: Kunsttheorie im 20. Jahrhundert. Harrison P, Wood P. (Hrsg.). Ostfildern-Ruit: Hatje 1998.

Prinzhorn-Sammlung (Hrsg.), Wahnsinnige Schönheit. Heidelberg: Wunderhorn 1997.

Raffai J. The psychoanalysis of somatic sensations: The prenatal root of schizophrenia. Int J Prenatal and Perinatal Psychology and Medicine 1995; 7: 39-42.

Rank O. Trauma der Geburt. Gießen: Psychosozial 1924.

Rank O. Art and Artist. New York: Norton 1932. Deutsch: Kunst und Künstler. Gießen: Psychosozial 1999 (im Druck).

Scharfetter C. Das Ich und seine Pathologie in verschiedenen Kulturen. In: Psychiatrie im Kulturvergleich. Hoffmann K, Machleidt (Hrsg.). Berlin: VWB 1994.

Schuster M. Kinderzeichnungen. Springer, Heidelberg: Springer 1994.

Telerent A. Zur Beziehung zwischen Wahninhalt bei Pubertätsschizophrenie und perinataler Bedingungen. Ref 9. Int Kongreß der ISPPM in Jerusalem. 1989.

Herbert Göhring (geb. 1949)
„Horizont", 1991
Öl auf Leinwand, 90 × 190 cm
im Besitz des Künstlers (Bild 52)

Juan Mut (geb. 1948)
Ohne Titel, 1993
44 × 38,5 cm, Acryl und Lack auf Holz
Privatbesitz (Bild 53)

Juan Mut (geb. 1948)
Ohne Titel, 1993
44 × 38,5 cm, Acryl und Lack auf Holz
Privatbesitz (Bild 54)

Juan Mut (geb. 1948)
„El borracho" („Der Trunkenbold"), 1993
22 × 32 cm, Acryl und Lack auf Pappe
Privatbesitz (Bild 55)

Juan Mut (geb. 1948)
„Gran confusión" („Große Verwirrung"), 1993
61 × 41 cm, Acryl und Lack auf Holz
Privatbesitz (Bild 56)

Alfred Valle Uribe (geb. 1966)
Ohne Titel, 1993
21 × 20 cm, Wasserfarben auf Papier (Ausschnitt)
Privatbesitz (Bild 57)

Alfred Valle Uribe (geb. 1966)
Ohne Titel, 1994
33 × 24 cm, Pastell
Privatbesitz (Bild 58)

Alfred Valle Uribe (geb. 1966)
Ohne Titel, 1996
150 × 120 cm, Öl und Acrylfarbe auf Leinwand,
Privatbesitz (Bild 59)

Alfred Valle Uribe (geb. 1966)
Ohne Titel, 1996
60 × 70 cm, Öl und Acrylfarbe auf Leinwand
Privatbesitz (Bild 60)

Alfred Valle Uribe (geb. 1966)
Ohne Titel, 1998
100 × 100 cm, Öl und Acrylfarbe auf Leinwand
Privatbesitz (Bild 61)

109

Franca Settembrini (geb. 1947)
Ohne Titel, 1995/97
70 × 50 cm, Acryl auf Papier
La-Tinaia-Gruppe, Florenz (Bild 62)

Claudio Ulivieri (geb. 1947)
„Piramidi di Luce" („Pyramiden aus Licht"), 1993
50 × 70 cm, Filzstift auf Papier
La-Tinaia-Gruppe, Florenz (Bild 63)

Clara Leardini (geb. 1947)
„Triumph des Todes", 1968
70 × 47,5 cm, Tempera auf Papier
Sammlung Andreoli, Verona (Bild 64)

Clara Leardini (geb. 1947)
„Gesichtslose Mutter", 1968
70 × 47,5 cm, Tempera auf Papier
Sammlung Andreoli, Verona (Bild 65)

Clara Leardini (geb. 1947)
„Das Skelett des Lebens", 1968
70 × 47,5 cm Tempera auf Papier
Sammlung Andreoli, Verona (Bild 66)

T. I. (geb. 1970)
„Voller Helligkeit", 1997
38,0 × 54,0 cm, Wasserfarben auf Papier
Sammlung Izumi Hospital, Okinawa (Bild 67)

H. R. (geb. 1957)
„Ruhe", 1996
36,0 × 25,5 cm, Wasserfarben und chinesische Tusche auf Papier
Sammlung Izumi Hospital, Okinawa (Bild 68)

Y. T. (geb. 1959)
„Reise durch die Ausbreitung der Energie"
38,0 × 27,0 cm, Bleistift auf Papier
Sammlung Izumi Hospital, Okinawa (Bild 69)

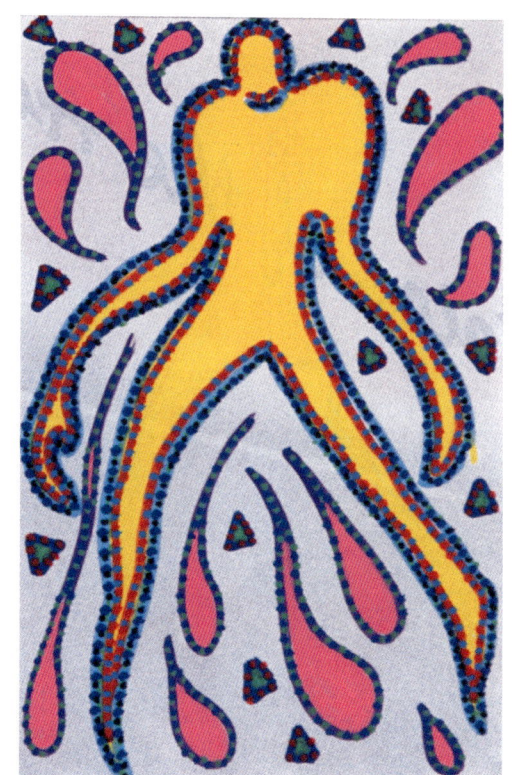

Y. T. (geb. 1959)
„Rhythmus des Lebens"
10,2 × 5,7 cm, Leuchtstift auf Papier
Sammlung Izumi Hospital, Okinawa (Bild 70)

Y. T. (geb. 1959)
„Transmission"
10,2 × 6,3 cm, Plakafarbe auf Papier
Sammlung Izumi Hospital, Okinawa (Bild 71)

Y. T. (geb. 1959)
„Rhythmus"
38,0 × 27,0 cm, Wasserfarbe auf Papier
Sammlung Izumi Hospital, Okinawa (Bild 72)

5.
Welche psycho-dynamischen Beweggründe liegen Kunst und Kreativität zugrunde?

Welche psychotropen Faktoren hat Kunst, und welche Psychologie liegt der Kreativität zugrunde?

Walter Pöldinger

Es waren die Phänomene Liebe, Tod und Spiel, mit welchen sich der Arzt und Dichter Arthur Schnitzler auseinandersetzte, weil er sich in diesem Zusammenhang vor allem für die Probleme Selbstmord, Liebe und Tod interessierte. Mit Gestalten wie Anatol oder dem „Süßen Mädel" hat er einer ganzen Epoche seinen Namen gegeben. Er hat mit seinen Werken versucht, das Unechte und die Verlogenheit der damaligen Zeit bloßzustellen, und hat zum Beispiel mit seiner Novelle „Leutnant Gustl" die Hohlheit und Verlogenheit des damaligen Ehrenkodex' für Offiziere an den Pranger gestellt, was zur Folge hatte, daß er sich selbst vor einem Militärgericht zu verantworten hatte.

Anläßlich seines 60. Geburtstages erhielt Schnitzler am 14. Mai 1922 folgenden Brief von Sigmund Freud, dem Begründer der Psychoanalyse:

„Ich habe mich oft mit der Frage gequält, warum ich eigentlich in all diesen Jahren nie den Versuch gemacht habe, Ihren Verkehr aufzusuchen oder ein Gespräch mit Ihnen zu führen ... Die Antwort auf diese Frage enthält mir das zu intim erscheinende Geständnis. Ich meine, ich habe Sie gemieden aus einer Art von Doppelgängerscheu. Nicht etwa, daß ich sonst so leicht geneigt wäre, mich mit einem anderen zu identifizieren, oder daß ich mich über die Differenz der Begabung hinwegsetzen wolle, die mich von Ihnen trennt, sondern ich habe immer wieder, wenn ich mich in Ihren schönen Schöpfungen vertiefte, hinter deren poetischem Schein die nämlichen Voraussetzungen, Interessen und Ergebnisse zu finden geglaubt, die mir als die eigenen bekannt waren ... So habe ich den Eindruck gewonnen, daß Sie durch Ihre Intuition – eigentlich aber in der Folge feiner Selbstwahrnehmung – alles das wissen, was ich in mühseliger Arbeit an anderen Menschen aufgedeckt habe."

Sigmund Freud stellt in diesem Brief Arthur Schnitzler das Zeugnis aus, daß er durch seine Intuition das aufgezeigt habe, was Freud selbst in mühseliger Kleinarbeit, aber infolge seiner Selbstwahrnehmung aufgedeckt hatte. Ich glaube, der Vergleich dieser beiden historischen Persönlichkeiten zeigt deutlich die psychotrope Wirkung der Kunst. Oft sind es auch die gleichen Quellen, welche der Literatur einerseits und der Wissenschaft von der Seele andererseits zugrunde liegen.

Daß die Kunst gewissermaßen eine kathartische Wirkung auf das Seelenleben jener hat, an die sie sich wendet, wußten schon die alten griechischen Dichter, von denen Sigmund Freud den Begriff der Katharsis im Zusammenhang mit der freien Assoziation entnommen hat. Nachdem er zunächst festgestellt hatte, daß es für Menschen eine Erleichterung bedeutet, über ihre Probleme reden zu können, entdeckte er in der Folge, daß seine Patienten, wenn er sie dazu anhielt, all das zu erzählen, was ihnen in den Sinn komme, besonders im Zusammenhang mit Träumen, die sie gehabt hatten, sich an Vergangenes erinnern konnten. Er nannte diesen Weg zum Unbewußten seiner Patienten Psychoanalyse und setzte damit eine Tradition fort, die schon Friedrich Nietzsche mit der Bezeichnung „Die Philosophie des Um-die-Ecke-Sehens" vorgezeichnet hatte. Daß damit auch unangenehme, verdrängte Zusammenhänge wieder bewußt werden können, hat auch schon Friedrich Nietzsche mit den Worten beschrieben: „Das habe ich getan, sagt meine Erinnerung, das kann ich nicht getan haben, sagt mein Stolz, schließlich siegt der Stolz". Wir sehen also, daß hier einerseits ein Philosoph und andererseits ein Arzt den gleichen Weg beschritten haben, um ins Unbewußte verdrängte Zusammenhänge bewußt zu machen und zu analysieren.

Daß die Kunst nicht nur an der Erforschung der Ursachen für seelische Störungen einen großen Anteil hatte, läßt sich besonders schön am Beispiel der Schwermut zeigen. So liest man schon im Alten Testament, daß David mit seinem Harfenspiel die schwere Depression des König Sauls geheilt habe, wohl das erste literarische Dokument der Musiktherapie, die gerade unter dem Einfluß von Carl Orff in den letzten Jahrzehnten so große Bedeutung erlangt hat. Sie verwendet vor allem Zupf- und Schlaginstrumente, die von jedermann gespielt werden können. Menschen, die beispielsweise noch nicht in der Lage sind, mit anderen zu sprechen, können durch das Schlagen von bestimmten Takten Kontakt miteinander aufnehmen. Durch die Anwendung von Musiktherapie in Gruppen kann auch die gruppendynamische Wirkung zur Verstärkung benützt werden. In der Musiktherapie lassen sich Emotionen abreagieren, es können aber auch bestimmte Stimmungen geschaffen bzw. ausgelebt werden. Dabei kommt vor allem dem soziotherapeutischen Moment des gemeinsamen Musikmachens eine besondere Bedeutung zu.

Auch in der *Literatur* findet man so manches Zeugnis für das Leiden an einer Depression. Besonders meisterhaft wurde das depressive Syndrom von Hermann Hesse, der ja selbst an Depression gelitten hat, in seinem „Peter Camenzind" wiedergegeben:

„*Die ersten Wochen waren gut und ruhig, dann kam allmählich die alte Traurigkeit wieder, blieb tagelang, wochenlang und verging auch bei der Arbeit nicht. Wer nicht an sich selbst gespürt hat, was Schwermut ist, versteht das nicht. Wie soll ich es beschreiben? Ich hatte das Gefühl einer schauerlichen Einsamkeit. Zwischen mir und den Menschen und dem Leben der Stadt, der Plätze, Häuser und Straßen war fortwährend eine breite Kluft. Es geschah ein großes Unglück, es*

standen wichtige Dinge in den Zeitungen – mich ging es nichts an. Es wurden Feste gefeiert, Tote begraben, Märkte abgehalten, Konzerte gegeben – wozu? Ich lief hinaus, ich trieb mich in Wäldern, auf Hügeln und Landstraßen herum, und um mich her schwiegen Wiesen, Bäume, Äcker in klagloser Trauer, sahen mich stumm und flehentlich an und hatten das Verlangen, mir etwas zu sagen, mir entgegenzukommen, mich zu begrüßen. Aber sie lagen da und konnten nichts sagen, und ich begriff ihr Leiden und litt es mit, denn ich konnte sie nicht erlösen."

Auch einzelne Bestandteile des depressiven Syndroms wurden beschrieben, beispielsweise von *Franz Grillparzer*, der seine eigenen periodischen Depressionen seinem Tagebuch anvertraute. So beschreibt er etwa den Interessenverlust wie folgt:

„*Mein Herz ist anteilnahmslos geworden. Mich interessiert kein Mensch, kein Genuß, kein Gedanke, kein Buch. Ich hätte vielleicht versucht, allem ein Ende zu machen, wenn ich es nicht unter den Umständen für feige hielte. So viel aber ist gewiß, daß wenn alle meine Bemühungen, mich ruhig und tätig zu machen, fruchtlos bleiben, ein unglückseligeres Dasein kaum gedacht werden kann.*"

In diesem Tagebuch beschreibt er aber auch eines der quälendsten Symptome der Depression, nämlich den Grübelzwang:

„*Furchtbar ist mein Zustand. Jeder Gedanke an Poesie verschwunden, selbst die Lektüre verleidet. Ich mag nicht denken. Von quälenden Gedanken wie von Hunden angefallen, weiß ich nicht, nach welcher Seite mich wenden.*"

Ein wesentliches Symptom der Depressivität ist auch die Vereinsamung und die daraus resultierende Einsamkeit. Aus der *bildenden Kunst* kann man hierbei zwei Beispiele betrachten. Zunächst das Bild „Einsamkeit" von Edvard Munch. Es bringt hier deutlich zum Ausdruck, daß man auch zu zweit einsam sein kann. Es sei in diesem Zusammenhang nur an die Verlassenheit erinnert, die der einzelne auch in einer scheinbar funktionierenden Ehe erleben kann, besonders dann, wenn sich eine Zweierbeziehung nur mehr auf Sexualität beschränkt. Strindberg hat in seinem Werk sehr einprägsame Beispiele dafür geliefert. Man denke beispielsweise an die Schilderungen in seiner Selbstbiographie oder an Werke wie „Fräulein Julie".

Besonders bildende Künstler haben aber nicht nur versucht, den Seelenzustand der Depressivität darzustellen, sondern auch die typische Mimik und Haltung Depressiver. In der Abbildung „Saturn" von Hans Baldung Grien erkennt man deutlich die „Veraguth'sche Falte", die stark ausgeprägten Nasolabialfalten und die herabhängenden Mundwinkel.

Ganz andere Beziehungen bestehen zwischen *Suizidalität und Kunst*. Als Goethe seinen „Werther" geschrieben und damit eine Selbstmordepidemie ausgelöst hatte, sagt er später inhaltlich zu Eckermann: Was geht mich das an, ich bin meine Probleme losgeworden, was die anderen machen, interessiert mich nicht.

So hat sich Goethe ausgedrückt, was ihm viel Kritik eingetragen hat und von seinen Verehrern verlegen-höflich mit „olympischer Gelassenheit" (Sperber) entschuldigt wurde. Spätestens seit dieser Werther-Zeit weiß man, daß einerseits Suizidalität ansteckend wirken kann und es kreativ Tätigen andererseits möglich ist, durch diese Tätigkeit ihr Suizidpotential abzubauen. Dabei kommen entsprechende Untersuchungen zu der Erkenntnis, daß Künstler, die ihrem Leben durch Selbstmord ein Ende bereiteten, nur selten oder nie das Motiv Selbstmord in ihrer Arbeit berücksichtigten. Selbstverständlich gibt es auch Ausnahmen.

Ein Künstler, der eines natürlichen Todes im hohen Alter starb und das Thema Selbstmord und Tod häufig dargestellt hat, ist Alfred Kubin. Neben seinem graphischen und malerischen Werk hat Kubin einen phantastischen Roman mit dem Titel „Die andere Seite" geschrieben. In ihm schildert er ein Schreckensregime in einem fernen Reich, was ihn offensichtlich selber aus einer seelischen Krise mit Suizidgedanken befreite.

Als Beispiel eines Künstlers, der durch Suizid endete, sei Ernst Ludwig Kirchner genannt, der sich 1938 vor seinem Haus in Davos durch einen Schuß suizidierte. Kirchner ist ein Beispiel für einen Maler, der durch Suizid endete, dieses Thema in seiner Kunst jedoch kaum berücksichtigte. Nur ein einziges Mal nach dem Suizid der Tochter eines Freundes gestaltete er ein Bild zu diesem Thema, in dem er die „Selbstmörderin" selber darstellte.

Als in der zweiten Hälfte des vergangenen Jahrhunderts die ersten psychiatrischen Kliniken als selbständige Spitäler gegründet wurden, ging es vor allem darum, die Patienten vor selbst- und fremdaggressiven Handlungen zu schützen. Die therapeutischen Möglichkeiten waren gering und bezogen sich vor allem auf die Verabreichung von Hypnotika als Beruhigungsmittel. Dies hatte zur Folge, daß die Patienten ein monotones Leben führten, das zu einer weiteren Verformung der Persönlichkeit beitrug. Es war daher ein Fortschritt, als Ende des vergangenen Jahrhunderts die Arbeitstherapie in die psychiatrischen Kliniken Einzug hielt. Die Patienten wurden dabei meist innerhalb der Klinik mit einfa-

chen Arbeiten in Küche, Garten und Landwirtschaft beschäftigt.

Unter den Kranken der Psychiatrischen Universitätsklinik Bern-Waldau befand sich auch ein schizophrener Knecht aus dem Berner Oberland mit dem inzwischen berühmt gewordenen Namen *Adolf Woelfli*. Das später von dem Psychiater Morgenthaler herausgegebene Buch: „Ein Geisteskranker als Künstler. Adolf Woelfli" (1921) fand zunächst unter Psychiatern, später aber auch unter Künstlern große Beachtung. Es wurde in seiner Bedeutung etwas überschattet von dem ein Jahr später veröffentlichten Werk des Heidelberger Psychiaters Hans Prinzhorn mit dem Titel: „Bildnerei der Geisteskranken" (1922).

Dieses Buch, das verschiedene, teils farbige Abbildungen wiedergab, erregte noch größeres Aufsehen, zunächst vor allem in Künstlerkreisen. Wahrscheinlich hat es die moderne Kunst wesentlich beeinflußt. Traurige Berühmtheit errangen diese Bilder in einer Ausstellung im „Dritten Reich", wo sie Seite an Seite mit Bildern von modernen Künstlern unter dem Titel „Entartete Kunst" ausgestellt werden mußten. Mit dieser Zusammenstellung sollte die damalige moderne Kunst diffamiert und derjenigen der Geisteskranken gleichgestellt werden.

Inzwischen, 100 Jahre nach dem Geburtstag von Hans Prinzhorn, hat sich aus der Arbeitstherapie die Beschäftigungstherapie entwickelt und aus dieser wiederum die Gestaltungstherapie, besonders in Form von Maltherapie. Heute nennt man diese Therapie mit Malen, Modellieren, Bildhauern und Schnitzen als Behandlungsform auch *„kreative Therapien"* („Art Therapy").

Ein spezielles, vielfach bis weit in die Anfänge der Menschheit zurück verfolgbares Problem ist auch der Umstand, daß kranke Menschen als etwas Besonderes galten. Eine direkte Beziehung zwischen künstlerischem Schaffen und psychischer Krankheit stellt beispielsweise der italienische Kriminal-Anthropologe Cesare Lombroso her. Er beschrieb seine Beobachtungen und Überlegungen in seinem berühmt gewordenen Buch: „Genie und Irrsinn" (1864). Dieses Werk fand vor allem in gelehrten Kreisen großen Anklang, löste aber auch heftige Diskussionen aus. Aus solchen systematischen Anleitungen zur Gestaltung entwickelten sich die bereits erwähnte Kunsttherapie bzw. die kreativen Therapien. Auch die Psychoanalyse hat sich ausführlich des künstlerischen Gestaltens angenommen. Dazu prägte beispielsweise der Wiener Psychoanalytiker Wilhelm Steckel den Satz: „Es stimmt zwar, daß alle Künstler Neurotiker sind, das heißt aber nicht, daß alle Neurotiker Künstler sind." In jüngerer Zeit haben sich vor allem zwei Psychiater, nämlich der

Schweizer Alfred Bader und der Wiener Leo Navratil, mit diesen Zusammenhängen beschäftigt. Dabei wurde deutlich, daß die Gestaltungsmerkmale, die Navratil für die schizophrene Kunst beschrieben hat, eigentlich Gestaltungsmerkmale künstlerischen Gestaltens überhaupt sind. Sie lauten:
1. das Ausdrucksbedürfnis im Sinne der Physiognomisierung
2. die Ordnungstendenz im Sinne der Formalisierung
3. das Symbolbedürfnis im Sinne der Symbolisierung

Der Schweizer Tiefenpsychologe Carl Gustav Jung schenkte vor allem den Bildern von Neurotikern besondere Beachtung und versuchte sie so zu deuten, als wären es seine Träume. Besonders diese Bilder waren es, die ihn auf die Spur der Urbilder im menschlichen Unbewußten bzw. auf die Idee eines „kollektiven Unbewußten" brachten. So nannte er diese Urbilder „Archetypen", weil die gleichen Urbilder in den verschiedensten Kulturen anzutreffen sind. Seine Schüler, die sich speziell mit diesen Bildern beschäftigten, konnten später zeigen, daß es eigentlich Bilder bzw. Urbilder sind, die die Entwicklung des Menschen im pathologischen, aber auch im normalen Entwicklungsprozeß begleiten. So wurde deutlich, daß zwischen psychischer Labilität und Lockerung des Gedankengefüges einerseits sowie Kreativität andererseits enge Beziehungen bestehen. Heute werden diese Arbeiten nicht zuletzt von der „Gesellschaft für Psychopathologie des Ausdrucks", gegründet von Ottokar G. Wittgenstein, weitergeführt und interdisziplinäre bearbeitet. Auf dem Monte Verità in Ascona wurde die „Internationale Gesellschaft für Kunst, Gestaltung und Therapie" gegründet.

In der heutigen Zeit erlebt man nicht nur wachsendes Interesse an der Kreativität psychisch kranker Menschen, sondern immer mehr Gesunde versuchen ihren Freizeitraum zu erweitern, um vor allem dort kreativ zu sein. Diesem Bedürfnis entsprechen auch die immer häufiger werdenden Zubehörartikel für kreative Freizeitgestaltung.

Das „Lexikon der Psychologie" (1976) definiert Kreativität wie folgt: „Fähigkeit, neue Beziehungen zu sehen, ungewöhnliche Ideen und Einfälle zu produzieren und von herkömmlichen Denkschemata abzuweichen."

Eine geschlossene *Theorie der Kreativität* gibt es noch nicht. Dabei nehmen tiefenpsychologisch orientierte Theorien eine besondere Stellung ein. Als Beispiel sei nur die Sublimationstheorie von Sigmund Freud erwähnt. Auf einen einfachen Nenner gebracht besagt sie, daß Kultur eigentlich durch Unterdrückung und Sublimierung der Libido bzw. Sexualität entstanden ist. Konstitutionstypologische Kreativitätstheorien wie beispielsweise die von E. Kretschmer beschäftigen sich mit den Gegensätzen zwischen Zyklothymie und Schizothymie, C. G. Jung mit dem Gegensatz

zwischen Extraversion und Introversion und schließlich H. Sheldon mit dem zwischen Viszerotonie und Zerebrotonie.

So kann man beispielsweise nach Kretschmer wie folgt differenzieren: Der zyklothyme Künstler hat während seines ganzen Lebens bis ins hohe Alter hinauf Phasen besonderer Schaffenskraft (Beispiel: Goethe). Der schizothyme Künstler dagegen hat vor allem in seiner Jugend einen enormen Kreativitätsschub, der dann aber im Laufe der Zeit versanden kann (Beispiel: Hölderlin).

Bei der Frage, was die besondere Zuwendung zur eigenen Persönlichkeit mit der Kreativität zu tun haben kann, fällt zunächst auf, daß eine besondere Art der Selbstbesinnung und Konzentration auf das eigene Innenleben wahrscheinlich die Voraussetzung dafür ist, bestimmte Inhalte und Zusammenhänge ausdrücken zu können. Unter diesem Aspekt ist auf jene Kreativitätstheorien zu verweisen, die eine Beziehung zwischen dem manisch-depressiven Formenkreis und der Kreativität sehen (z. B. Ehrenzweig). Diese Theorien nehmen an, daß in der depressiven Phase infolge des Grübelzwanges gewisse Probleme durchdacht werden und durch die Verstimmung einen besonderen emotionalen Gehalt bekommen. Ein typisches Beispiel dafür ist die romantische Problematik von „*Eros und Thanatos*", die wieder eng mit dem Problem der Suizidalität verbunden ist. Hier sind auch wieder die „Leiden des jungen Werther" von Goethe und ihre Folgen zu sehen. In der hypomanischen Nachphase bzw. im manischen Höhenflug werden diese neuen Gedankenverbindungen dann in die Tat umgesetzt und neue Kunstwerke geschaffen. Auch auf die engen Beziehungen zwischen Depressivität einerseits und Narzißmus andererseits ist in diesem Rahmen hinzuweisen.

Kreativität ist nach den Ergebnissen der modernen Gehirnforschung vor allem in der nichtdominanten, das heißt meist rechten Hemisphäre angesiedelt. Die linke Hemisphäre (die dominante Hemisphäre beim Rechtshänder) verarbeitet Informationen vor allem linear, wie ein Computer, die rechte, nichtdominante, eher simultan, bildhaft. Oder, anschaulicher ausgedrückt: Die linke bzw. dominante Hemisphäre kann mit den Begriffen „verbal, analytisch, reduktiv, in Teile zerlegend, segmentiell, rational, zeitorientiert und diskontinuierlich", die rechte oder nichtdominante Hemisphäre als „nicht verbal, holistisch, synthetisch, räumlich-visuell, intuitiv, zeitunabhängig und diffus" beschrieben werden.

Obwohl schon in den Ergo- und Aktivitätstherapien kreative Fähigkeiten geweckt und gefördert werden, hat sich eine eigene Richtung herausgebildet, die man als „*Kreative Therapien*" oder im Englischen „Art Therapy" zusammenfassen kann. Die Grundlage dieser Bemühungen ist darin zu sehen, daß man durch die Anregung der Kreativität im gestalterischen bis künstlerischen Bereich (je nach Talent) versucht, die Patienten anzuregen, ihr Leben neu, das heißt innovativ und kreativ zu gestalten. Außerdem erwies es sich als wichtig, den Kranken zu zeigen, daß in ihnen Fähigkeiten schlummern, an die sie bisher nie gedacht hatten.

Wenn man einem Patienten ein Blatt Papier und Buntstifte gibt und sagt: „Zeichnen Sie etwas!", dann erhält man meist die Antwort: „Das kann ich nicht, denn seit der Schule habe ich nicht mehr gezeichnet." Wenn man diesen Patienten dann aber erklärt, sie mögen nicht etwas nachzeichnen oder abzeichnen, sondern nur irgendwas auf das Papier kritzeln, so findet man erstaunlich häufig konturierte Darstellungen, die oft von einer regen Phantasie zeugen. Solche Zeichnungen können nicht nur im Sinne einer Aktivierung dieser Fähigkeiten, sondern auch zur psychotherapeutischen Aufarbeitung des Inhaltes genutzt werden. Künstlerische Gestaltungen, welcher Art auch immer, können im Sinne der freien Assoziation in der Therapie durch erfahrene Psychotherapeuten so gedeutet werden, wie man dies in der analytischen Psychotherapie mit Träumen tut. Natürlich setzt dies große Erfahrung voraus und kann in erhebliche Komplikationen münden, wenn psychotherapeutisch Ungeschulte mit wilden Deutungsversuchen beginnen und unter Umständen den Patienten gerade dadurch in Angst und Panik versetzen.

Deshalb sollte die Anwendung künstlerischen Gestaltens als therapeutische Maßnahme unter folgenden Gesichtspunkten praktiziert werden:
1. Künstlerisches Gestalten kann die Kreativität anregen. Dies und das Gestalten selber kann eine therapeutische und rehabilitative Wirkung entfalten.
2. Das kreative Gestalten kann zu einem wesentlichen Entwicklungsschritt über Rehabilitation hinaus werden, besonders wenn es sich um Menschen mit einer künstlerischen Begabung handelt. Ein nachahmenswertes Beispiel ist das „Haus der Künstler" am Niederösterreichischen Landeskrankenhaus für Psychiatrie und Neurologie in Klosterneuburg/Gugging. Dort ist es gelungen, eine Reihe schwerkranker Patienten vor allem zum bildnerischen Gestalten, aber auch zum Schreiben zu bringen, die sich dank ihres Talents mit der Zeit einen gewissen Namen, sogar auf dem Kunstmarkt, sichern konnten. Es ist dadurch möglich geworden, Schwerkranken eine gewisse Selbständigkeit und einer Anzahl besonders begabter Patienten sogar eine künstlerische Zukunft zu schaffen.
3. Künstlerische Gestaltungstherapie kann im Rahmen von Psychotherapien Verwendung finden. Schon Sigmund Freud veröffentlichte einige Zeichnungen seiner Patienten, um den Inhalt ihrer Träume besser darzustellen.

Vor allem C. G. Jung und seine Schülerin J. Jacobi hielten ihre Patienten regelmäßig zum Malen und zum Gestalten in Ton und Plastik an. Die Inhalte dieser Produkte wurden dann im Verlauf der Psychoanalysen so wie Träume als Grundlage für Assoziationen verwendet. Wiederum muß aber darauf hingewiesen werden, daß besonders diese Art der Gestaltungstherapie bzw. kreativen Therapie nur von Therapeuten durchgeführt werden darf, die eine gründliche psychologische und psychotherapeutische Ausbildung besitzen.

Abschließend seien noch einmal die *Ziele der kreativen Therapie* wie folgt zusammengefaßt:
- Eigenes Erleben ohne Zwang und Vorschrift gestalten zu dürfen.
- Erleben, etwas zu können, ohne von den Fähigkeiten vorher gewußt zu haben.
- Erleben der averbalen Möglichkeit zur Kommunikation.
- Erleben der Verstärkerwirkung der Gruppen bei gruppenweiser Therapie.
- Künstlerisch, das heißt emotional zu gestalten, regt dazu an, auch das weitere Leben gestalterisch unter Bezug auf die Emotionalität zu planen.
- Training der meist unterentwickelten, nichtdominanten Hemisphäre, um in Zukunft auch vermehrt emotional und aus synthetischer Sicht zu planen und zu handeln.
- Ausgleichsmöglichkeiten für die geforderte Rationalität erlernen.

Literatur

Bader A. Kreativität und Kunst aus psychopathologischer Sicht. Schweiz Arch Neurol Neurochir Psychiat 1980; 126: 77.

Bader A, Navratil L. Zwischen Wahn und Wirklichkeit: Kunst – Psyche – Kreativität. Luzern, Frankfurt am Main: Bucher 1978.

Benedetti G. Der Geisteskranke als Mitmensch. Göttingen: Vandenhoeck & Ruprecht 1976.

Condrau G. Imagination, Kunst und Kreativität. Psychologie der Kultur, Bd. 2. Weinheim, Basel: Beltz 1982.

Eccles JC. Das Rätsel Mensch. München, Basel: Reinhardt 1982.

Eccles JC, Popper KR. Das Ich und das Gehirn. München: Piper 1982.

Ehrenzweig A. Ordnung im Chaos. Das Unbewußte in der Kunst. München: Kindler 1974.

Figl J. (Hrsg.): Von Nietzsche zu Freud. Übereinstimmung und Differenzen in Denkmotiven. Wien: Universitätsverlag Wien (WUV) 1996.

Hampden-Turner C. Modelle des Menschen. Ein Handbuch des menschlichen Bewußtseins. Weinheim, Basel: Beltz 1983.

Harrer G. (Hrsg.): Grundlagen der Musiktherapie und Musikpsychologie. Stuttgart: Gustav Fischer 1975.

Harrer G, Simon W. (Hrsg.): Neue Wege der Musiktherapie. Grundzüge einer alten und neuen Heilmethode. Düsseldorf: Econ 1974.

Harrer G, et al. (Hrsg.): Musik und Vegetativum. Eine Studie aus dem Herbert-von-Karajan-Institut für experimentelle Musikpsychologie an der Universität Salzburg. Ciba-Geigy 1975.

Harrer G, Pöldinger W. Musik und Psychiatrie. Ars Medici 1979; 69: 370.

Jacob W. Medizin als Kunst. TW Neurologie Psychiatrie 1989; 3: 603.

Kretschmer E. Geniale Menschen. Berlin, Göttingen, Heidelberg: Springer 1958.

Matussek P. Kreativität als Chance. München, Zürich: Piper 1974.

Morgenthaler W. Ein Geisteskranker als Künstler. Bern, Leipzig: Pircher 1921.

Navratil L. Schizophrenie und Sprache – Schizophrenie und Kunst. München: Deutscher Taschenbuch Verlag 1976.

Pöldinger W. Der psychisch Kranke und die Kunst. 15. Kongreß der Akademie für Allgemeinmedizin. Prakt Arzt 1985; 39: 7.

Pöldinger W. Die Bedeutung der Kreativität für die Rehabilitation. Schweiz Ärztezeitung 1985; 66: 409.

Pöldinger W. Der seelisch Kranke und die Kunst. Der informierte Arzt 1986; 7: 6.

Pöldinger W. Leben heißt gestalten. In: Gestalt – Gestaltwerdung – Gestaltzerfall. duphar med script 1990.

Pöldinger W. Kulturelle Psychologie und Psychiatrie. Karlsruhe: Braun 1992.

Pöldinger W, Wittgenstein OG. Psychologie und Psychopathologie der Hoffnung und des Glaubens. Bern, Stuttgart, Wien: Huber 1981.

Prinzhorn H. Bildnerei der Geisteskranken. Berlin, Heidelberg, New York: Springer 1922; 4. Aufl. 1994.

Ringel E. Die Bedeutung der Stimme und der Musik für unsere Welt. Linz: Linzer Veranstaltungsges. 1984.

Simon WCM. Musik und Heilkunst. In: Musiktherapie. Pahlen K. (Hrsg.). München: Heyne 1973.

Waser G. Auf dem Wege zu einer gestaltenden Psychologie und Psychotherapie. Musik-, Tanz- und Kunsttherapie. Zeitschrift für künstlerische Therapien 1990; 1/3: 117.

Kunst und psychische Erkrankung:

„Als Patient benutzte ich die Kunst als ein Mittel, um nach den Leuten zu schlagen. Im Krankenhaus war es unmöglich, jemanden körperlich anzugreifen. Schon sich den Anforderungen einer Krankenschwester oder eines Hilfspflegers zu widersetzen, konnte eine Isolation oder eine Fixierung zur Folge haben. Kunst war die einzige Möglichkeit, jemanden auf eine akzeptable Weise zu attackieren. So konnte ich meine Gefühle von Abneigung und Wut gegen jeden zum Ausdruck bringen, der Gewalt über mich hatte. Ich konnte eine Leinwand oder ein Blatt Papier mit aller Gewalt angreifen, und wenn ich das Bild fertiggestellt hatte, dieses dann wieder zerstören. Ich konnte es in Stücke reißen, und niemand würde mich davon abhalten. Ich konnte wen oder was auch immer ich wollte malen, alles war vorbehaltlos akzeptabel.

Während meiner Hospitalisierung war ich unwahrscheinlich wütend, jedoch war es interessant zu beobachten, daß durch das Ausleben dieser Wut im Bild diese zum Erliegen kam, wenn das Bild schließlich fertig war. Die Kunst wurde zur emotionalen Katharsis für mich und half mir sehr bei der Genesung, so sehr, daß ich es kaum in Worte fassen kann. Ich habe immer eher Gefühle und Emotionen gemalt als konkrete Objekte. Während meiner psychischen Erkrankung waren diese Gefühle feindselig. Seither hat sich meine Arbeit vollkommen gewandelt. Ich finde jetzt Gefallen daran, Witz und Erregung in einem Kunstwerk einzufangen. Meine Frau und ich haben viele meiner Arbeiten zu Hause, aber keine einzige aus der Zeit meiner psychischen Erkrankung. Es war eine sehr schmerzhafte Phase meines Lebens, und ich habe kein Verlangen danach, sie je wieder zu durchleben." (Richard Lachman)

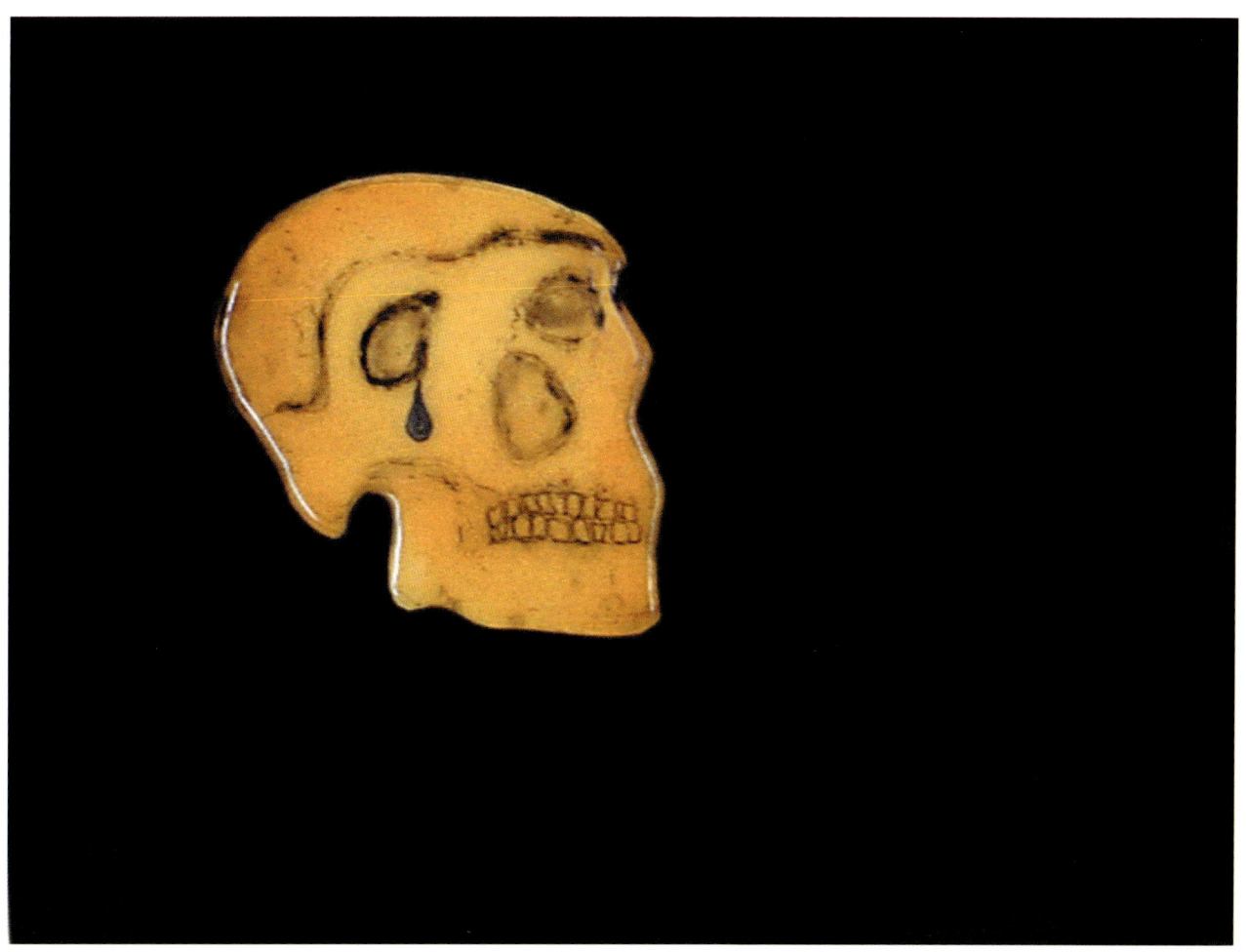

Richard Lachman (geb. 1928)
„When did I die?" („Wann bin ich gestorben?"), 1965
50 × 66 cm, Tusche mit Epoxyharz überzogen auf einer verstärkten Holzfaserplatte
Sammlung Drs. James und Nuhad Kadlec, USA (Bild 73)

Erläuterungen zum Bild:

„Entstanden auf dem Spiegel der Herrentoilette am Tag der Krankenhausaufnahme":
„Ich malte dieses Bild mit einem Stück Seife auf den Spiegel der Herrentoilette in der Nacht, in der ich in das Krankenhaus
kam. Ich hatte alles verloren. Ich hatte meine Familie verloren, mein Geschäft, mein Geld und jetzt auch noch meine
Freiheit. Ich war furchtbar verzweifelt, fast in einem Zustand gelähmter Trauer. Es war der tiefste Punkt, an dem ich je in
meinem Leben angekommen war. Im Lauf der folgenden Woche etwa erstellte ich fünf Kopien des Bildes auf dem Spiegel,
und dies ist eine davon. Der Schädel ist mit Epoxyharz hervorgehoben. Die Spur von Farbe und die Träne sind Ausdruck
meines Glaubens, daß es selbst im Tod etwas Lebendiges gibt."
(Richard Lachman)

Richard Lachman (geb. 1928)
„The Voices Never Stop" („Die Stimmen geben niemals Ruhe"), 1965
68 × 81 cm, Filzstift auf Papier
Sammlung Drs. James und Nuhad Kadlec, USA (Bild 74)

Erläuterungen zum Bild:

„Entstanden in der Phase schwerster psychischer Krankheit":
„Während der Zeit im Krankenhaus hörte ich andauernd Stimmen, die mir sagten, was ich zu tun hatte. Als ich dieses Bild malte, war ich so krank, daß ich nicht mehr unterscheiden konnte, ob sie wirklich oder nur in meinem Geist existierten. Ich erlebte mich als den Angriffen der Menschen und Kräfte um mich herum ausgesetzt. Zu dieser Zeit war ich so krank, daß ich in eine geschlossene Abteilung mußte. Das einzige Material zum Malen, das man mir damals zur Verfügung stellte, waren Papier und ein abgestumpfter Filzstift."
(Richard Lachman)

Richard Lachman (geb. 1928)
„Out of Anger, Reason" („Aus Wut, Einsicht"), 1969
60 × 46 cm, Filzstift und Acrylfarbe auf Papier
Sammlung Drs. James und Nuhad Kadlec, USA (Bild 75)

Erläuterungen zum Bild:

„Entstanden am Beginn des Ansprechens auf die medikamentöse Therapie":
„Dieses Bild entstand am Beginn meiner Genesung. Zwar war ich immer noch furchtbar wütend, aber ich war jetzt in der
Lage, analytischer zu denken. Anders als in den im frühen Stadium meiner Krankheit entstandenen Bildern
war ich nun expressiv und versuchte aus dem Bild heraus etwas mitzuteilen, anstatt als Opfer in seinem Zentrum
zu verharren. Ich bekam nun Medikamente und begann mich zu ändern. Anstatt alle meine Gedanken nur noch auf mich
selbst zu richten, begann ich wieder Beziehungen mit anderen aufzunehmen."
(Richard Lachman)

Richard Lachman (geb. 1928)
„The Wild Ones" („Die Wilden"), 1972
61 × 71 cm, Tusche auf Papier
im Besitz des Künstlers (Bild 76)

Erläuterungen zum Bild:

„Das kurz vor der Entlassung
entstandene Verpflichtungsbild":
„Dieses Bild verfaßte ich als Selbstverpflichtung.
Es entstand einige Monate vor meiner Entlassung als Symbol dafür, mein Leben und meinen Gesundheitszustand grundlegend zu ändern. Ich wandte mich zur Gesundheit, und es war für mich wichtig, diese Entscheidung als Bild zum Ausdruck zu bringen. Jede einzelne Linie wurde peinlich genau mit einem Stift und Tinte gezogen, was mehrere Monate in Anspruch nahm. Ich glaube nicht, daß ich so etwas jemals wieder machen könnte. Es war eine sehr ruhige und friedvolle Zeit für mich. Ich war nachdenklich und analysierte meine Gedanken, was in dem Bild dargestellt ist. Obwohl die Pferde ein großes Ausmaß an Bewegung verkörpern, stellen die umgebenden Figuren ein sehr ruhiges Umfeld dar. Der Hintergrund ist komplex, aber nur wenig bewegt. Bei jedem einzelnen Strich des Bildes war ich in Gedanken vertieft. Wenn es auch sehr erniedrigend ist, die eigene Freiheit zu verlieren und von den Entscheidungen anderer abzuhängen, so kann es doch gleichzeitig auch sehr angenehm sein, alle Entscheidungen einem anderen zu überlassen. Nach einer Weile ohne eigene Entscheidungen wird man ‚hospitalisiert', und es macht dann eine große Angst, das Krankenhaus wieder zu verlassen. Es bedarf einer tiefgreifenden Selbstverpflichtungsentscheidung, um die Klinik zu verlassen und das Leben zu verändern."
(Richard Lachman)

Richard Lachman (geb. 1928)
„Joyous Abandon" („Fröhlicher Abschied"), 1981
50 × 76 cm, Buntstift auf Papier
im Besitz des Künstlers (Bild 77)

Erläuterungen zum Bild:

„Zur Zeit der Entlassung":
„Das Bild entstand zur Zeit meiner Entlassung. Es symbolisiert den Wandel in meiner Geisteshaltung während des Krankenhausaufenthaltes, wenn man es mit den Figuren vergleicht, die ich in der schweren Phase meiner Erkrankung geschaffen habe. Es war gleichzeitig eine Phase, in der ich Cartoons gezeichnet habe, in denen ich freizügig Karikaturen der Mitarbeiter des Krankenhauses gestaltete. Ich zeichnete oder malte diese Autoritätspersonen und betonte dabei ihre schlimmsten Eigenarten. Ich fühlte, daß ich ihnen so eines auswischen konnte. Die Patienten und selbst die in den Karikaturen dargestellten Personen waren sehr amüsiert und verstanden in keiner Weise den Zynismus, der dem Humor dieser Bilder zugrunde lag."
(Richard Lachman)

Richard Lachman (geb. 1928)
„Untitled – Circus" („Ohne Titel – Zirkus"), 1988
63 × 84 cm, Acrylfarbe und Wasserfarbe auf Papier
mit getönter Glasur
Sammlung Drs. James und Nuhad Kadlec, USA (Bild 78)

Erläuterungen zum Bild:

„Einige Jahre nach der Entlassung":
„Was für ein Spaß dieses Gemälde ist! Ich hatte vergessen,
daß ich es überhaupt je gemacht hatte, aber es ist herrlich.
Es ist sicher nicht das Bild eines Depressiven. Dieses Bild
zeigt, wie sehr ich Künstler wie Miró und Mondrian schätze
und welchen Einfluß sie auf mein Werk ausgeübt haben.
Ich stelle mir gerne vor, daß Miró dieses Thema wohl
ähnlich bearbeitet hätte."
(Richard Lachman)

Richard Lachman (geb. 1928)
„I love New York" („Ich liebe New York"), 1995
59 × 78 cm, Acrylfarbe auf Papier mit geschichteter Gaze
im Besitz des Künstlers (Bild 79)

Erläuterungen zum Bild:

„Eine der jüngsten Arbeiten. Eine Hommage an Künstler
wie Miró, Dali, Mondrian und Picasso":
„Dies ist eine meiner jüngsten Arbeiten, und obwohl ich
mich eigentlich nie mit meinen Bildern verbunden fühlte,
mag ich dieses Bild besonders. Vielleicht liegt das daran,
daß ich New York wirklich mag. Aus der Nähe betrachtet
wird Ihnen auffallen, daß ich verschiedene Themen so
behandelt habe, wie sie vielleicht von einigen der Künstler,
die ich bewundere, bearbeitet worden wären, wie Miró,
Dali, Mondrian, Matisse und Picasso."
(Richard Lachman)

6.
Kann Kunst den therapeutischen Prozeß beeinflussen?

Der Beitrag der bildenden Kunst zu bildnerisch gestaltenden Therapieformen

Gottfried Waser

Wissenschaftlichkeit in der Psychiatrie nimmt zu. Denken wir an diagnostische Operationalisierung, Qualitätskontrolle, an biochemische, an genetische Forschung. Die psycho-neuro-biologische Vernetzung wird dichter. Spezifischere Psychopharmaka tragen zur sozialpsychiatrischen Öffnung, zur gemeindenahen Rehabilitation und Betreuung bei.

Im Sinne von Immanuel Kant schreitet die *Objektbestimmung* auch in der Psychiatrie voran. Besteht dabei nicht Gefahr, daß jenen Erfahrungen, die Kant „subjektiv-allgemein" nennt und die wir als qualitative Erfahrungen des Empfindens und Fühlens verstehen, zu wenig Bedeutung beigemessen wird?

Nager (1996) hat auf eine „Horizontverengung" in der modernen Medizin und auf deren „Versäumnis im kommunikativen und humanistischen Bereich" hingewiesen. Dies betrifft aus unserer Sicht teilweise auch die Psychiatrie. Subjektives, auch Lebensgeschichtliches, wird heute oft als anekdotisch apostrophiert und wenig beachtet. Im Vordergrund stehen psychoedukative, verhaltenstherapeutische, kognitive Verfahren. Psychodynamische, auf Übertragung/Gegenübertragung bezogene Konzepte im Sinne der Psychoanalyse stehen, zumindest was „die gängige psychoanalytische Praxis" anbelange, „gegenwärtig nicht auf der Höhe der Zeit" (Grawe et al. 1994). Die Psychotherapie, so wird gesagt, mache eine Wandlungskrise durch.

Ohne die kritischen Hinweise von Jaspers (1955) zur Psychotherapie außer acht zu lassen – sie könne „nicht ersetzen, was allein das Leben selber bringt"; mit dem „ursprünglichen" und nicht veränderbaren „Sosein eines Menschen" müsse in der Therapie gerechnet werden –, ist doch darauf hinzuweisen, daß operationalisierendes Denken in der Psychotherapie Gefahr läuft, Symptome zu einseitig als defizitär und regressiv einzuordnen. Die Möglichkeit würde dann aufgegeben, Symptome „kommunikativ" und „progressiv" zu verstehen, wie Benedetti (1992) vorschlägt. Sein psychotherapeutisches Vorgehen im Sinne der „kommunikativen Psychopathologie" besteht darin, aus den Symptomen heraus mit den Kranken in empathischen Dialog zu treten, befördert durch Phantasien, Träume und künstlerische Ausdrucksformen, um in den Krankheitszeichen Anzeichen für den Heilungsweg zu (er)finden.

Dem liegt die These zugrunde, daß seelisch-geistige Entfaltung der anteilnehmenden Beziehung und des austauschenden Dialoges bedarf, um ein Bild von sich selber und von der Welt aufbauen zu können. In Hinblick auf den kunstschaffenden Menschen formuliert Benedetti (1992) diese Wechselbeziehung in dialektischer Weise: „Selbstaspekte erscheinen dem Künstler im Spiegel der Welt, so wie umgekehrt die Welt erst durch Selbstprojizierung als kreatives Bild erfahren wird". Das gilt in gewisser Weise, so können wir es weiter fassen, auch für Gestaltungen von Laien, wenn deren Schöpfungsprozesse aus Not und Leidenschaft entspringen. Richter (1997) spricht – im Hinblick auf nichtprofessionelles bildnerisches Arbeiten – von „Leidensbildern".

Kommunikation, vermittelt durch verbale und durch nonverbale, körperlich-gestische, kreativ-symbolische, *psychoästhetische Aus- und Eindrucksprozesse*, vollzieht sich als Erkenntnis- *und* Erlebnisprozeß, dessen Anteile im Licht oder im Schatten stehen können. Das heißt, daß sie vom gestaltenden und vom nachgestaltenden, rezeptiven Menschen bewußt oder nur unterschwellig oder gar nicht wahrgenommen werden. Es ist den kreativen Ausdrucksmedien – sei es Musik, Tanz, Theater, Poesie oder bildende Kunst – eigen, in besonderer Weise spontanes Erleben aus der Welt von Empfindungen und Gefühlen, Intuitives, noch nicht oder nicht mehr An- und Aussprechbares, symbolisch Vielschichtiges und Ursprüngliches anzuregen.

Nachfolgend gehen wir der Spur *bildnerischen Gestaltens* in Therapie und Psychotherapie nach. Schottenloher (1994) spricht davon, daß das Bild „Selbst- wie Weltaspekte" enthalte und Zugang zu Selbstentfaltung, zu Gestaltung und Therapie eröffne.

Richter (1995) verweist in Hinblick auf produktive und verstehende ästhetische Prozesse auf Kant mit den Worten: „(Er) fahndete nach einer spezifischen Proportionalität von Phantasie und Verstand (von Subjektivität und Objektivität, der Autor]), die sich als Grundlagen von ästhetischen Prozessen, produktiven wie verstehenden, ansehen läßt." Mit diesem Verständnis für das Zusammenwirken von *Verstehen und Gestalten*, von Rationalität und Irrationalität, aber auch von Wissenschaft und Kunst blicken wir auf bildnerische Therapieformen.

Bildnerisches Gestalten als Therapie

Therapie im Sinne der Psychotherapie wird von Dorsch (1992) als „Behandlung mit Hilfe der zwischenmenschlichen Kommunikation" definiert. In gestaltenden Therapieformen ist der *bildnerische Gestaltungsprozeß*, der vor und neben den Worten entsteht, in zentraler Weise daran beteiligt. Er ist – wie jede gestaltete, künstlerische Ausdrucksweise – kommunikativ, ferner erlebnisorientiert, und zielt auf subjektives und objektives Erkennen durch ästhetisches Handeln.

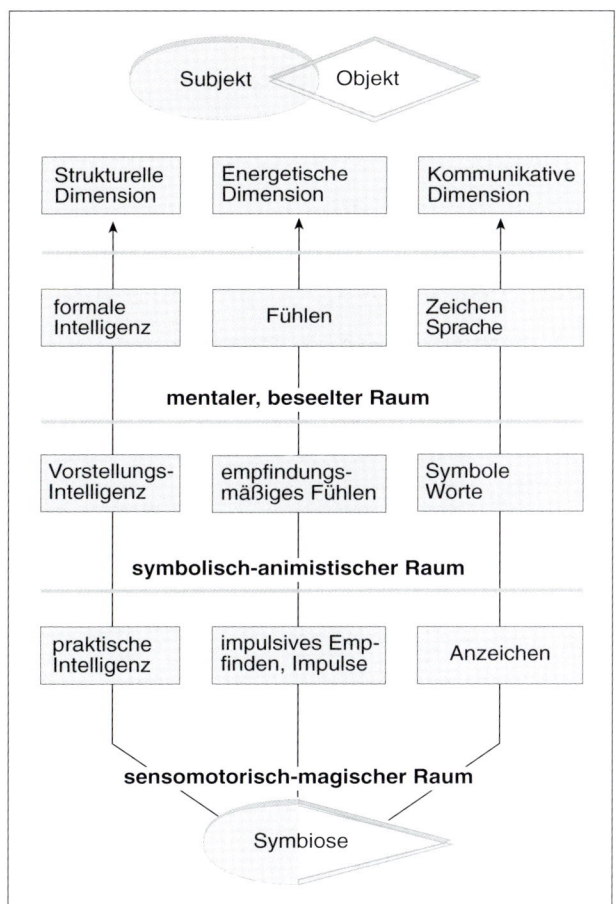

Abb. 1

Psychoanalytisch gesehen, arbeiten bildnerisch gestaltende Therapieformen mit *konkretisierten Übertragungen* in den ästhetischen Gestaltungsraum. Dieser *produktive* Gestaltungsprozeß besteht aus unbewußten, projektiv-primären und bewußten, reflexiv-sekundären Anteilen, die im Dienste individueller Entwicklung und Sozialisierung stehen, also Erkenntnisse, Strukturen und Verhalten hervorbringen, und nicht nur figurativ abbildend, reproduktiv wirken. Schottenloher (1994) spricht in diesem Zusammenhang von der „kreativen Übertragung und Gegenübertragung". Aus konstruktivistischer Sicht generiert sich der bildnerisch gestaltende Erkenntnisprozeß homolog den Stufen kognitiver Entwicklung nach Piaget (1985) aus sensomotorischen, symbolbildenden und reflexiv-begrifflichen Handlungen. Waser (1990; Abb. 1) baut darauf sein Modell mit den drei sich auseinander entwickelnden *Gestaltungsräumen* auf und definiert sie durch die kognitiv-strukturelle, die affektiv-energetische und die semiotisch-kommunikative Dimension.

Der *sensomotorische* Gestaltungsraum ist geprägt von „Bewegungsereignissen" (Richter 1997), von Bewegungsspuren, szenischer Präsentation, von Impulsivität, Farb-

133

Abb. 2

empfindungen und Rhythmisierung. (Magisches Denken entsteht auf dieser Strukturebene, auf der Original und Abbild noch als austauschbar erscheinen.) Im *symbolischen* und im *mentalen* (reflexiven) Gestaltungsraum herrschen einerseits physiognomische (Navratil 1995) und symbolische Formen des Bildausdruckes vor, andererseits Zeichen und Worte. (Animistisches Denken ist mit dem symbolischen Gestaltungsraum verbunden.) Wir unterscheiden drei semiotisch-kommunikative Funktionen: Während auf sensomotorischer (vorsymbolischer) Ebene der Malende sich gestaltend *präsentiert* oder *anzeigt* (Piaget, de Saussure 1970) mit dem Malgestus, mit impulsivem Spiel mittels Formen und Farben, *repräsentiert* er sich auf den höheren Ebenen mit Symbolen und Zeichen (Lorenzer 1972). Im mentalen Gestaltungsraum wird das freie Spiel mit Farben und Formen (im Sinne abstrakter Malerei) *formal-kompositorisch* und *dynamisch* ausgestaltet. Im Laufe eines Malprozesses werden diese Gestaltungsräume kontinuierlich regressiv und progressiv durchschritten, mit anderen Worten: Der Gestaltungsprozeß organisiert sich auf unterschiedlichen Niveaus.

Dazu ein Beispiel:

Fallbeispiel

Eine jüngere schizophrene Frau fühlt sich „nicht wirklich verbunden mit dem eigenen Körper". Über innere Erlebnisse und Gefühle vermag sie nicht zu sprechen, weil sie „die Worte nicht findet". Angeregt vom Therapeuten,

beginnt sie zu Hause zu malen. Sie entwickelt eine *projektive Malweise*: Mit Acrylfarbe grundiert sie die Malfläche, trägt intuitiv Farben mit bloßen Fingern, mit Pinsel und Spatel auf, indem sie sich spontanen Bewegungsimpulsen, bald zärtlich streichelnd, bald heftig reibend, überläßt. Dann betrachtet sie den Bildgrund, arbeitet mit Buntstiften Linien und Formen heraus, folgt assoziativen Einfällen und verdichtet die herausgearbeiteten Figuren zu Szenen und Geschichten. Während des Malprozesses fällt ihr meist ein Bildtitel ein. Die Bilder bringt sie wie Traumberichte in die Therapiestunde mit. Wir betrachten sie gemeinsam. Dann beginnt die Patientin, von ihrem mitgebrachten Bild geschützt und angeregt, aus ihrem Alltag, aus der Vergangenheit, zu berichten und von Wünschen und Hoffnungen zu erzählen.

„Einmal den Mond berühren" betitelt sie ein Bild (Abb. 2). Es erzähle vom „aufkeimenden Frühling", von Erinnerungen an Wind, Düfte, Farben. Sie erinnere sich an Spiele, auch an die Sehnsucht, wieder einmal mit dem Ehemann zu schlafen. Die still Dasitzende (rechts im Bild) springe übermütig, kopfüber (zweite Figur von rechts) ins Erleben. Ein Schmetterlingswesen (zweite Figur von links) verlocke sie dazu. Sie möchte ihrer Sehnsucht nachgeben, abheben, über die Grenzen, die Richtschnur springen können (Figur in der Bildmitte oben).

Dieses Bild *verkörpert* den Wunsch der Patientin in „bewegender" Weise, indem der Betrachter wie in einer

Bildgeschichte der impulsiven Bewegung von der dasitzenden zur kopfüber springenden Frau nachgehen kann, um zu spüren, daß sie aus Begrenzung und Erstarrung herausspringen möchte. Die Zeichnerin *präsentiert* bildhaft Vorbewußtes in leibhaftiger, szenischer Weise. Sie konnte im Laufe der gemeinsamen Betrachtung nachvollziehen, was ihr Bild *repräsentiert*: Sie nahm ihre Sehnsucht wahr, sich zu bewegen, zu erleben. Das Bild ist Spiegelung ihrer selbst. Es vermittelt unter den Augen des Therapeuten Selbstwahrnehmung und Selbstdarstellung (Selbstrepräsentanz) und wirkt symbolstiftend. In dem Sinne meint Benedetti (1989), daß dem in der Psychotherapie selbst gestalteten Bild eine „psychogenetische Wirkung" eigen sei. Selbstaspekte erscheinen der Patientin im Spiegel der (Zwischen-)Welt ihres gestalteten Bildes.

Wir können *zusammenfassend* den Malprozeß so verstehen, daß die Patientin das, was sie bewegt, zuerst sensomotorisch präsentiert im Bearbeiten des Malgrundes, sich dann intuitiv auf diesen bezieht, in projektiver Weise symbolische Figurationen, Repräsentationen hineinliest, mit Buntstiften herausarbeitet, sie assoziativ verknüpft und schließlich für sich selbst – der Bildtitel verweist darauf – und im Dialog mit dem Therapeuten diese in sinnvolle, diskursive Zusammenhänge bringt, das heißt reflektiert.

Bildnerische Prozesse von Laien illustrieren vorwiegend. Sie greifen auf und an, sie greifen symbolisch über etwas hinaus, sie vermögen den Zuschauer zu ergreifen, ihn empathisch zu stimmen. Bilder von Patientinnen und Patienten sind auch Teil der soziokulturellen Geschichte. Letztere vermag, da sie dem Ausdrucksvermögen von Laien meist überlegen ist, zum Bildverständnis beizutragen. C. G. Jung nennt die Methode, Symbole auf kulturellem Hintergrund zu betrachten, *Amplifikation* (Jacobi 1971). Richter (1996) bezeichnet Kunsttherapie, die damit arbeitet, als „pragmatisch-historisierend", weil sie, was unverzichtbar sei, den subjektiven bildnerischen Ausdruck aus der „Kunst der Zeit", aus „den künstlerischen Realisationen der einzelnen Stilrichtungen" zu verstehen versuche und nicht nur aus biographischen Ereignissen.

Annäherung von therapeutischen und künstlerischen Prozessen

Nicht nur schöpferische Begründer moderner Psychotherapieformen, denken wir an Freud, Jung, Perls, Moreno und viele andere, haben Nähe zur bildnerischen Kunst gesucht, umgekehrt näherten sich Künstler wie Salvador Dali, Max Ernst und, in jüngerer Zeit, besonders Joseph Beuys tiefenpsychologischen und therapeutischen Feldern. Wir können parallele Entwicklungen auf beiden Seiten beobachten: hier

erlebnis- und *ausdrucksorientierte* Psychotherapieformen wie Gestalttherapie, Psychodrama; dort *inszenierende* Kunstformen des Happenings, der Aktion, der Performance. Es gibt dynamische, strukturelle und inhaltliche Gemeinsamkeiten: impulsive Emotionalisierung, Gruppenprozesse, Selbsterfahrung. Im Vordergrund stehen Unmittelbarkeit, Authentizität und Improvisation. Tradierte Formen und konventionelle Sehgewohnheiten sollen aufgebrochen werden wie Widerstände, damit Verborgenes, Dunkles, Archaisch-Triebhaftes, damit *Unbewußtes* einströmen kann.

Die Kunstgeschichte verweist auf vorbereitende Entwicklungen im 19. Jahrhundert: Die bildende Kunst hatte sich „mehr und mehr von der sichtbaren Erscheinung der Dinge den unsichtbaren Kräften in und zwischen den Dingen", von der naturalistisch-objektiven Darstellungsweise kommend der subjektiven, „psychisch transparenten" zugewandt (Schmidt 1955). In den zwanziger Jahren rezipierten junge Künstler in Berlin, vor allem aber in Paris (u. a. Jean Cocteau, André Breton, Max Ernst), den Ausdrucks- und Malstil von Außenseitern, besonders von Schizophrenen, von Naiven und Kindern. Morgenthaler hat 1921 die Monographie zum Werk von Adolf Wölfli mit dem provozierenden Titel „Ein Schizophrener als Künstler" vorgelegt. Ein Jahr später, 1922, erschien „Bildnerei der Geisteskranken" von Prinzhorn. Beide Werke hatten eine intensive Wirkung auf die künstlerische Avantgarde und deren Entwicklungen, die sich einerseits um den *surrealistischen* Pol (Klee, Chagall, später Picasso u. a.), anderseits um den Pol der *freien Malerei* (z. B. Mondrian), gruppieren. Die freie Malerei strebt „weg vom Gegenstand und hin zum reinen Rhythmus der Form und zur reinen Melodie der Farbe" (Schmidt 1955). Eine vergleichbare polare Entwicklung läßt sich auch auf dem Feld moderner Psychotherapien feststellen, indem wir die dynamisch-tiefenpsychologischen Richtungen von denen unterscheiden, die vorwiegend auf Strukturen, Kognition und Verhalten ausgerichtet sind.

Der *Dadaismus*, der *Kunst mit Leben gleichsetzt*, hat mit der Kunsttradition radikal gebrochen und die seit Hegel gültige ästhetische Forderung, Tradition und individuellen Formwillen zu verbinden, abgelehnt. Jean Dubuffet entwickelte seit den vierziger Jahren das Konzept des *Art Brut*, der „rohen, rudimentären, ursprünglichen Kunst", und baute seine weltbekannte Sammlung auf, die seit 1976 in Lausanne eine Heimat gefunden hat (Thévoz 1975).

In den siebziger Jahren hat sich Joseph Beuys auch theoretisch von der elitären Kunst- und Werkausrichtung ab- und einem *erweiterten Kunstbegriff* zugewandt, den er im vielzitierten und oft mißverstandenen Satz „Jeder Mensch ein Künstler" auf den Punkt bringt (Beuys 1975). Während Marcel Duchamp bereits 1913 mit den „ready-mades" (industriell gefertigte und zur Kunst erklärte Produkte) den Unterschied zwischen Kunst- und Alltagsgegenstand aufhob, hat Beuys sechzig Jahre später den Unterschied zwischen Künstler und Nichtkünstler relativiert. Schottenloher (1994) weist darauf hin, daß Beuys, wenn er vom Künstler in jedem Menschen spricht, sich „auf den Menschen als Gestalter seiner Umwelt und seiner Arbeitswelt bezieht" und „die Vision einer humanen und schöpferischen Gesellschaft damit verbindet".

Eine weitere, für die bildnerischen Therapieformen bedeutsame These von Beuys (1972): „Kunst ist ja Therapie" müsse, führt Schottenloher (1994) aus, auf dem Hintergrund des weit gefaßten Kunstverständnisses von Beuys verstanden werden, das auf die „jedem Menschen innewohnende Möglichkeit zur kreativen Lebensgestaltung" ausgerichtet sei. Für Kunst und Therapie sei ferner eine weitere Forderung von Beuys (1972) wesentlich, „in Zusammenhängen zu denken". Beuys hat sich distanziert von nur Metaphorik und Katharsis vermittelnden erlebnisorientierten Kunstformen und vernetzendes, verantwortliches Handeln ins Zentrum seiner Vision gerückt. Er verlangt Mitdenken und -formen im gesellschaftspolitischen Raum und versteht dies zudem als fließenden, wandelbaren und daher auch heilsamen Prozeß. Der erweiterte Kunstbegriff von Beuys trägt zu einem *erweiterten Therapiebegriff* bei, der nach Schottenloher (1994) „den Therapierten das ‚Auferstehungsprinzip' (Ausdruck von Beuys, d. A.) in der *eigenen kreativen Aktivität*, im eigenen künstlerischen Schaffen entdecken" lasse.

Von „Genie und Irrsinn" zur Psychologie der Kreativität

Die Annäherung an die Kunst, zumindest an ihre Entstehungsbedingungen, ging in den fünfziger Jahren von der sich vorab in den USA entwickelnden psychologischen Kreativitätsforschung aus. Sie wurde unterstützt von psychoanalytischen Autoren wie Arieti, Ehrenzweig, Kris. In der Folge wurde die Gleichsetzung von Kunst und Leben, unter anderem initiiert vom Dadaismus, erweitert durch die Synergie von *Leben und Kreativität*. Die Kunsttherapie bezieht sich auf selbstorganisierende und heilende Wirkungen kreativer Prozesse.

Seit den sechziger Jahren findet Kunst von Außenseitern nicht nur zunehmendes Interesse in der Öffentlichkeit, sondern auch in interdisziplinär ausgerichteten Fachgebieten, die sich den Zusammenhängen von Kunst, Pathographie und Therapie zuwenden. Unter dem Gesichtspunkt der „Psychopathologie des Ausdrucks" (O. G. Wittgenstein und andere) werden Bildnereien von Außenseitern und von psychiatrisch

Kranken auf psychoästhetische und psychopathologische Besonderheiten hin untersucht. Bereits im 19. Jahrhundert, wohl am eindrücklichsten im Werk von Cesare Lombroso (1880, 1887), waren besondere Formen kreativer Produktivität in einen psychopathologischen Kontext gebracht worden. Lange hat sich der moderne Gelehrtenstreit hingezogen, ob etwa die malerischen Werke von *Adolf Wölfli* (1864–1930), von *Aloyse* (1886–1964) oder von *Friedrich Schröder-Sonnenstern* (1892–1982) der „schizophrenen Kunst" oder der Kunst überhaupt zuzurechnen seien. Vermittelnd wirken hier die Monographien über Außenseiter-Künstler von Alfred Bader (1968, 1972a, 1972b). Einen integrierenden Versuch stellt Navratils Konzept der „allgemeinmenschlichen kreativen Grundfunktionen" (Navratil 1975, 1995) dar, die auch, so wies er nach, in bildnerischen Schöpfungen von Außenseiter-Künstlern und Geisteskranken wirksam seien. Navratil (1983) hat auch den Begriff der „zustandsgebundenen Kunst" geprägt. Kraft (1986) spricht von „Grenzgängern zwischen Kunst und Psychiatrie". Navratil schließlich hat seinen Künstler-Patienten aus Gugging zu öffentlicher Anerkennung verholfen. Bilder von ihnen und von anderen Außenseitern finden sich heute in vielen öffentlichen Kunstsammlungen. Die Frage scheint (vorläufig) dahingehend geklärt zu sein, daß sich deren Kunstwert nur anhand ästhetischer Kriterien erweist und psychopathologische Zuordnungen in den Bereich der Biographie gehören.

Zusammenfassung

Dem Gestaltwandel, der bildnerischen Transformation, kommt im Rahmen der Kunsttherapie, wie in der modernen Kunst auch, zentrale Bedeutung zu. Beuys (1972) spricht von „Auferstehungsprinzip". Nur durch Bewegung sei Veränderung möglich. Die erstarrte, leblose Gestalt müsse immer wieder in eine „lebendige, durchpulste, lebens- und geistfördernde ..." umgewandelt werden. Die Alchimisten sprachen vom „Phoenix aus der Asche" (Lurker 1983). Schaefer-Simmern (1971) hat die Synergie von Kunst und Persönlichkeit in die Worte gefaßt: „Wer künstlerisch formt, formt sich selber". Das gilt für uns alle, wenn wir gestaltend tätig sind. Darauf beziehen sich die künstlerisch-gestaltenden Therapieformen.

Die Kunsttherapie arbeitet mit dem Bildprozeß, der selbstorganisierende Kräfte anregt und zu inneren und äußeren, zu kognitiv-affektiven und verhaltensmäßigen Veränderungen führen kann. Diese Therapieform hat sich aus einem anthropologisch erweiterten Kunstverständnis heraus entwickelt und wird als „angewandte Kunst" (Schottenloher 1994) verstanden. Ausbildungen werden an Fachhochschulen und Kunstakademien als Aufbaustudium und an privaten Institutionen als berufsbegleitende Ausbildung angeboten.

Literatur

Bader A. Louis Soutter, eine pathographische Studie. Stuttgart: Eckhardt 1968.

Bader A. Geisteskranker oder Künstler? Der Fall Friedrich Schröder-Sonnenstern. Bern, Stuttgart, Wien: Huber 1972 (zit. als Bader 1972a).

Bader A. (1972b) Die „Vorstadt-Gräfin". Bildnerischer Ausdruck und Verlauf einer maniformen Schizophrenie. Psychopathologie und bildnerischer Ausdruck. Sandoz-Mappen, 18. Serie. Basel 1972 (zit. als Bader 1972b).

Bader A. Geisteskrankheit, bildnerischer Ausdruck und Kunst. Bern, Stuttgart, Wien: Huber 1975.

Bader A, Navratil L. Zwischen Wahn und Wirklichkeit. Luzern, Frankfurt am Main: Bucher 1976.

Benedetti G. Die Funktion des Bildes in der gestaltenden Psychotherapie. Forum für Kunsttherapie, Zürich, 1989; 2: 3–8.

Benedetti G. Psychotherapie als existenzielle Herausforderung. Göttingen: Vandenhoeck & Ruprecht 1992.

Benedetti G, Rauchfleisch U. Welt der Symbole. Göttingen: Vandenhoeck & Ruprecht 1988.

Beuys J. Jeder Mensch ein Künstler. In: Gespräche auf der „documenta" 5, 1972. Bodemann-Ritter C (Hrsg.). Frankfurt am Main: Ullstein 1975.

Beuys J. The secret bock for a secret person in Ireland. In: Interview mit Beuys am 1.12.1976. Koepplin D. (Hrsg.). Basel: Kunstmuseum Basel 1977.

Beuys J. Was ist Kunst? In: Werkstattgespräch mit Beuys. Harlan V. (Hrsg.). Stuttgart 1987.

Bojescul W. Zum Kunstbegriff des Joseph Beuys. Essen: Die Blaue Eule 1985.

Dorsch F, Häcker H, Stapf KH. Psychologisches Wörterbuch. Bern, Stuttgart, Wien: Huber 1992.

Grawe K, Donati R, Bernauer F. Psychotherapie im Wandel. Göttingen: Hogrefe 1994.

Hegel GWF. Aesthetik. Berlin: F. Bassenge 1955.

Jacobi J. Vom Bilderreich der Seele. Olten: Walter 1969.

Jacobi J. Die Psychologie von C. G. Jung. Olten: Walter 1971.

Jaspers K. Wesen und Kritik der Psychotherapie. München: Piper 1955.

Kant I. Kritik der Urteilskraft. Hamburg: Felix Meiner 1963.

Kraft H. (Hrsg.): Psychoanalyse, Kunst und Kreativität heute. Köln: Dumont 1984.

Kraft H. Grenzgänger zwischen Kunst und Psychiatrie. Köln: Dumont 1986.

Kris E. Die ästhetische Illusion. Phänomene der Kunst in der Sicht der Psychoanalyse. Frankfurt am Main: Suhrkamp 1977.

Langer S. Philosophie auf neuem Wege. Frankfurt am Main: S. Fischer 1965.

Lombroso C. Genie und Irrsinn. Leipzig: Reclam 1887.

Lorenzer A. Kritik des psychoanalytischen Symbolbegriffs. Frankfurt am Main: Suhrkamp 1972.

Lurker M. Wörterbuch der Symbolik. Stuttgart: Kröner 1983.

Meyer R (Hrsg.): DADA global. Zürich: Kunsthaus Zürich 1994.

Morgenthaler W. Ein Geisteskranker als Künstler. Bern, Leipzig: Bircher 1921.

Nager F. Wir halten ethisch-philosophisch nicht Schritt. Weltwoche 1996; 36: 47.

Navratil L. Schizophrenie und Kunst. München: Deutscher Taschenbuch Verlag 1965.

Navratil L. Psychose und Kreativität. In: Geisteskrankheit, bildnerischer Ausdruck und Kunst. Bader A. (Hrsg.). Bern: Huber 1975; 92-105.

Navratil L. Zur „Deformation". In: Geisteskrankheit, bildnerischer Ausdruck und Kunst. Bader A. (Hrsg.). Bern: Huber 1975; 106.

Navratil L. Johann Hauser, Kunst aus Manie und Depression. München: Roger & Bernhard 1978.

Navratil L. Die Künstler aus Gugging. Wien, Berlin: Medusa 1983.

Navratil L. Die Überlegenheit des Bären, Theorie der Kreativität. München: Arcis 1995.

Piaget J. Jean Piaget: meine Theorie der geistigen Entwicklung. Frankfurt am Main: S. Fischer 1985.

Prinzhorn H. Bildnerei der Geisteskranken. Berlin, Heidelberg: Springer 1922; 4. Aufl. 1994.

Richter HG. Was hat die Kunst Therapeutisch gemacht? In: Kunsttherapie in der Heilpädagogik. Wichelhaus B. (Hrsg.). Köln: Uni Press 1996; 4-16.

Richter HG. Leidensbilder. Psychopathische Werke und nichtprofessionelle Bildnerei. Frankfurt am Main: Peter Lang 1997.

Schaefer-Simmern H. Künstlerisches Laienschaffen in den USA. In: Therapeutische Faktoren im Werken und Formen. Hils K. (Hrsg.). Darmstadt: Wissenschaftliche Buchgesellschaft 1971.

Schmidt G. Kleine Geschichte der Modernen Malerei. Basel: Reinhardt 1955.

Schottenloher G. Wenn Worte fehlen, sprechen Bilder. München: Kösel 1994.

Thévoz M. L'Art Brut. Skira, Genève: Skira 1975.

Waser G. Auf dem Wege zu einer gestaltenden Psychologie und Psychotherapie. In: Musik-, Tanz- und Kunsttherapie 3. Stuttgart: Thieme 1990, S 166-178.

Waser G. Kunsttherapie. In: Handwörterbuch der Psychiatrie. Battegay R et al. (Hrsg.). Stuttgart: Enke 1992; 292-7.

R. Staszk (geb. 1938)
„Der Seherkönig", 1994
50 × 70 cm, Acryl auf Papier
(Bild 80)

Erläuterungen zum Bild:
„Der Seherkönig spürt Schuldgefühle und wirkt äußerlich unscharf-verschwommen, auch überheblich. Er fühlt sich häufig mißverstanden. Er hat geschlossene Augen, wirkt nachdenklich-kühl, innerlich schmerzhaft-wütend. Er sieht nicht ... nur Gutes, wenn er hinschaut. Der ‚Reichs'-Apfel dreht sich unaufhörlich. Er trauert um die innere Seelenwelt (weiß-grüne Ruinenlandschaft). Er amüsiert sich aber auch manchmal wie ‚Kasperl Seppe' über das Böse."
(R. Staszk und Ulrike Neumann)

R. Staszk (geb. 1938)
„Die Beleidigung", 1996
100 × 70 cm, Acryl/Gouache auf Papier (Bild 81)

Erläuterungen zum Bild:
„Er ist beleidigt. Was macht er mit seinem Beleidigtsein? Er schwankt zwischen ungelebter Wut und ausgeprägter
ohnmächtiger Trauer. Eine Erleichterung findet er manchmal über die laufenden Tränen. Schwarze Pfeile, die mich treffen,
äußern sich im Schmerz. Rote Pfeile entwickeln sich in Wut. Richten sich aber auch immer wieder gegen mich.
Realitätsverlust oder Anmaßung?"
(R. Staszk und Ulrike Neumann)

R. Staszk (geb. 1938)
„Das Hunger-Kind", 1996
100 × 70 cm, Gouache auf Papier (Bild 82)

Erläuterungen zum Bild:
„Ich erinnere mich an die Kindheitstage nahe Kriegsende. Dem Seelen-Hunger überlassen (heutiges spürbares Mißachtungsgefühl) und real den blanken Hunger spüren. Die einzige Formulierung für das Leben fand im Kopf statt. Das Seelengefühl schrie leise: ‚Ich bin ausgehungert!' Ich konnte nicht sehen, nicht sprechen vor lauter Schmerz, versuchte aber zu hören. Der Hunger quält den Bauch."
(R. Staszk und Ulrike Neumann)

R. Staszk (geb. 1938)
„Hammer oder Amboß", 1998
70 × 50 cm, Gouache auf Papier (Bild 83)

Erläuterungen zum Bild:
„Ich oder Du? Leiden oder Leid zufügen? Handeln oder weiterhin erdulden? Leben oder (wie so oft fast) sterben?
Hinterlist: der Hammer als negativer Spiegel im Sarg sichtbar? Aggressionen bringen Leben oder Tod? Kann ich
gegensätzliche Gefühle vereinigen? Das Amboßsymbol erinnert auch an einen Sarg. Die gebremste Kinderhand mit
Hammer traut sich noch nicht wirklich. Der Phantasie Raum geben."
(R. Staszk und Ulrike Neumann)

Paloma (geb. 1952)
„Fantasmas acechando"
(„Erwachende Geister"), 1994
29,5 × 21 cm, Tusche und Bleistift auf Papier
Sammlung Lozano (Bild 84)

Paloma (geb. 1952)
„Dos en una, Una en dos"
(„Zwei in einer, eine in zweien"), 1994
21 × 29,5 cm, Bleistift auf Papier (Ausschnitt)
Sammlung Lozano (Bild 86)

Paloma (geb. 1952)
„El Grito I" („Der Schrei I"), 1994
29,5 × 21 cm, Tusche und Bleistift auf Papier
Sammlung Lozano (Bild 85)

Paloma (geb. 1952)
„El jardín del rostro negro" („Der Garten des schwarzen Gesichtes"), 1997
14 × 21 cm, Buntstift auf Papier
Sammlung Lozano (Bild 87)

Paloma (geb. 1952)
„El Grito II" („Der Schrei II"), 1997
7,5 × 10 cm, Kohlezeichnung auf Papier
Sammlung Lozano (Bild 88)

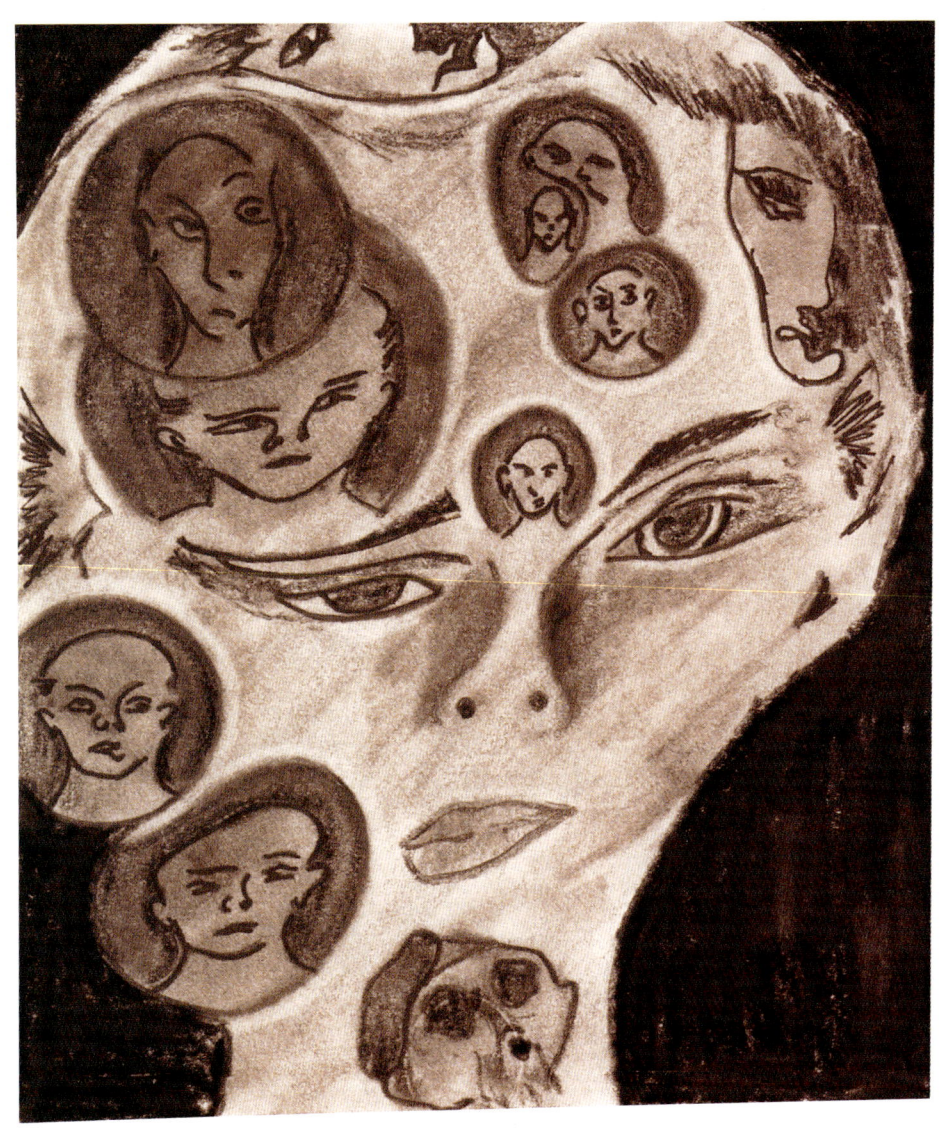

Paloma (geb. 1952)
„Agujeros negros" („Schwarze Löcher"), 1998
14 × 12 cm, Buntstift auf Papier
Sammlung Lozano (Bild 89)

Paloma (geb. 1952)
„Las palomas y la muerte" („Die Tauben und der Tod"), 1998
19 × 14 cm, Tusche und Bleistift auf Papier
Sammlung Lozano (Bild 90)

Paloma (geb. 1952)
„El Grito III" („Der Schrei III"), 1999
9,5 × 12 cm, Kohlestift auf Papier
Sammlung Lozano (Bild 93)

Ausblick

Psyche und Kunst

Hans-Otto Thomashoff

Wie zu Beginn des Katalogs ausgeführt, ist nicht die Beantwortung der eingangs gestellten Fragen das Ziel dieser Ausstellung, sondern die Entwicklung unterschiedlicher Ansätze als Basis einer weiterführenden Diskussion, weswegen an dieser Stelle auch nicht auf jede Frage einzeln eingegangen wird.

Trotz ihres zum Teil sehr unterschiedlichen Ansatzes lassen die verschiedenen Beiträge in diesem Katalog einige grundlegende Übereinstimmungen zu dem Verhältnis zwischen Psyche und Kunst und den sich daraus ergebenden Konsequenzen erkennen. Ich möchte im folgenden versuchen, die wesentlichen Aspekte dieser Gemeinsamkeiten kurz herauszuarbeiten, und schließe, von diesen ausgehend, daran jeweils eigene weiterführende Überlegungen zu theoretischen und praktischen Implikationen für die Psychiatrie und zu Aspekten der Entstehung und Rezeption von Kunst an. Wenn diese zu weiterer Diskussion anzuregen vermögen, ist das Ziel dieser Ausstellung erfüllt.

Kunst oder nicht?
Zur Verwendung des Kunstbegriffs

Alle Autoren schätzen übereinstimmend die kreativen Schöpfungen psychisch Kranker, wobei dies nicht pauschal alle von diesen geschaffenen Bilder betrifft, sondern eine Auswahl, die aufgrund ihrer herausragenden Kreativität eine Ausnahmestellung einnimmt. Andreoli zieht hieraus die Konsequenz, daß er als Psychiater zwar nicht befähigt sei zu beurteilen, ob es sich bei einem Bild um ein Kunstwerk handele, da dies die Aufgabe eines Kunstkritikers sei, daß man aber von diesem verlangen könne, seine „Entscheidung frei von einem Vorurteil gegenüber der Herkunft der Werke zu fällen". Demnach gibt es nur Kunst oder Nichtkunst gemessen an der Qualität eines Werks, unabhängig von seinem Schöpfer, wobei die dazu Ausgebildeten dieses Urteil zu fällen haben. Er steht damit, wie Gorsen ausführt, in der Tradition Prinzhorns, wenn dieser schrieb: „der Maßstab ‚krank – gesund' hat für die künstlerische Wertung eines Werkes weder Recht noch Sinn". Prinzhorn (1922) jedoch ging nicht so weit, diese Werke auch als Kunst zu bezeichnen, sondern er beließ es bei dem Begriff der „Bildnerei", wohl weil er letztlich den Widerspruch spürte zwischen der künstler- und damit auch krankheitsunabhängigen Bewertung eines Werkes einerseits und der Beschreibung spezifischer Stilkriterien schizophrener Malerei andererseits. Diese übten laut Prinzhorn eine Faszination aus, da die damalige Gesellschaft einem der Schizophrenie ähnlichen Weltgefühl ausgeliefert gewesen sei. Die Psychose wird, wie Gorsen schreibt, durch Prinzhorn „aus dem psychiatrisch-diagnostischen Kontext in einen gestalterischen, ästhetischen verlagert", soll aber gleichzeitig keinen Einfluß auf die Bewertung eines Werkes haben, und dennoch billigt Prinzhorn den

Bildern seiner Patienten nicht den Begriff der Kunst zu. Im Gegensatz dazu sieht Navratil die krankheitsbedingten Gestaltungsmerkmale als immanent kreativ an und folgert hieraus, „daß jeder Schizophrene ein Künstler ist".

Hiermit wird auch einem Schizophrenen zugebilligt, was Beuys allen zubilligte mit seinem Ausspruch: „Jeder Mensch ist ein Künstler". Die Frage danach, wer entscheidet, was Kunst ist, wird dabei nicht gestellt. Während die Nazis mit der unlogischen Verknüpfung, ein kranker Künstler müsse kranke Kunst schaffen, unvorstellbare Grausamkeiten legitimierten, ist seitdem alles Kunst, was Gorsen zur Kritik an der hierdurch „erweiterte(n) und verwässerte(n) Kunst" bewegt, der Kunstbegriff sei zu „eine(r) Karikatur seiner Grenzüberschreitungen geworden ... Es wird sich zeigen, ob zu unser aller uneingeschränktem Nutzen".

Mir erscheinen in dieser Auseinandersetzung zwei Aspekte wesentlich. Zum einen bedarf es meiner Meinung nach einer Trennung der Begriffe „Kunst" und „Kreativität", und zum anderen muß die Rolle des Betrachters Berücksichtigung finden. Anders als Beuys in seiner Gleichsetzung von Kunst und Kreativität, möchte ich den Kunstbegriff enger gefaßt verstehen als betrachterdefinierte Bedeutungszuordnung zu dem kreativen Produkt eines Menschen. In diesem Sinne ist nach meinem Verständnis jeder Mensch potentiell kreativ, aber nicht jeder Mensch ein Künstler. Jeder Betrachter definiert für sich, ob er ein kreatives Produkt als Kunstwerk ansehen möchte oder nicht. Entsprechend würde ich Navratil zustimmen, wenn es darum geht, daß (auch) jeder Schizophrene kreativ ist und möglicherweise die Krankheit einen mehr oder weniger spezifischen Einfluß auf diese Kreativität ausübt, es jedoch anders als Navratil dem Betrachter überlassen, was er als Kunst ansieht, wobei dies selbstverständlich auch Navratil in seiner erweiterten Form wie jedem anderen auch zusteht. Ich würde hier weiter gehen als Benedetti, der schreibt: „Es ist unsere Rezeption, die mitentscheidet, ob ein psychotischer Bildausdruck schöpferisch ist", und statt dessen zu der Schlußfolgerung kommen, daß jeder Betrachter für sich selbst die Entscheidung fällt und nicht nur mitentscheidet, ob er eine letztlich immer in irgendeiner Weise schöpferische Leistung eines Patienten als Kunst ansieht oder nicht, und daß beim Zusammentreffen einer Gruppe von Individuen, die zu diesem übereinstimmenden Urteil kommen, das Werk schließlich auf die Ebene eines von einer breiten Allgemeinheit anerkannten Kunstwerks gehoben und entsprechend in Museen ausgestellt und in Galerien gehandelt werden kann, wie es ja auf zahlreiche Werke dieser Ausstellung zutrifft.

Dabei folge ich konstruktivistischen Überlegungen, wenn ich davon ausgehe, daß jeder Mensch aus seinen Wahrneh-

mungen sich sein subjektives Bild der Welt auf dem Boden seiner biologisch und durch Vorerfahrungen determinierten zerebralen Muster konstruiert, und sehe auch das Erleben eines Kunstwerkes als eine solche subjektive Erfahrung an. Demnach entscheidet der Betrachter aufgrund seines Vorwissens und seiner aktuellen Sinneserfahrung darüber, ob er eine kreative Leistung als Kunstwerk wertet oder nicht, wobei die Gesellschaft einige dazu auserwählt hat, in diesem Bereich eine breiter akzeptierte Meinung als andere zu haben, was den Betrachter aber nicht der Freiheit zu seinem eigenen subjektiven Urteil beraubt. Aus kunstpsychologischer Sicht kommt Schuster konsequenterweise zu der Schlußfolgerung:

„Die Kunst der Geisteskranken ist nicht etwa eine besondere Kunst, sondern eine Kunst der ‚Normalen' – die ja aus den Werken der Geisteskranken das heraussuchen, was ihrem Kunstbegriff entspricht."

Deutlich wird dies beispielsweise auch an der von mir vorgenommenen subjektiv selektiven Auswahl der Bilder für diese Ausstellung. Aus einer Vielzahl kreativer Schöpfungen von Patienten und Nichtpatienten habe ich unter dem Einfluß meiner unter anderem auch kunsthistorischen Vorerfahrungen eine Auswahl von Bildern getroffen, die nach eben diesem meinem subjektiven Verständnis einen künstlerischen Wert haben. Zweifelsfrei spielt hierbei auch meine psychiatrische Vorerfahrung eine Rolle, wenn etwa einzelne Bildreihen repräsentativ für eine therapeutische Entwicklung sind, worin sich deutlich die von Gorsen beschriebene Entwicklung in der Kunst dieses Jahrhunderts widerspiegelt, die „von der Objekt- zur Selbsterfahrung ... (also zu einem) subjektivierten ‚therapeutischen' Kunstbegriff" gelangt ist, dessen Erweiterung diese Ausstellung wie schon andere vor ihr sicher nachvollzieht, ohne aber der mit dieser einhergehenden, von Gorsen meines Erachtens zu Recht kritisierten Beliebigkeit in der Kunstwertung zu folgen, indem sie eine Auswahl trifft, aus der der Betrachter eigenständig und eigenverantwortlich seine subjektive Wertung als Kunst vorzunehmen hat.

Wenn es also möglicherweise charakteristische schizophrene Gestaltungsmuster gibt, worauf ich weiter unten noch eingehen möchte, so entscheidet der Betrachter eingebettet in sein gesellschaftlich beeinflußtes Vorwissen, ob sie im konkreten Einzelbeispiel zu Kunst führen. Ich glaube nicht, daß pauschal krankheitsbedingte Gestaltungsmuster Kunst zur Folge haben können, ebensowenig wie auch die Krankheit eines Künstlers ausschließen kann, daß dieser zur Schaffung von Kunst fähig ist. In gleicher Weise halte ich auch die wiederholte, nach meinem Verständnis romantisierende kunsthistorische Argumentation, daß ein Künstler, weil er ein Kunstwerk geschaffen habe, nicht krank sein könne, für überholt. Um den Künstler nicht einer Stigmatisierung als Kranker auszusetzen, wird hierbei aus dem Fehlschluß, daß Wahnsinn nicht verstehbar sei, der Umkehrschluß gefolgert, daß ein Künstler, der ein verstehbares Bild male, nicht wahnsinnig sein könne. (So argumentiert etwa Ferrier über Wölfli, daß bei diesem „ein Humor zu erkennen [sei]", der mit Wahnsinn nicht in Einklang zu bringen ist".)

Verstehbarkeit

Ich halte ‚Wahnsinn‘ nicht für unverstehbar; in gleicher Weise findet sich bei allen Autoren ein mehr oder weniger deutlicher Hinweis auf die prinzipielle Verstehbarkeit der Kunst psychisch Kranker. Schon Prinzhorn legt mit seinem Postulat, „daß die Geisteskrankheit in den Bildner nicht eigentlich neue Komponenten hineinträgt", eine Verstehbarkeit der Bilder psychisch Kranker auch für den Gesunden nahe. Entsprechend beschreibt Strobl, wie bei einer Schizophrenie „das Bewußtsein der Betroffenen von der magisch-archaischen Welt des Unterbewußtseins überschwemmt wird" und damit ein „prälogisch-prädikatives Denken" die Oberhand gewinnt, das letztlich jedem Menschen zu eigen ist, beim Schizophrenen aber unfreiwilligerweise dominiert. Diesen Verstehenszugängen liegt letztlich ein in einer psychoanalytischen Tradition stehendes dimensionales Modell psychischer Störungen zugrunde, woraus Benedetti dann konsequenterweise einen psychoanalytisch begründeten Psychotherapiezugang auch für Psychosen entwickelt, in dem „das Symptom vom Therapeuten als Symbol erlebt" und damit zum Ausgangspunkt einer therapeutischen Beziehung wird, anstatt einfach beseitigt zu werden.

Die Verstehbarkeit stellt die Grundlage aller psychodynamisch begründeten Kunsttherapien dar, und sie ist in gleicher Weise die Grundlage für die Rezeption der kreativen Leistungen psychisch Kranker als Kunst, wobei diese Rezeption in zwei wesentlichen Stufen abzulaufen scheint. An erster Stelle steht offenbar eine einfühlende Wahrnehmung – der Kunsthistoriker Röske spricht in diesem Zusammenhang für mein Verständnis völlig zu Recht von einer „Methodik der Einfühlung". Prinzhorn und andere waren fasziniert von den Werken psychisch Kranker, die in ihnen etwas auslösten und zu einer Projektionsfläche für die von ihnen so erlebte gesellschaftliche Stimmung ihrer Zeit wurden. Es verwundert nicht, daß gerade Psychiater sich aufgrund ihres gewohnten Umgangs mit psychischen Erkrankungen als erste auf diese Werke einlassen konnten. Durch das Erleben dieser Einfühlbarkeit wurden diese Werke einem breiteren Publikum zugänglich gemacht. Dort stießen die Bilder einerseits auf eine zunehmende Bewunderung und andererseits auf eine massive, in den Versuch ihrer Vernichtung mündende Ableh-

nung, die meines Erachtens nicht nur im Unverständnis, sondern auch möglicherweise in einer emotionalen Intoleranz gegenüber den in den Bildern entsprechend einer Übertragung erfühlbaren Ängsten begründet ist – auch Strobl erwähnt solche „Berührungsängste" –, so wie die Angst gegenüber der psychischen Erkrankung zu einer uralten Tradition von deren Ausgrenzung geführt hat.

Die Rezeption durch die fasziniert von den Bildern Angesprochenen und das Aufgreifen dieser Werke durch Strömungen in der modernen Kunst machte deren Inhalte und Stilmittel bekannter, so daß das Neue an ihnen nicht mehr vor allem als angstauslösend, sondern zunehmend als eine Stimulanz für die Neugier erlebt wurde. Der Wahrnehmungspsychologe Schuster gibt zu diesem Rezeptionsvorgang eine Theorie von Berlyne wieder:

„Die ungewöhnliche Art der Inhalte und der Darstellung weckt ungewöhnliche Assoziationen und bietet eben die Menge Weckreiz, Erregung, Orientierungsreflex, Aufregung, die als lustvoll erlebt wird."

Die wesentliche Bedeutung, die der dieser gesellschaftlichen Rezeption vorausgehenden emotionalen Rezeption von den Werken psychisch Kranker zukommt, deckt sich interessanterweise mit der von Ciompi aufgestellten These zu den „emotionalen Grundlagen des Denkens", in der er eine primäre Affektsteuerung logischer Denkvorgänge postuliert, wobei diese logischen Denkmuster allerdings in Form einer Wechselbeziehung ihrerseits wieder eine affektive Wirkung entfalten dürften, was ich im folgenden Abschnitt an den Wechselwirkungen zwischen Angst und Psychose beispielhaft kurz beschreiben möchte. Ganz allgemein könnten im Ablauf kreativer Prozesse ähnliche Kreisläufe auf jeweils unterschiedlichen Regressionsebenen eine Rolle spielen, wenn man dem von Kris entworfenen Konzept der „Regression im Dienste des Ich" als Grundlage kreativer Prozesse folgt, was in Einklang stehen würde mit der Beschreibung, die Pongratz aus seinem eigenen Erleben als Künstler heraus als Entstehungsablauf eines Bildes gibt.

Wahn als Abwehrform – ein dreistufiges Modell psychischer Abwehrmechanismen

Fallbeispiel

Ich erinnere mich noch sehr genau an meinen ersten Patienten, den ich gleich am ersten Tag meiner Assistenzzeit im damaligen Allgemeinen Krankenhaus Ochsenzoll in Hamburg zu sehen bekam. Er lebte in einem ausgeprägten Wahnsystem, das darin bestand, daß er Kontakt zu außerirdischen Mächten habe, die ihm dazu verhelfen würden, zum Herrscher der Sonne und der gesamten Welt aufzusteigen, was nur noch eine Frage der Zeit sei. Dieser Wahn war ihm nicht zu nehmen. Selbst astronomisch dosierte Medikationsversuche waren gescheitert, und auch mir als jungem Anfänger waren die Hände gebunden. Mit überlegenem Lächeln nahm er Tabletten, Tropfen oder Spritzen und harrte weiter der Landung der Außerirdischen, die in Kürze seine Weltmacht begründen würden.

Sein Wahn war einfach der Realität überlegen. Was hatte ich dem entgegenzusetzen? Da saß ein zukünftiger Weltherrscher vor mir, und ich wollte ihm einreden, daß er an einer Krankheit leide, die seinen beruflichen Werdegang zerstört und sein Leben massiv beeinträchtigt habe. Das war geradezu lächerlich ...

Seit diesem Erlebnis fasziniert mich der Wahn, denn irgendwie war diese Logik nachvollziehbar. Und genau dasselbe traf auch auf die Abwehrmechanismen von neurotischen und gerade auch von Borderline-Patienten zu, mit denen ich in den folgenden Jahren intensiv zu tun hatte. *Verdrängungs- und Spaltungsmechanismen* wurden immer wieder verstehbar, sobald man bereit war, sich auf die zugrundeliegende Dynamik einzulassen, das heißt auf die von dem Patienten subjektiv erlebte und immer wieder reinszenierte Vergangenheit.

Als Konsequenz aus diesen Beobachtungen möchte ich, aufbauend auf dem psychodynamischen Modell zu psychischen Störungen auf neurotischem und auf Borderline-Niveau, wie es Kernberg in seinem psychodynamischen Gesamtkonzept vertritt, ein dreistufiges Modell psychischer Abwehrformen und damit auch psychischer Störungsniveaus vorschlagen, das neben dem neurotischen und dem Borderline- auch ein psychotisches Niveau beinhaltet, dessen vorherrschender Abwehrmechanismus der Wahn ist. Ich verstehe den Wahn also nicht als Krankheit, sondern als eine unbewußte Strategie zur Abwehr einer psychischen Bedrohung, bei deren „Erfolg" es zu einer isolierten Paranoia und nicht zu einem vollständigen psychotischen Zerfall kommt. Letztlich stellt ein solcher Ansatz die Konsequenz aus den Beobachtungen Benedettis dar, wenn dieser schreibt:

„Im Bereich der Psychosen weiß man auch, daß manche Symptome dem Patienten sein psychisches Überleben sichern. Man denke etwa an die Rigidität des Wahnes, der mitten in der Ich-Auflösung ... eine wohl fehlerhafte, aber für den Kranken brauchbare invariante Selbstidentität schafft".

Gleiches gilt für Strobl, der zwar vorsichtig meint: „Wahnerlebnisse müssen nicht unbedingt krankhafter Natur sein", dann aber letztlich weitergeht, wenn er ausführt:

„Der Wahn ist kein primäres Geschehen, er ist ein psychisches Reaktionsmuster auf eine biologische wie psychische Unfähigkeit des Menschen, die realen Erfordernisse zu verarbeiten."

Demnach schlage ich folgendes Modell vor:

Störungsniveau	Vorherrschendes Thema	Abwehr
Neurose	Ödipaler Konflikt	Verdrängung
Borderline	Gutes/schlechtes Objekt	Spaltung
Psychose	Existenzvernichtung	Wahn

Folgt man, bezogen auf die Kunstrezeption, einem entsprechenden dimensionalen Ansatz psychischer Störungen, der ein neurotisches, ein Borderline- und ein psychotisches Niveau mit den dazugehörigen Abwehrformen beinhaltet, so erklärt sich hierdurch, daß Bilder von näher am Gesunden liegenden Krankheitsformen für einen Gesunden besser einfühlbar und als Projektionsfläche eigenen Denkens erlebbar und somit verstehbar sind, daß hingegen ein psychotisches Erleben, sofern dieses nicht durch die inzwischen ja verbreitete Kenntnis der Stilmittel in Bildern psychisch Kranker bekannt ist, auf angstbeladene Abwehr stößt. Kommt es beim Versagen des Wahns als Abwehrmechanismus zu einem weitgehenden Zerfall der Persönlichkeit, so werden die hieraus entstandenen Kunstwerke weniger durch Einfühlung als durch emotional distanziertere neugierige Faszination rezipiert. Diese Rezeptionsmuster dürften anhand der Werke in dieser Ausstellung nachvollziehbar sein.

Das vorherrschende Thema des beschriebenen psychotischen Niveaus entnehme ich verschiedenen Quellen. Das Erleben der psychotischen Angst in der Übertragung macht nicht nur die ungeheure Intensität und Bedrohlichkeit dieser Angst einfühlbar. Wenn man davon ausgeht, daß Störungen im zerebralen Transmittergleichgewicht grundlegende Hirnfunktionen wie Wahrnehmungsverarbeitung, formales Denken und affektives Erleben massiv beeinträchtigen, so erscheint es plausibel, daß dies als existentielle Bedrohung, als Frage von Sein oder Nichtsein, erlebt wird. Begriffe wie „Ich-Auflösung" und „Gestaltzerfall", die zur Beschreibung des psychotischen Erlebens herangezogen werden, verdeutlichen dies. Hierbei dürfte sich, wie im vorherigen Abschnitt bereits erwähnt, ein zirkulärer Prozeß einstellen, bei dem die Angst ihrerseits die kognitiven Funktionen negativ beeinflußt, sich also eine Spirale zunehmender Hirnfunktionsstörungen und zunehmender Angst ausbildet.

Aus entwicklungspsychologischer Sicht verweist Kernberg (1981) auf die Arbeiten von Mahler und Jacobson, die einen Bezug zwischen Störungen in den frühesten Entwicklungsstadien des Säuglings mit „mangelhaften ... Ich-Grenzen" und Psychosen herstellen. Daß der Säugling zu diesem frühen Zeitpunkt trotz seiner inzwischen erwiesenen interaktiven Fähigkeiten in einer weitgehenden Abhängigkeit von seiner Mutter steht und damit potentielle Gefährdungen als existentielle Bedrohung erleben dürfte, spricht meines Erachtens ebenfalls für einen Zusammenhang von Psychose und dem Erleben einer Vernichtungsbedrohung. Vor dem Hintergrund dieser Annahme wäre zu fordern, daß es, neben einer von einem primären biochemischen Ungleichgewicht ausgelösten Psychose, auch schwerpunktmäßig auf frühen Traumatisierungen basierende Psychosen geben müßte. Und genau dies halte ich für plausibel, da in diesem Fall eine mögliche Erklärung dafür erbracht würde, warum einige Patienten hervorragend auf eine neuroleptische Therapie ansprechen (dies wären dann nach meiner Vorstellung eher die primär in Transmitterungleichgewichten begründeten Psychosen) und andere, wie besonders Benedetti belegt und in seinem Beitrag beschrieben hat, offenbar von einer psychodynamischen Therapie profitieren, wobei es natürlich auch in beiden Fällen therapierefraktäre Formen gibt. Ein vergleichbares Modell wäre auf Depressionen anwendbar und wird letztlich in dem Modell endogener und reaktiv neurotischer Depressionen auch postuliert, ohne daß dies eindeutige Trennungen sein müßten. Auch bei wahnhaften Depressionen wäre dann der Wahn eine Abwehrform auf psychotischem Niveau (der Depressive „weiß" durch ihn, warum es ihm so existentiell bedrohlich schlecht geht). Entsprechend sind ja auch nicht selten bei dementiellen Syndromen neben Konfabulationen wahnhafte Gedanken an einer versuchten Rekonstruktion der als bedrohlich erlebten lückenhaften Realität beteiligt.

Das Vorliegen eines psychotischen Erlebens von Vernichtung und Existenz wird schließlich auch in den Bildern psychotischer Patienten deutlich, wenn deren Stilentwicklung offensichtlich von Auflösung einerseits und Strukturierung, beziehungsweise Restrukturierung andererseits gekennzeichnet zu sein scheint.

Psychose und Kunst

Diese Stilmerkmale schizophrenen Gestaltens wurden bisher am systematischsten von Rennert (1975) aufgelistet, wobei es sich zu einem großen Teil entweder um stil- und inhaltsauflösende (beispielsweise: „Bildsalat", „Einbau von Schriftelementen", „Kombination heterogener Materialien", „Verlust der Komposition", „Auflösung der Physiognomie der Menschen oder Tiere") oder aber um strukturverstärkende Bildmerkmale (zum Beispiel „randvolle Überladung", „ornamentale Stereotypie", „Geometrisierung und Schematisierung", „geometrisch-lineare Darstellungen", „geschlos-

sen-ornamentale Kompositionen") handelt. Vergleicht man diese Stilentwicklung mit dem klinischen Verlauf von kunstschaffenden Patienten oder verfolgt man die Stilentwicklung bei einem Künstler, der eine schwere psychische Krise durchlaufen hat, wie etwa der deutsche Expressionist Ernst Ludwig Kirchner, so erscheint mir das folgende *Grundmuster* erkennbar:

- In einer Phase **psychotischer oder Psychose-naher Angst** findet sich eine zunehmende *Formauflösung* mit einer gesteigerten Strichführung bis hin zu regelrechten Schwungkritzeln – dies findet sich beispielsweise eindrucksvoll im Werk Kirchners in der Zeit des ersten Weltkrieges, während einer psychosenahen suizidalen Krise auf dem Boden einer narzißtischen Persönlichkeitsstörung –, wobei partiell auch Halluzinationen bildhaft zum Ausdruck kommen.

- Letzteres geht bereits über in die meinem Verständnis nach als Abwehr zu verstehende **Wahnbildung**, die, ins Bild gebannt, dann zu einer *formalen Stabilisierung* mit einer unter Umständen besonders betonten stabilisierenden Umrißverstärkung führt. Mir scheint etwa das Werk von *Blitzstein* in dieser Ausstellung auf diese Weise verstehbar.

- Versagt der Wahn als Abwehr, und es kommt doch zu einem vollständigen Zerfall, wie etwa bei **chronisch schizophrenen Verläufen**, so finden sich, neben *inhaltlichen und formalen Auflösungen* – eindrucksvoll für einen solchen Verlauf ist die Stilentwicklung in den Katzenbildern von Louis Wain – *und Vermischungen*, auch neue eigenständige Strukturen, die man als *Neostrukturen* bezeichnen könnte und die gerade bei chronischen Schizophrenien zu einem stabilen (und stabilisierenden) Grundmuster nahezu des gesamten Bildschaffens werden. Ich denke hierbei etwa an die Kopffüßer *Tschirtners* (Navratil berichtet, daß Tschirtner nach Vorlagen auch andere Bilder zeichnete, aber: „Bat ich ihn jedoch wieder ohne Vorlage etwas zu zeichnen, dann war er sofort wieder bei seinem Kopffüßer-Stil") oder die ornamentalen Bilder *Adolf Wölflis*, aber auch in anderen Bildern dieser Ausstellung gibt es Hinweise auf ein entsprechendes Muster.

Trifft dieses von mir geschilderte Modell zu, so würde sich erklären, warum es einige Stilformen gerade bei chronisch schizophrenen Künstlern gibt, die kulturübergreifend vorzuliegen scheinen, wobei gleichzeitig aber die Bedeutung des kulturellen Einflusses auf die Inhalte und vielleicht in etwas geringerem Maße auch auf die Formen diesem Modell nicht widersprechen würde. Die psychische Verfassung würde auf die ursprünglich kulturell geprägten Bildformen und -inhalte strukturauflösend oder struktursteigernd, beziehungsweise neustrukturierend (in formaler Hinsicht) wirken, und inhaltlich würde sie die Auswahl der Bildinhalte durch eine assoziative Aufnahme der im Zerfall bedingten Durchlässigkeit für Umweltreize, durch eine Darstellung halluzinatorischen Erlebens, das seinerseits kulturell aber möglicherweise auch durch präkulturelle, zum Beispiel vorgeburtliche Erlebensweisen geprägt sein dürfte, und durch den als Abwehr ausgebildeten Wahn beeinflussen. Daß es unter solchen Bedingungen zu einer medikamentösen Beeinflussung des Kunstschaffens kommen kann, vor allem wenn durch Medikamente ein eher instabiler Zustand psychotischer Angst zur Ruhe kommt, ist ebenso im Rahmen dieses Modells verstehbar wie die Beobachtung, daß bei vorsichtiger medikamentöser Dosierung stabilere Zustände, wie ein als stabile Abwehr ausgebildeter chronischer Wahn oder die beschriebenen Neostrukturen, nicht beeinträchtigt werden.

Den *Wahn als Abwehrfunktion und nicht als Erkrankung* zu verstehen, liefert auch den Hintergrund dafür, warum dem Wahn immer wieder kreative Anteile zugebilligt werden, die etwa bei Dali oder in dieser Ausstellung bei Pongratz in der bildenden Kunst rezipiert wurden.

„Schizophrenie macht keine Künstler. Sie schafft allerdings Weltnot in radikalster Form und absoluten Zweifel. Dieser Zustand ist lebensbedrohend und zwingt zur Kreativität, die sich bei Begabung in Kunst äußern kann."

Dabei könnte die Fähigkeit zu kreativen Lösungen einer Art kreativer Intelligenz entspringen. Hier wird auch der Zusammenhang erkennbar, der bei einem Schizophrenen zwischen dem Wahn als Abwehrversuch und einer nicht selten gesteigerten Bereitschaft, Kunst zu schaffen, besteht. Schon Lombroso bemerkte dies: „(Die) Neigung zur Kunst ist bei den Irren sehr ausgesprochen und kommt fast bei allen Irrsinnsformen vor." Entsprechend findet sich hier eine plausible Begründung für den Einsatz kreativer nonverbaler Therapieformen bei psychotischen Erkrankungen, die ihre Bestätigung aus entwicklungspsychologischer Perspektive darin findet, daß hier eine Psychose, wie zuvor ausgeführt, als sehr frühe Störung verstanden und somit ein Zusammenhang mit Traumatisierungen in der präverbalen Zeit des Denkens angenommen wird, womit ein *Einsatz präverbaler Therapieformen* sinnvoll erscheint.

Zusammenfassung

Die Auseinandersetzung mit den als Grundlage dieser Ausstellung entwickelten Fragen hat deutlich werden lassen, daß sich wechselseitig sowohl zum Verständnis der Psyche als auch zum Verständnis der Kunst beitragende neue Denkansätze entwickeln lassen, die sich nach eingehender Diskussion als viabel erweisen könnten. Erweitern sie die Verstehbarkeit von kreativen Leistungen als Kunst, so berei-

chern sie unsere Existenz. Erweitern sie die Verstehbarkeit dessen, was in dem Patienten vor sich geht, so bereichern sie das ärztliche und das therapeutische Handeln an seiner Wurzel, dort, wo der Therapeut sich mit einfühlendem Verständnis dem Patienten zuwendet.

Literatur

Alleridge P. Louis Wain, „Die zerfallende Katze". In: Kunst und Wahn. Katalog zur Ausstellung im Kunstforum Wien. Brugger I, Gorsen P, Schröder KA. (Hrsg.). Wien: Kunstforum 1997.

Bader A. Geisteskrankheit – bildnerischer Ausdruck und Kunst. Bern 1975.

Bodenmann-Ritter C. Joseph Beuys. Jeder Mensch ein Künstler. Gespräche auf der Documenta 5, 1972. Frankfurt am Main, Berlin, Wien 1976.

Brugger I, Gorsen P, Schröder KA. (Hrsg.): Kunst und Wahn. Katalog zur Ausstellung im Kunstforum Wien. Wien: Kunstforum 1997.

Ciompi L. Die emotionalen Grundlagen des Denkens – Entwurf einer fraktalen Affektlogik. Göttingen: Vandenhoeck & Ruprecht 1997.

Dornes M. Der kompetente Säugling. Frankfurt am Main: Fischer Taschenbuch Verlag 1993.

Ferrier JL. Primitive des 20. Jahrhunderts. Paris: Terrail 1997. Deutsche Ausgabe 1998.

Jadi I. Vergangenes gegenwärtig. In: Kunst und Wahn. Katalog zur Ausstellung im Kunstforum Wien. Brugger I, Gorsen P, Schröder KA. (Hrsg.). Wien: Kunstforum 1997.

Kernberg O. Object Relations Theory and Clinical Psychoanalysis. New York: Jason Aronson 1976. Deutsche Ausg.: Objektbeziehungen und Praxis der Psychoanalyse. Stuttgart: Klett-Cotta 1981.

Kraft H. Die Kopffüßler. In: Kunst und Wahn. Katalog zur Ausstellung im Kunstforum Wien. Brugger I, Gorsen P, Schröder KA. (Hrsg.). Wien: Kunstforum 1997.

Kraft H. Grenzgänger zwischen Kunst und Psychiatrie. Köln: Dumont 1998.

Kuhns R. Psychoanalytische Theorie der Kunst. Frankfurt am Main: Suhrkamp 1986.

Rennert H. Eigengesetze des bildnerischen Ausdrucks bei der Schizophrenie. In: Geisteskrankheit – bildnerischer Ausdruck und Kunst. Bader A. (Hrsg.). Bern 1975.

Röske T. Schizophrenie und Kulturkritik. In: Kunst und Wahn. Katalog zur Ausstellung im Kunstforum Wien. Brugger I, Gorsen P, Schröder KA. (Hrsg.). Wien: Kunstforum 1997.

Schuster M. Wodurch Bilder wirken – Psychologie der Kunst. Köln: Dumont 1992, 3. Aufl. 1997.

Thomashoff HO. Die Suizidalität in Leben und Werk Ernst Ludwig Kirchners. Diss. Hamburg 1997.

Ausgestellte und
im Katalog wiedergegebene Bilder

1.

Friedrich Schröder-Sonnenstern (1892-1982)
- „Die Waage des Mondmoralgerichts", 1954, 55 × 78 cm, signierter Farbdruck 53/99, Privatbesitz (Bild 1)
- „Theorizynus oder die Lebenstheorie – oder Dämon aller geistigen Verkrüppelung", 1957, 55 × 78 cm, signierter Farbdruck 53/99, Privatbesitz (Bild 2)

August Walla (geb. 1936)
- „Melkautoamat für Knabenmelkereien", undatiert, 31 × 30 cm, Bleistift, Kugelschreiber und Farbstifte auf der Innenseite eines gefundenen Schallplattenkartons, zum Aufhängen mit Zwirn durchlöchert, Museum moderner Kunst, Stiftung Ludwig, Wien, Sammlung Leo Navratil (Bild 3)
- „Melencolia" (nach Dürer), 28.09.1973, 40 × 30 cm, Bleistift auf Papier, Museum moderner Kunst, Stiftung Ludwig, Wien, Sammlung Leo Navratil (Bild 4)
- „Papagei. Peppi?", 1997, 29,8 × 21,2 cm, Kugelschreiber, Bleistift und Buntstift auf Papier, zur Verfügung gestellt von der Galerie Chobot, Wien (Bild 5)
- „August, Walla!", 1997, 29,8 × 21,2 cm, Kugelschreiber, Bleistift und Buntstift auf Papier, zur Verfügung gestellt von der Galerie Chobot, Wien (Bild 6)

Johann Hauser (1926-1996)
- „Frau", 1969, 40 × 25,5 cm, Bleistift und Wachskreiden auf Papier, Museum moderner Kunst, Stiftung Ludwig, Wien, Sammlung Leo Navratil (Bild 7)
- „Löwe oder Tiger", 1969, 30 × 40 cm, Bleistift auf Papier, Museum moderner Kunst Stiftung Ludwig, Wien, Sammlung Leo Navratil (Bild 8)

Oswald Tschirtner (geb. 1920)
- „Schlafende", undatiert, 21 × 15 cm, Tusche auf Papier, Museum moderner Kunst, Stiftung Ludwig, Wien, Sammlung Leo Navratil (Bild 9)
- „Das jüngste Gericht", 1972, 21 × 15 cm, Tusche auf Papier, Museum moderner Kunst, Stiftung Ludwig, Wien, Sammlung Leo Navratil (Bild 10)

Johann Garber (geb. 1947)
- „Kind – Popo", 1995, 20,9 × 29,6 cm, Tusche auf Papier, zur Verfügung gestellt von der Galerie Chobot, Wien (Bild 11)

Arnold Schmidt (geb. 1959)
- „Figur", 1997, 20,9 × 29,6 cm, Bleistift, Kohle, Aquarellfarben, Wachsmalkreide auf Papier, zur Verfügung gestellt von der Galerie Chobot, Wien (Bild 12)
- „Gesicht", 1997, 20,9 × 29,6 cm, Kohle, Aquarellfarben, Wachsmalkreide auf Papier, zur Verfügung gestellt von der Galerie Chobot, Wien (Bild 13)

Heinrich Reisenbauer (geb. 1938)
- „Sonnen", 1997, 41,9 × 29,6 cm, Bleistift und Buntstift auf Papier, zur Verfügung gestellt von der Galerie Chobot, Wien (Bild 14)

Franz Kamlander (geb. 1920)
- „Muuh...", 1972, 60 × 50 cm, Farbradierung, 18/100, Sammlung in der Beeck (Bild 15)

2.

Peter Pongratz (geb. 1940)
- „Home Cooking", 1969, 180 × 140 cm, Acryl auf Leinen, im Besitz des Künstlers (Bild 16)
- „Kleine Sophie", 1991, 76 × 56 cm, Gouache auf Papier, Privatbesitz (Bild 17)
- „Roter Kopf", 1996, 50 × 40 cm, Acryl auf Leinen, Privatbesitz (Bild 18)

3.

Jana Tumangelov (geb. 1963)
- Ohne Titel, 1996, Kugelschreiber auf Papier, 29,8 × 21,2 cm, im Besitz der Künstlerin (Bild 19)
- Ohne Titel, 1996, Kugelschreiber auf Papier, 29,8 × 21,2 cm, im Besitz der Künstlerin (Bild 20)
- Ohne Titel, 1996, Kugelschreiber auf Papier, 29,8 × 21,2 cm, im Besitz der Künstlerin (Bild 21)
- Ohne Titel, 1996, Kugelschreiber auf Papier, 29,8 × 21,2 cm, im Besitz der Künstlerin (Bild 22)
- Ohne Titel, 1996, Kugelschreiber auf Papier, 29,8 × 21,2 cm, im Besitz der Künstlerin (Bild 23)
- Ohne Titel, 1996, Kugelschreiber auf Papier, 29,8 × 21,2 cm, im Besitz der Künstlerin (Bild 24)
- Ohne Titel, 1996, Kugelschreiber auf Papier, 29,8 × 21,2 cm, im Besitz der Künstlerin (Bild 25)
- Ohne Titel, 1996, Kugelschreiber auf Papier, 29,8 × 21,2 cm, im Besitz der Künstlerin (Bild 26)
- Ohne Titel, 1998, Farbstifte auf Papier, 59,5 × 42 cm, im Besitz der Künstlerin (Bild 27)

Gregorius Belik (geb. 1950)
- Ohne Titel (Trauernde Frau), 1998, schwarze Ölkreide auf Leinwand vermalt, 70 × 50,5 cm, im Besitz des Künstlers (Bild 28)
- Ohne Titel (Zwei Gesichter), 1998, Ölkreide auf Leinwand vermalt mit Einritzung, 63 × 42 cm, im Besitz des Künstlers (Bild 29)
- Ohne Titel (Gelbe Frau), 1998, Ölfarbe und Ölkreide auf Leinwand vermalt, 92 × 28 cm, im Besitz des Künstlers (Bild 30)
- Ohne Titel (Gelber Mann), 1998, Ölfarbe und Ölkreide auf Leinwand vermalt, 92 × 28 cm, im Besitz des Künstlers (Bild 31)
- Ohne Titel (Schwarzer Mann mit Zylinder), 1998, Ölkreide auf Leinwand vermalt, 79,5 × 14,5 cm, im Besitz des Künstlers (Bild 32)

4.

Peter Kasal (geb. 1958)
- „Das gebrochene Schilfrohr", 1996, 90 × 60 cm, Öl auf Leinwand, Privatbesitz (Bild 33)

Anton Blitzstein (geb. 1959)
- „Vorschlag zum Altruismus", 1996, 30 × 42 cm, Mischtechnik auf Zeichenpapier, im Besitz des Künstlers (Bild 34)
- „Die Vollmondnacht", 1998, 30 × 42 cm, Mischtechnik auf Zeichenpapier, im Besitz des Künstlers (Bild 35)

Peter Reischel (geb. 1969)
- „Inhalierte Ängste", Anfang der neunziger Jahre, 70 × 50 cm, Freihand-Airbrush auf Papier (Bild 36)

Josef Stargl (geb. 1973)
- „Vereinigt und doch allein", 1996, 42 × 29,7 cm, Filzstift und Buntstift auf Papier (Bild 37)

Sabine Wagenknecht (geb. 1967)
- „Auch das könnte ein Angriff sein", 1993, 72 × 62,2 cm, Plakafarbe auf geknülltem Packpapier, im Besitz der Künstlerin (Bild 38)

– „Die Pechmarie - frei nach dem Märchen", 1997, 75 × 55,5 cm, Plakafarbe auf Papier, im Besitz der Künstlerin (Bild 39)

Peter Kapeller (geb. 1969)
– „Gezeichnetes Gestern", 1999, 70 × 59,9 cm, Aquarellfarben und
Tusche (Feder und Pinsel) auf Papier, im Besitz des Künstlers (Bild 40)
– „La lettre à Véronique" („Der Brief an Veronika"), 1999, 70 × 50 cm,
Tusche (Feder und Pinsel) auf Papier, im Besitz des Künstlers (Bild 41)

Werner Voigt (geb. 1935)
– „Kreuzwegstationen", 1986, 87 × 123 cm, Dispersionsfarbe und Farb-
stift auf Packpapier, im Besitz der Galerie der Schlumper (Bild 42)
– „Kopf", 1993, 62 × 62 cm, Dispersionsfarbe und Kohle auf Dämm-
platte, im Besitz der Galerie der Schlumper (Bild 43)
– „Selbstbildnis", 1990, 89,5 × 70 cm, Dispersionsfarbe und Farbstift auf
Packpapier, Sammlung Karl-Otto Bock, Hamburg (Bild 44)

Jürgen Almstedt (1957–1995)
– „Paradiesäpfel", 1990, 38,7 × 50 cm, Öl auf Papier, Sammlung Angelika Laute, Hamburg (Bild 45)
– „Blütentier", 1990, 96,5 × 67 cm, Acryl und Kohle auf Papier, Sammlung Angelika Laute, Hamburg (Bild 46)

Sabine Richter (geb. 1960)
– „Energie in seiner Farbigkeit", 1998, 70 × 100 cm, Gouache auf Kleisteruntergrund, im Besitz der Künstlerin (Bild 47)

Miroslaw Sledz (geb.1964)
– „Portrait I", 1998, 59,9 × 41 cm, Gouache auf Papier, im Besitz des
Künstlers (Bild 48)
– „Eine Dame im Kubus", 1998, 41 × 59,9 cm, Gouache auf Papier, im
Besitz des Künstlers (Bild 49)
– „Mein Zuhause und ich", 1998, 41 × 59,9 cm, Gouache auf Papier, im
Besitz des Künstlers (Bild 50)
– „Portrait einer Frau", 1998, 59,9 × 41 cm, Gouache auf Papier, im
Besitz des Künstlers (Bild 51)

Herbert Göhring (geb. 1949)
– „Horizont", 1991, Öl auf Leinwand, 190 × 90 cm, im Besitz des Künstlers (Bild 52)

Juan Mut (geb. 1948)
– Ohne Titel, 1993, 44 × 38,5 cm, Acryl und Lack auf Holz, Privatbesitz
(Bild 53)
– Ohne Titel, 1993, 44 × 38,5 cm, Acryl und Lack auf Holz, Privatbesitz
(Bild 54)
– „El borracho" („Der Trunkenbold"), 1993, 22 × 32 cm, Acryl und Lack
auf Holz, Privatbesitz (Bild 55)
– „Gran confusiòn" („Große Verwirrung"), 1993, 61 × 41 cm, Acryl und
Lack auf Holz, Privatbesitz (Bild 56)

Alfred Valle Uribe (geb. 1966)
– Ohne Titel, 1993, 20 × 21 cm, Wasserfarben auf Papier, Privatbesitz
(Bild 57)
– Ohne Titel, 1994, 33 × 24 cm, Pastell, Privatbesitz (Bild 58)
– Ohne Titel, 1996, 150 × 120 cm, Öl und Acrylfarbe auf Leinwand,
Privatbesitz (Bild 59)
– Ohne Titel, 1996, 70 × 60 cm, Öl und Acrylfarbe auf Leinwand, Privat-
besitz (Bild 60)
– Ohne Titel, 1998, 100 × 100 cm, Öl und Acrylfarbe auf Leinwand,
Privatbesitz (Bild 61)

Franca Settembrini (geb. 1947)
– Ohne Titel, 1995/97, 50 × 70 cm, Acryl auf Papier, La-Tinaia-Gruppe,
Florenz (Bild 62)

Claudio Ulivieri (geb. 1947)
– „Piramidi di Luce" („Pyramiden aus Licht"), 1993, 70 × 50 cm, Filzstift auf Papier, La-Tinaia-Gruppe, Florenz (Bild 63)

Clara Leardini (geb. 1947)
– „Triumph des Todes", 1968, 47,5 × 70 cm, Tempera auf Papier, Samm-
lung Andreoli, Verona (Bild 64)
– „Gesichtslose Mutter", 1968, 47,5 × 70 cm, Tempera auf Papier,
Sammlung Andreoli, Verona (Bild 65)
– „Das Skelett des Lebens", 1968, 47,5 × 70 cm, Tempera auf Papier,
Sammlung Andreoli, Verona (Bild 66)

T. I. (geb. 1970)
– „Voller Helligkeit", 1997, 38,0 × 54,0 cm, Wasserfarben auf Papier,
Sammlung Izumi Hospital, Okinawa (Bild 67)

H. R. (geb. 1957)
– „Ruhe", 1996, 36,0 × 25,5 cm, Wasserfarben und chinesische Tusche
auf Papier, Sammlung Izumi Hospital, Okinawa (Bild 68)

Y. T. (geb. 1959)
– „Reise durch die Ausbreitung der Energie", 38,0 × 27,0 cm, Bleistift
auf Papier, Sammlung Izumi Hospital, Okinawa (Bild 69)
– „Rhythmus des Lebens", 10,2 × 5,7 cm, Leuchtstift auf Papier, Samm-
lung Izumi Hospital, Okinawa (Bild 70)
– „Transmission", 10,2 × 6,3 cm, Plakafarbe auf Papier, Sammlung
Izumi Hospital, Okinawa (Bild 71)
– „Rhythmus", 38,0 × 27,0 cm, Wasserfarbe auf Papier, Sammlung Izumi
Hospital, Okinawa (Bild 72)

5.
Richard Lachman (geb. 1928)
– „When did I die?" („Wann bin ich gestorben?"), 1965, 66 × 50 cm,
Tusche mit Epoxyharz überzogen auf einer verstärkten Holzfaserplatte,
Sammlung Drs. James und Nuhad Kadlec, USA (Bild 73)
– „The Voices Never Stop" („Die Stimmen geben niemals Ruhe"), 1965,
81 × 68 cm, Filzstift auf Papier, Sammlung Drs. James und Nuhad Kad-
lec, USA (Bild 74)
– „Out of Anger, Reason" („Aus Wut, Einsicht"), 1969, 60 × 46 cm, Filz-
stift und Acrylfarbe auf Papier, Sammlung Drs. James und Nuhad Kad-
lec, USA (Bild 75)
– „The Wild Ones" („Die Wilden"), 1972, 61 × 71 cm, Tusche auf Papier,
im Besitz des Künstlers (Bild 76)
– „Joyous Abandon" („Fröhlicher Abschied"), 1981, 76 × 50 cm, Buntstift auf Papier, im Besitz des Künstlers (Bild 77)
– „Untitled – Circus" („Ohne Titel – Zirkus"), 1988, 84 × 63 cm, Acrylfarbe und Wasserfarbe auf Papier mit getönter Glasur, Sammlung Drs.
James und Nuhad Kadlec, USA (Bild 78)
– „I love New York" („Ich liebe New York"), 1995, 78 × 59 cm, Acryl-
farbe auf Papier mit geschichteter Gaze, im Besitz des Künstlers
(Bild 79)

6.
R. Staszk (geb. 1938)
– „Der Seherkönig", 1994, 70 × 50 cm, Acryl auf Papier, im Besitz des
Künstlers (Bild 80)
– „Die Beleidigung", 1996, 70 × 100 cm, Acryl/ Gouache auf Papier, im
Besitz des Künstlers (Bild 81)
– „Das Hunger-Kind", 1996, 70 × 100 cm, Gouache auf Papier, im Besitz
des Künstlers (Bild 82)
– „Hammer oder Amboß", 1998, 50 × 70 cm, Gouache auf Papier, im
Besitz des Künstlers (Bild 83)

Paloma (geb. 1952)

- „Fantasmas acechando" („Erwachende Geister"), 1994, 21 × 29,5 cm, Tusche und Bleistift auf Papier, Sammlung Lozano (Bild 84)
- „El Grito I" („Der Schrei I"), 1994, 21 × 29,5 cm, Tusche und Bleistift auf Papier, Sammlung Lozano (Bild 85)
- „Dos en una, Una en dos (Zwei in einer, eine in zweien"), 1994, 21 × 29,5 cm, Bleistift auf Papier, Sammlung Lozano (Bild 86)
- „El jardín del rostro negro" („Der Garten des schwarzen Gesichtes"), 1997, 21 × 14 cm, Buntstift auf Papier, Sammlung Lozano (Bild 87)
- „El Grito II" („Der Schrei II"), 1997, 10 × 7,5 cm, Kohlezeichnung auf Papier, Sammlung Lozano (Bild 88)
- „Agujeros negros" („Schwarze Löcher"), 1998, 12 × 14 cm, Buntstift auf Papier, Sammlung Lozano (Bild 89)
- „Las palomas y la muerte" („Die Tauben und der Tod"), 1998, 14 × 19 cm, Tusche und Bleistift auf Papier, Sammlung Lozano (Bild 90)
- „La tierra me traga" (Die Erde verschlingt mich), 1998, 10 × 7 cm, Kohlezeichnung auf Papier, Sammlung Lozano (Bild 91)
- „La visita de la muerte" („Der Besuch des Todes"), 1998, 9,5 × 16,5 cm, Tusche und Bleistift auf Papier, Sammlung Lozano (Bild 92)
- „El Grito III" („Der Schrei III"), 1999, 12 × 9,5 cm, Kohlestift auf Papier, Sammlung Lozano (Bild 93)

Verzeichnis der Künstler

Jürgen Almstedt (1957–1995)
Geboren und aufgewachsen in Hamburg. Schon früh eigenständige Beschäftigung mit Zeichen als Autodidakt. Ab 1987 in der Forensischen Psychiatrie des Allgemeinen Krankenhauses Ochsenzoll untergebracht, dort Mitarbeit in der Malwerkstatt, 1995 verstorben. Ausstellungsteilnahme im Inland.

Gregorius Belik (geb. 1950)
Geboren in Odessa, damals UdSSR, in einer Familie jüdischer Abstammung. Schulbesuch, Arbeit in verschiedenen Bereichen. Schon früh befaßte er sich mit Malerei, vor allem mit christlichen und jüdischen Themen. Aussiedelung der Familie über Deutschland in die USA, wobei er in Deutschland blieb. In seiner Kunst Auseinandersetzung mit dem Thema Migration, mehrfache psychische Krisen. Teilnahme an mehreren Ausstellungen im Inland. Lebt in Hamburg.

Anton Blitzstein (geb. 1959)
Geboren und aufgewachsen in Wien, Österreich. Künstlerischer Autodidakt. Teilnahme an mehreren Ausstellungen im Inland. Lebt in Wien.

Johann Garber (geb. 1947)
Geboren in der Wiener Neustadt, Österreich. Sonderschulbesuch, Malerlehre abgebrochen. Wiederholte Psychiatrieaufenthalte seit dem neunzehnten Lebensjahr. Lebt seit 1981 im Haus der Künstler in Gugging. Teilnahme an zahlreichen Ausstellungen in Europa und den USA.

Herbert Göhring (geb. 1949)
Geboren in Kasachstan, damals UdSSR, in einer Familie deutscher Abstammung. Gelernter Maler. Seit der Jugend Einzelgänger, verschiedene Arbeitsplätze, mehrfache Beziehungsabbrüche. Intensive Auseinandersetzung mit religiösen Themen sowohl in Bildern als auch in Texten. 1994 Suizidversuch durch Bohren eines Schraubenziehers ins Herz. Seit 1995 nach Deutschland übergesiedelt. Lebt und arbeitet selbständig in Hamburg in seinem Atelier „Fotokunst".

Johann Hauser (1926–1996)
Geboren in Preßburg, Slowakei. Analphabet. Aufgrund einer manisch-depressiven Erkrankung in Verbindung mit Schwachsinnigkeit 1949 stationäre Einweisung. Auf Anregung seines Psychiaters Prof. Navratil beginnt Hauser zu zeichnen. Lebt seit 1981 im Haus der Künstler in Gugging, dort 1996 verstorben. Zahlreiche Ausstellungen im In- und Ausland (z. B. Einzelausstellung Lenbachhaus, München, Kunsthalle, Köln, Museum moderner Kunst, Wien).

T. I. (geb. 1970)
Geboren in Okinawa, Japan. Krankheitsbedingt keine Berufstätigkeit. Künstlerischer Autodidakt. Bisher keine Ausstellungsteilnahme. Lebt in Okinawa.

Franz Kamlander (geb. 1920)
Geboren in Niederösterreich. Taubstumm und Analphabet. Gelegenheitsarbeiten in der Landwirtschaft. Seit dem 37. Lebensjahr Psychiatrieaufenthalte. Lebt seit 1970 im Haus der Künstler in Gugging. Teilnahme an zahlreichen Ausstellungen im In- und Ausland.

Peter Kapeller (geb. 1969)
Geboren in Wien, Österreich. Dort Schulausbildung, zwei Jahre Berufsschule abgeschlossen, seitdem selbständiger Zeichner in verschiedenen Techniken als Autodidakt. Ausstellungsbeteiligungen im In- und Ausland. Lebt und arbeitet in Wien.

Peter Kasal (geb. 1958)
Geboren in Wien, Österreich. Autodidakt, lebt in Wien.

Richard Lachman (geb. 1928)
Geboren in Seattle, USA, dort aufgewachsen, Besuch von Privatschulen, Studium vorzeitig abgebrochen, um in dem in der Diamantenindustrie tätigen Familienbetrieb als Erfinder und Designer mitzuarbeiten. Entwickelte Patente für den Einsatz von Diamanten in Luftfahrt, Bergbau und Bau und war an der ersten Braille-Armbanduhr für Bulova beteiligt. Heirat im Alter von achtzehn Jahren, fünf Kinder. Unfall mit Kopfverletzung 1965. Als Nebenwirkung einer anfallspräventiven Therapie Depressionen und psychotische Episoden. Jahrelange rezidivierende Hospitalisierungen. Damals Beginn der künstlerischen Arbeit. Seit 1981 gesundheitlich stabilisiert. Ausstellungen in mehreren Kontinenten. Vorgeschlagen für den Pulitzer-Preis für seine literarischen Arbeiten. Lebt in Seattle.

Clara Leardini (geb. 1947)
Geboren in Verona, Italien. Schulbesuch und Gelegenheitsarbeiten. Anläßlich eines Krankenhausaufenthaltes aufgrund depressiver Symptome beginnt sie zu malen. Seitdem mehrere Bilderserien. Lebt in Verona.

Juan Mut (geb. 1948)
Geboren in Palma de Mallorca, Spanien. Schulbesuch bis zum 14. Lebensjahr, damals erfolgreiche Behandlung eines Hirntumors. Ausbildung und Arbeit als Mechaniker, Transportunternehmer, im Möbelhandel. 1993 beginnt er neben der Arbeit autodidaktisch zu malen. Konzentriert sich zunehmend auf die Malerei, Ausstellungsbeteiligungen, lebt seit 1998 in einem eigenen Atelier von seinen Bildern in Palma de Mallorca.

Paloma (geb. 1952)
Geboren in Madrid, Spanien. Bereits in der Jugend psychotische Episoden. Ärztin, verheiratet, zwei Kinder. Erneute psychotische Episode, im Rahmen derer sie künstlerisch aktiv wurde. Teilnahme an Ausstellungen im Inland.

Peter Pongratz (geb. 1940)
Geboren in Eisenstadt, Österreich, aufgewachsen in Graz. Studium an der Akademie der bildenden Künste in Wien und der Hochschule für bildende Künste in Berlin. Erste Ausstellungen und Kunstpreise in den sechziger Jahren. Damals Auseinandersetzung mit den Werken der Kunst der Patienten in Gugging. Seitdem mehrere Schaffensphasen. Wiederholte Auseinandersetzung mit schöpferischen Kräften der sogenannten primitiven Kunst. Zahlreiche Ausstellungen im In- und Ausland, beispielsweise in der Wiener „Secession", der Kunsthalle Bonn, dem Historischen Museum der Stadt Wien. Lebt als selbständiger Künstler in Wien.

H. R. (geb. 1957)
Geboren in Okinawa, Japan. Krankheitsbedingt keine Berufstätigkeit. Künstlerischer Autodidakt. Bisher keine Ausstellungsteilnahme. Lebt in Okinawa.

Peter Reischel (geb. 1969)
Geboren in Wien, Österreich. Gymnasialbesuch und Besuch der Höheren Graphischen Bundeslehr- und -versuchsanstalt in Wien, aus Krankheitsgründen ohne Abschluß. In den achtziger Jahren Production Designer in einer Jugendfilmgruppe. Teilnahme an Ausstellungen im In- und Ausland, unter anderem an der Ausstellung „Labyrinth und Seele" 1997 in Wien.

Heinrich Reisenbauer (geb. 1938)
Geboren und aufgewachsen in Niederösterreich. Künstlerischer Autodidakt. Lebt seit 1986 im Haus der Künstler in Gugging. Teilnahme an zahlreichen Ausstellungen in Europa und den USA.

Sabine Richter (geb. 1960)
Geboren und aufgewachsen in Hamburg. Nach dem Abitur Ausbildung zur Diplomkauffrau. 1984 erstmals psychotische Erkrankung. Seit 1998 Darstellung innerer Bilder und interpersonaler Auseinandersetzung in ihrer Malerei. Lebt in Hamburg.

Arnold Schmidt (geb. 1959)
Geboren und aufgewachsen in Niederösterreich. Bereits frühe Psychiatriekontakte. Lebt als jüngster Bewohner im Haus der Künstler in Gugging. Teilnahme an zahlreichen Ausstellungen in Europa und den USA.

Friedrich Schröder-Sonnenstern (1892–1982)
Geboren in Ostpreußen, damals Deutschland, als zweites von dreizehn Kindern. Vater Alkoholiker, Mutter nervenkrank. Seit 1912 wiederholte stationäre psychiatrische Aufenthalte unter der Diagnose einer „Dementia praecox". Zeitweilig in Berlin lebend als Astrologe, magnetopathischer Heiler, Wanderpediger und schließlich unter dem Namen „Eliot der Sonnenkönig" als Religionsbegründer. Seit 1933/34 in der Landesheilanstalt Neustadt/Holstein erste Zeichnungen. In den fünfziger Jahren erste Ausstellungen. Wird bekannt durch seine Teilnahme an der Pariser Érotisme-Schau 1959/60 und einer Einzelausstellung in der Düsseldorfer Kunsthalle 1967/68. Gestorben 1982 in Berlin.

Franca Settembrini (geb. 1947)
Geboren in Florenz, Italien. Seit dem elften Lebensjahr in psychiatrischen Kliniken. Von 1976 an mit Unterbrechung von 1986 bis 1995 künstlerische Tätigkeit in der La-Tinaia-Gruppe. Lebt in einer therapeutischen Wohngruppe in Florenz. Mit La Tinaia weltweite Teilnahme an zahlreichen Ausstellungen.

Miroslaw Sledz (geb. 1964)
Geboren und aufgewachsen in Gdynia, Polen. Im Alter von drei Jahren Hörverlust aufgrund eines Unfalls. Jahrelange Krankenhausaufenthalte. Kurzzeitig Wiedergewinn des Gehörs. Begann früh zu zeichnen. Psychische Zusammenbrüche und sozialer Rückzug. Eigener Stil des von ihm so benannten „Quadrismus" mit hochaktiven Schaffensphasen seit 1994. Mit Hilfe eines Hörgeräts hörfähig. Teilnahme an Ausstellungen in Polen und Belgien. Freskenausgestaltung im Kulturzentrum in Maly Kack. Lebt in Gdynia.

Josef Stargl (geb. 1973)
Geboren in Wien, Österreich. Nach der Matura psychische Erkrankung, jetzt Ausbildung am Kolleg für Reprotechnik und Produktionstechnik auf der Graphischen Bundeslehr- und -versuchsanstalt in Wien. Selbständig kunstschaffend.

R. Staszk (geb. 1938)
Geboren in Ostpreußen, damals Deutschland. Malte als Kind viel, aber eine Kunstausbildung wurde von den Eltern abgelehnt. Nach dem Abitur Offizierslaufbahn. Anschließend Betriebswirtschaftsstudium und Arbeit als Unternehmensberater. Im Rahmen einer psychotherapeutischen Auseinandersetzung Wiederaufnahme der Maltätigkeit. Ausstellungsbeteiligung an mehreren Ausstellungen im Inland. Lebt in Hamburg.

Y. T. (geb. 1959)
Geboren in Okinawa. Japan. Krankheitsbedingt keine Berufstätigkeit. Künstlerischer Autodidakt. Bisher keine Ausstellungsteilnahme. Lebt in Okinawa.

Oswald Tschirtner (geb. 1920)
Geboren nahe Wien, Österreich. 1930 Aufnahme ins Priesterseminar. 1939 Matura. Trotz seines Wunsches, Priester zu werden, Kriegsteilnahme (Rußlandfeldzug, Stalingrad). Nach Kriegsende psychische Erkrankung. Einweisung in die Landesnervenklinik Gugging unter der Diagnose einer „völlig ausgebrannten" Psychose. Beginnt dort in den fünfziger Jahren auf Anregung seines Psychiaters Prof. Navratil zu zeichnen. Diverse Ausstellungen im In- und Ausland.

Jana Tumangelov (geb. 1963)
Geboren in Sofia, Bulgarien. Lebt seit dem sechsten Lebensjahr in Wien. Nach Schulabschluß Studium an der Akademie der bildenden Künste in Wien, dort Abschluß 1987. Als selbständige Künstlerin in Wien tätig.

Claudio Uliveri (geb. 1947)
Geboren in San Gimignano, Italien. Ausbildung im Hotelmanagement und Arbeit auf diesem Gebiet im In- und Ausland. Seit Ende der siebziger Jahre ambulante psychiatrische Behandlung und seit 1981 Teilnahme an der La-Tinaia-Gruppe mit zunehmender Ausbildung eines autodidaktischen Zeichenstils. Mit La Tinaia Teilnahme an weltweiten Ausstellungen.

Alfred Valle Uribe (geb. 1966)
Geboren in Lima, Peru. Ältestes von drei Kindern aus ängstlich behütetem Elternhaus. Bereits in der Schulzeit beginnende Malausbildung. Spontane intensive künstlerische Aktivität begleitend zu einer Psychotherapie mit einem Stilwandel hin zu befreiten abstrakten „therapeutischen Bildern". Mehrere Ausstellungen in seiner Heimat und in Europa. Lebt in Lima.

Werner Voigt (geb. 1935)
Geboren in Hamburg. Lebt seit dem vierten Lebensjahr in betreuten Einrichtungen, Schneidergehilfe, künstlerischer Autodidakt. Ausstellungsbeteiligungen im In- und Ausland mit der Gruppe der Schlumper. Lebt in Neuengamme, einem Stadtteil von Hamburg.

August Walla (geb. 1936)
Geboren in Klosterneuburg, Österreich. Vater früh verstorben. Sonderschulbesuch. Früh erste psychiatrische Einweisungen. Lebte bei der Mutter oder in Psychiatrien als auffälliger Sonderling, immer wieder verwahrlosend. Im Landeskrankenhaus Gugging wird der Mutter bis zu deren Tod ein Verbleib bei ihrem Sohn ermöglicht. Gestaltet sein Umfeld durch seine Sammelleidenschaft und sein Kunstschaffen nach seiner eigenen Privatmythologie aus, übersät sein Zimmer im Haus der Künstler mit Malereien. Einer der bekanntesten Künstler aus dem Haus der Künstler in Gugging.

Sabine Wagenknecht (geb. 1967)
Geboren in Wien, Österreich. Humanistisches Gymnasium. Studien in Germanistik, Publizistik, Theaterwissenschaften, Kunstgeschichte. Beginnt zu malen. Studienunterbrechung mit künstlerischen Projekten und Arbeit in Buchhandlung. Psychische Krise. Erneute Studienaufnahme und Arbeit bis zur Aufnahme in die Meisterklasse der Akademie der bildenden Künste in Wien. Mehrere Ausstellungsbeteiligungen. Studiert an der Akademie und lebt „mit Freund und Katz in Wien".